JN025809

史料で読む日本の金融

浜中 秀一郎 ［著］

株式会社 きんざい

はじめに

　近代日本が明治に始まり、大正、昭和、平成を経て、昨年御代替わりにより、令和となった。この間の日本の金融の発展も目覚ましく、今日の日本の金融マーケットは世界有数のものになっている。150年余りである。

　われわれは知っているつもりでも、実はよく知らない金融上の出来事がたくさんある。例えば、佐賀藩の藩士であった大隈重信が薩長のリーダーたちの間にあって新貨条例を起草したこと、株式が日本にはまだないのに渋澤栄一が株式市場の創設のための初期の議論に加わっていたこと、伊藤博文が中央銀行の設立より国立銀行制度の発足を急いだこと、高橋是清が日露戦争外債の発行に成功したことなど明治期の出来事がある。

　大正期に日本経済が激変したことを井上準之助が語っていたこと、昭和金融恐慌にかかる高橋亀吉の分析は高く評価されること、戦時統制下でも株式の取引は行われてきたこと、戦後ドッジラインが行われたことは知っていてもどういう状況でドッジ氏が日本政府に政策提案したのか、所得倍増政策はどう始まったか、つい最近では郵政民営化の是非を問うべく総選挙に打って出た小泉純一郎氏が国会解散にあたり国民に何を語ったかなどもよく覚えていないと思われる。

　一方、明治以降、銀行、保険、証券ごとの発展ではなく、これらの業界が並行して発展してきたこと、日本社会の発展、近代化、大衆化にこれらの業界がたいへんな努力を払ってきたことなどはもっと理解されるべきである。

　本書では150年余で24の出来事、イベントを取り上げてみた。2ダースの出来事である。これらの出来事、イベントにかかわった方の自伝、講演録、政府演説あるいは小説などをたどって、その真意、意図を読みとることとした。各章の冒頭で1～2ページをこれに充てた。興味を持たれる読者にはぜひ抜粋部分だけでなく、出典を読破していただくことをお勧めする。その後で、これらの出来事の前の状況、出来事の進展ぶり、後から振り返ってみて

の評価などの解説を試みた。数ページの範囲に収めることとした解説は公平、客観的を目指したものの、もとより浅学菲才の身であり、間違い、理解不足があれば、それはすべて筆者の責任である。

　日本の金融のおおまかな履歴がわかれば、今後の進む方向もおおざっぱとしても議論しやすくなるものと思う。最近は研究が緻密になり、非常に細かく議論されているが、あえてハンディに出来事を追ってみたことを諒としていただきたい。

　19世紀の中頃に開国した日本の金融の発展が理解されることが、われわれだけでなく、とりわけ開発途上にある諸国にとって重要であろう。日本の経験のすべてが役立つということではないが、いろいろな発展の道があり、日本の進んだ道も理解されると、これらの国々の人々も発展の複数の道筋の中から良いものを選ぶことができることになると思料される。

　これから日本の金融をいっそう発展させるための議論が盛んになることを願ってやまない。

　令和2年秋

　　　　　　　　　　　　　　　　　　　　　浜中　秀一郎

目　次

出典一覧

1　『円を創った男　小説・大隈重信』渡辺房男　平成18年2月　文芸春秋社

2　『澁澤榮一自叙傳』澁澤榮一述　小貫修一郎筆記　昭和12年12月　澁澤翁頌徳會

3　『明治財政史』14巻　明治財政史編纂会編　昭和2年明治財政史発行所

4　『明治銀行史』明石照男　1935年　改造社

5　『高橋是清伝』高橋是清述　上塚司手記　昭和11年2月　千倉書房

6　『井上準之助論叢』第1巻　土方久徴、結城豊太郎編纂　昭和10年　井上準之
　　助論叢編纂会

7　『昭和金融恐慌史』高橋亀吉、森恒淑　昭和43年　清明会（1993年3月　講談社
　　学術文庫）

8　『回顧七十年』深井英五　昭和16年11月　岩波書店

9　『總動員法の全貌』朝日新聞社編、発行　昭和13年12月

10　「昭和21年度財政演説」石橋湛山　昭和21年7月

11　『昭和経済史への証言（下）』安藤良雄　1966年　毎日新聞社
　　『有沢広巳　戦後経済を語る：昭和史への証言』大来佐武郎　平成元年　東京
　　大学出版会

12　朝日新聞　昭和24年3月8日　朝刊

13　「昭和31年度年次経済報告 日本経済の成長と近代化」昭和31年7月　経済企画庁

14　『成長政策の基本問題』下村治　週刊金融財政事情　昭和35年11月7日号　金融
　　財政事情研究会

15　「第51回国会における昭和40年度補正予算に関する福田大蔵大臣の演説」昭和
　　40年12月20日

16　「円切り上げに際しての大蔵大臣談話」水田三喜男　昭和46年12月19日

17　『早坂茂三の『田中角栄』回想録』早坂茂三　昭和62年　小学館

18　読売新聞　昭和58年3月12日　朝刊

19　「日経ビジネス」1995年10月23日号「スペシャル対談/プラザ合意10年を語る/
　　いま明かす合意までの舞台裏 税制改革, 行革をもう一遍やろう」より抜粋

20　『オレたちバブル入行組』池井戸潤　平成19年12月　文春文庫

21　日本経済新聞　1996年12月15日　朝刊

22　「小泉純一郎総理大臣記者会見〈衆議院解散を受けて〉」平成17年8月8日

23　『米国金融危機—金融システム不安と実体経済悪化の懸念高まる』週刊東洋経
　　済　平成20年9月22日号

24　『日本のインターネットの幕開けと進化』村井純　nippon.com　2015.8.26

図表一覧

第1章

円の誕生

基本となる本位一円銀貨は、銀九分、銅一分の割合で鋳造されることになっていた。（略）

　さらに、大量に出回っている贋太政官札を根絶するための新紙幣「明治通宝」についても、すでにドイツの印刷会社への発注を済ませた。（略）

　ようやくここまできたと、重信は思う。「圓」という統一鋳貨と紙幣とが日本という国に生まれるのだ（略）。

　（略）「国づくりの根本は外交と会計にある」（略）。

　烏帽子直垂姿で仰々しく式典に臨んだのは三条右大臣、伊達大蔵卿、沢外務卿の三人である。洋服姿の重信や岡本大蔵権大丞、田中少丞ら大蔵省幹部、さらに吉井民部権大丞が率いる民部省幹部や外務省幹部、そして大阪府の西四辻知事ら大阪府官員など大勢が、三条右大臣に従い、河畔に開いた西門から巨大な西洋建築の本館に入った。

　すぐに三条右大臣は造幣寮の開業を告げる告文を朗読した。

　（略）

　だが、宿舎に戻った重信は、不快な気分にとらわれていた。

　花火をともに鑑賞していた英国公使のパークスがささやいた言葉が重く心にのしかかっていた（略）。

　――造幣寮が開業されたとはいえ、日本政府として公式な貨幣発行の布告が出されていないのはどういうわけですかな。（略）

　去年の暮れの十二月二十九日付けで、伊藤はアメリカから「世界の大勢は、銀ではなく金を基本とする貨幣制度になる。日本もまた、それに従うべき」と長文の書状を送ってきていた。（略）重信は、二月三十日付けで、金銀をともに本位とする複本位制が可能かどうか議論していると、とりあえず返答した。だが、伊藤は、その返答に納得せず、重信たちに再考を促すため、随員として渡米していた吉田二郎を、急遽帰国させた。その吉田が、「金銀複本位制を廃して、金本位一本にすべきだ」と伊藤の強い意見を直接伝えてきた。（略）

　井上と渋沢が執務室に姿を現した。（略）

　渋沢は、（略）

　「伊藤さんが申されたとおり、アメリカの一ドル金貨相当の品位で一円金貨を作った場合、その金貨は、この二分金二枚、つまり一両の金含有量とほぼ同じになるのです。当然、アメリカの金貨一ドルとメキシコドル銀貨は、金と銀という素材の違いはあっても、金と銀の国際比較では同じ価値でしょう。つまり、メキシコドル銀貨百枚に含まれる銀の価値が、二分金の金の価値で二百枚、つまり百両になるわけです」

　（略）

　「これでいい。井上さん、伊藤君の建議どおり、金貨一円を本位貨幣とする布告の準備にとりかかりましょう」

　明治四年（一八七一年）五月十日、参議大隈重信、三十三歳の春であった。

『円を創った男　小説・大隈重信』渡辺房男　平成18年2月　文藝春秋

　大隈重信は2度にわたり総理大臣を務め、東京専門学校（現早稲田大学）を創立したことで著名であるが、若い頃には明治初期のわが国財政金融の舵取りにたいへんな腕を振るった。

　政治家であり早稲田の創立者であった大隈を描いた書籍、文献は多数あるが、上掲「円を創った男　小説・大隈重信」は、まだ30歳台の若き日の大隈が、大蔵省で日本の金融・財政の方向付けに心血を注いだ姿を描いた貴重な書籍である。また、明治の初めに多くの優秀な若者が中央政府に集まった中で、大隈重信、伊藤博文、渋澤栄一の3者による白熱した政策論議の一端も紹介されている。

肥前藩出身で外国官副判事だった大隈八太郎（後の重信）は会計御用掛を兼務し、大蔵省発足（明治2年7月8日、1869年8月15日）とともに大蔵大輔となり、岩倉使節団外遊中の留守政府で参議を務めた。明治6年10月には参議兼大蔵卿となり、明治13年2月末まで引き続きその職にあった。伊藤博文が進めた「参議・省卿分離案」により大蔵卿を退任したが、参議（会計部担当）であったので、実際には明治14年10月の御前会議による参議免官（明治十四年の政変）まで大蔵省及び日本の財政金融の責任者であった。

■■円は円形にする

　大隈は当初は参議木戸孝允の支援を受け、木戸と同じ長州藩出身の伊藤博文、井上馨や旧幕臣の渋澤栄一らを登用して、造幣局、印刷局の新設、新貨条例、国立銀行条例の制定、地租改正、予算制度の公表などに尽力している。また大久保利通、伊藤博文らとともに殖産興業政策を推進し、インフレが進むと政府紙幣の償却にも着手し、中央銀行設立も提案した。「大隈財政」は明治2年から14年まで金融に深くかかわっていた。

　外国官副判事兼会計御用掛大隈重信の建白により、明治2年2月（1869年3月）、造幣寮（局）が設立されることが決まった（同年8月井上馨が造幣頭に就く）。さらに大隈は同年3月輔相三条実美に対し、通貨単位を両から円に改めること、10進法を基本とすること、硬貨を方形ではなく円形とすることなどを建白し、政府部内に相当の異論もあったが、同年11月になって了承された。

　この間の明治2年7月高輪談判がもたれた。パークスイギリス公使を筆頭にフランス、アメリカ、イタリア、ドイツ公使が、流通する貨幣の中に江戸幕府、明治新政府及び諸藩の鋳造による大量の悪金（贋金）が混じり被害を受けていると抗議したもので、維新政府側は右大臣三条実美、大納言岩倉具視、外務官知事澤宣嘉、外務官・会計官副知事大隈、外務官副知事寺島宗則と会計官権判事伊藤博文が出席し、交渉した。贋金を正しい通貨と交換することを決めたが、交渉はほとんど大隈一人が行ったので、政府部内、外交団

の中で大隈の声望は高まった。

しかし、実際に新通貨「円」が発行されるまでは、約2年の歳月を要した。当初の造幣機械は香港からわが国に売却されたものだったが、これはイギリス植民地の香港政府が洋銀（墨ドル）を駆逐する目的で香港弗（ドル）を鋳造、流通させようとしたものであった。その機械は造幣局建設現場の火事で使いものにならず、新機械をイギリスから輸入せざるをえなくなったため造幣の開始が遅れたのだった。

新通貨を「円」とすることは決まっても金・銀どちらを本位貨幣にするか結論は出ておらず、いったんは銀本位とする方針が固まった。しかし財政金融調査にアメリカへ行った伊藤からの建議を得て金本位とすることを決定した。伊藤の渡米中のアメリカは1870（明治3）年から下院で貨幣法の審議中で、73年に成立した。海外では1816年からイギリスが金本位制を採用していたが、ドイツは1873（明治6）年に、フランス、ベルギー、スイス、ギリシャのラテン通貨同盟諸国、オランダ、スカンジナビア諸国は1873〜1878（明治6〜11）年の間に金本位制の採用に踏み切っていた。したがって世界の趨勢に合わせようとするわが国の方針は間違っていなかったのだろう。そこに辿りつくまでの間、伊藤の建議（書簡）を前に大隈と渋澤らと戦わせた激しい議論の展開を、上掲「円を創った男　小説・大隈重信」は生々しく描いている。

上掲文は造幣局開業式典とその後の新貨条例の決定のプロセスを描写しているものである。新貨条例は明治4年5月に公布された。「一圓金ヲ以テ本位ノ基本ヲ定メ」、「一圓ヲ以テ一兩即永一貫文ニ充ツベシ」等が決められた。つまり金本位制である。しかし、幕末期以来、大量の金が国外に流出していたため、金準備が不足しており、また横浜では他の多くのアジア諸国と同様に洋銀（墨ドル）での取引が常態化していたため、開港地に限り一円銀を無制限に使用してよいこととした（したがって新貨条例は金銀複本位制をとったといえる）。

実際、明治6年頃から銀価格の下落が進むにつれ、金貨の国外流出はいっ

5

そう激しくなり、明治8年には、これまで墨ドルに一致させてきた一円銀貨の品目（銀含有量）を米国銀（シルバー・ダラー）と一致させることとし、正式に「貿易銀」と呼称し、全国に流通させたので、日本は事実上の銀本位国となった（その際新貨条例は「貨幣条例」と改称された）。

　また、明治5年4月1日（1872年5月7日）より旧藩札・太政官札・民部省札等と新紙幣（明治通宝）の交換が開始され、約1年半で85％程度が交換され、最終的には明治12年までかかったという（明治4年設立の紙幣司は同年8月紙幣寮と改称、明治7年12月ドイツより取り寄せた原版による明治通宝の印刷を始めた、初代紙幣頭は渋澤栄一）。

　大隈は予算の公表を始めたともいわれている。これは井上馨、渋澤栄一が厳しい予算査定をして大木喬任（学制頒布）、江藤新平（司法整備）らと対立、辞任（明治6年5月）した後、連名で日本の財政は破綻するほど悪いとの建白書を提出した際に、大隈は「歳入歳出見込計算書」を発表し、建白書

明治4年造幣局創業式の記念写真

（写真提供）　造幣局

6

が誤っているとして、人心の動揺を抑えたことに由来している（大隈重信の
伝記を書いた渡辺幾次郎は「大蔵省の危機を救う」と表現している）。

■■ 大隈財政でインフレ進む

　明治維新政府は諸制度構築とともに殖産興業を計ろうとした。明治3年に
は工部省を設け、明治4年には伊藤博文が工部大輔に就き、鉱山、製鉄、鉄
道、灯台、電信の5事業を推進し、また大隈が大蔵大輔の頃の大蔵省勧業司
は富岡製糸工場、内藤新宿農事試験場（跡地は今の新宿御苑）等の建設、運
営にあたった。

　大久保利通は岩倉使節団より一足先に帰国し、大隈を大蔵事務総裁に据
え、次いで使節団帰国後西郷、板垣、江藤らの征韓派との論争に勝ち、西郷
らが政府を去ると、自らは新設の内務卿となり、伊藤を工部卿、大隈を大蔵
卿とし、いわゆる大久保政権を始めた。内務省は大蔵省から勧業、戸籍、駅
逓、土木、地理の各寮、司法省から警保寮、工部省から測量司などを移管さ
せて発足し、殖産興業政策の推進官庁となった。

　大隈は明治6年から10年にかけて積極財政によって大久保の殖産興業政策
を華々しく進めたが、必要な財源は国債、外債、政府紙幣の発行によらざる
をえなかった。もっとも国立銀行条例改正（明治9年）により民力による通
貨の供給も進み、政府紙幣に頼らない方向への努力もされていた（次章参
照）。

　そこに西南戦争（明治10年）が起き、混乱が加わった。西南戦争では戦費
4200万円に対し紙幣増刷2700万円、国立銀行（第十五国立銀行）借入1500万
円であったので、いかに紙幣発行に頼ったかがわかる（当時の歳出規模は
6000万円程度）。これによってインフレが加速した。

　西南戦争後の明治11年3月大久保は「一般殖産及華士族授産ノ儀」を提出
し、殖産興業政策を引き続き進める方針を明らかにした。大久保が東京・紀
尾井坂で暗殺（明治11年5月）されてもその意思を継ぐことは当時の政府首
脳の共通認識だった。自らも積極財政論者であった大隈は起業公債（明治11

年8月）を発行して、交通の整備資金、士族への勧業資金の確保に努めた。

　インフレの進行とともに大隈は明治11年8月から紙幣の償却を始めた。また、インフレの原因は銀貨の不足による銀貨価値の上昇にあるとして、横浜洋銀取引所の設立（明治12年2月）、横浜正金銀行の設立（明治13年2月）など銀貨騰貴抑制策を講じることにも注力した。

　しかし、インフレはさらに進み、銀貨に比べ紙幣価値も下落していたので、大隈は外債発行による政府紙幣の回収の一挙解決を目指したが、政府部内では外債への依存には反対が多く、明治13年6月勅諭によって否定され、大隈の権威も落ちることになった（来日したグラント元アメリカ大統領が明治天皇に外債に頼ると危険と忠告したともされている）。

　そこで大隈は伊藤と連名で、インフレ抑制のため、緊縮財政、増税を提案する「財政更改ノ議」を提出し（明治13年9月）、「工場払下概則」（明治13年11月）を公布して官業払下げによる歳入の確保を計るとともに農商務省を設置する（明治14年4月）などして引き続き殖産興業政策を進めようとした（農商務省は内務省の勧農、山林、駅逓、博物の4局、大蔵省の商務局などを移管して設立された）。

　また、外債が反対されたので、明治14年7月には再び伊藤と連名で、「公債ヲ新募シ及ビ銀行ヲ設立セン事ヲ請フノ議」を提出し、5000万円の内国債の発行と横浜正金銀行を吸収した中央銀行の設立を構想した。

　ところが、議会開設、官業払下げをめぐり、大隈と伊藤らの意見対立が激しくなり、明治14年10月の政変で大隈は政府を去ることになり、大隈の主導した財政金融政策は終焉した。

■■ 大隈財政を見直す

　大隈の後任の松方正義が書かせたという「明治財政史」は、「明治十年西南ノ騒擾起コリ政府ハ戦費ノ急需ニヨリ已ムヲ得ズシテ（略）紙幣ヲ發行セサルヘカラサル不幸ニ陥リ紙幣ノ流通額ハ経済社会ノ需要額ヲ超過シタルヲ以テ頓ニ価格暴落ノ傾向ヲ示シタリ加フルニ明治九年八月（略）国立銀行條

例ノ改正アリシヨリ国立銀行ノ新設見ルコト少カラズ其ノ發行紙幣モ亦頗コブル増加セシヲ以テ紙幣ノ下落愈々急激トナリ物價頻ニ騰貴シ正貨愈々濫出シ貨物ノ輸入ハ輸出ニ超過シ」と指摘し、大隈の積極財政が行き詰まり、松方による紙幣整理、財政緊縮策が必要となったと述べている。

　大隈の政策は今日的観点からみてきわめて意義深い。松方の考え方はもちろん重要であるが、大隈財政はもう少し評価されてもよいだろう。大隈の時代は日本がまだ圧倒的に農耕社会であった中で殖産興業が必要となり、それには膨大な資金が必要だった。地租改正（明治6年7月）を断行したものの、全国の地価の決定作業が進行中であって、十分な租税収入はない。そういう状況であった。

　殖産興業の積極財政により、インフレが芽生え、貿易は入超に傾き、銀貨が不足する。各地で内乱が起きる。積極財政か緊縮財政か、銀貨不足か紙幣過剰か、外債に頼れないなか内国債ならよいのか、内乱が発生した時には財政金融政策はどう対応させたらよいかなどの難しい問題が山積していた。

　また、この時期の日本が金本位、銀本位、複本位で揺れ動いたのは本位貨幣の議論の良いサンプルケースとなるし、連邦準備銀行制度発足（1913、大正2年）以前のアメリカと同じような状況が日本銀行が設立された明治15（1882）年までの日本にあったことも学ぶことができる。今日の途上国の発展支援の中で日本のケースはもっと参考にされるべきだろう。

　大隈と伊藤は明治14年後半にいたり激しく対立する関係となったが、明治の初めから両者は手を携えて日本の「国づくり」の舵取りをしてきた。明治15年10月東京専門学校を開校する式典で伊藤が、大隈が自ら教育機関を作った点はかなわないと祝辞を述べると、大隈は満悦したと伝えられている。一方、伊藤が満州で凶弾に倒れると、大隈はなんと華々しい死に方をしたものかと羨みつつも悲しみ、大泣きに泣いたと伝えられている。二人は互いに実力を認め合っていたのだろう。

　大隈はその後、外務大臣として条約改正にかかわり、明治31年と大正3年に2度総理大臣を務めた。大正11年死去、国民葬が行われた。

幕府貨幣、藩札の交換

　慶応3（1967）年12月王政復古の号令とともに維新政府が誕生するが、その後戊辰戦争が勃発したため、貨幣制度の整備・統一は遅れた。そこで幕末の諸条約の尊重を明らかにしたうえで、維新政府は慶応4年2月に旧幕府幣制の踏襲を宣言し（革命、戦争の後は後継政府がどの通貨を流通させるか宣言するもの、これは国際公法に沿った手続きであった）、万延二分金などの幕府貨幣、各藩発行の藩札、洋銀（墨ドル）、維新政府の太政官札、民部省札などが流通した。こうした状況だったため、明治初年の貨幣の流通状況は通貨錯乱といわれる。

　幕府貨幣を円に交換するのは当然として、藩札については、明治維新後財政窮迫のため発行された藩札も明治2年12月には増発が禁止され、明治4年の廃藩置県により、その回収は中央政府の責任となった。政府は明治4年12月、流通していた通貨の市場実勢で交換比率を決め、旧札20枚で8銭などと押印して、しばらく流通させ、明治5年8月から明治通宝と交換をした。

第 2 章

金融諸事業の始まり

抑々我國に於ける國立銀行條令の公布されたのは明治五年十一月であるが、
之れより先き大藏小輔伊藤博文一行が明治三年に渡米して、銀行制度、公債
制度、兌換制度其他の取調べを爲して歸朝したが、明治四年其の報告に基い
て我國にも銀行條例を制定する事となり、當時大藏省改正係主任であつた私が
專ら銀行條例起草の事務を儋當し、日本の國情に適合せる制度の草案作製に
沒頭したものである。（略）

　第一國立銀行を創立する事となり、明治六年七月二十日に開業免狀を得て、
八月一日から日本橋兜町一番地に本店を置いて開業するに到つた。之れが我國
に於ける國立銀行の嚆矢である。（略）

　明治八年八月の株主總會の決議に基き、名實共に第一國立銀行頭取となつた
（略）。

　株式取引所條例の制定せられたのは明治七年頃であるが、私は其の時分既
に民間に下つて居つたので、法文の起草に直接携はらなかつたけれども、在官
時代には職務上關係を有して居つたし、又取引所許可の可否に就いては大いに
議論を闘はしたものである。（略）勿論其の當時には株式の取引は無かつたの
で、實際問題として米相場に就いて論じたのである。（略）其後大隈重信候の
大藏卿時代に、政府の法律顧問であつた佛國人ボアソナード氏の意見を參酌
し、遂に私共の主張した説が採用せられて株式取引所條例が公布せらるゝに到
つたのである。（略）

　益田、三野村、小松、小室、澁澤（喜作）の諸氏と共に相謀つて東京株式
取引所の設立を企て、明治十年其の許可を得て事業を開始した（略）。當初市
場に上つたのは新舊公債及び秩祿公債であつて、次いで金祿、起業公債及び
二三の株式を加へたけれども、固より其の賣買高は極めて微々たるものであつ
た。（略）

　華族の有志に依つて（略）、明治十一年七月海上保險會社設立（略）を出願
し、一方三菱に交渉してこの計畫に贊成を求め、其年の暮に資本金六十萬圓を

以て東京海上保険會社が設立せられた。之れが日本に於ける保険事業の嚆矢である。（略）

　我國に生命保険の事業が營まれる様になつたのは、東京海上保険が創立されてから間もなくの事であつて、確か明治十四五年の頃の事である。明治生命が即ちそれで、私は此の事業には關係しなかつた（略）。火災保険會社の創立されたのはそれから餘程後のことで、明治二十四五年頃（略）であるが、此の火災保険に就いては私も其の相談に與つた。

『澁澤榮一自叙傳』澁澤榮一述　小貫修一郎筆記　昭和12年12月　澁澤翁頌徳會

　銀行制度の設計にあたり伊藤博文はアメリカのナショナル・バンクにならって日本に国立銀行を設立することを主張し、イギリスに留学した吉田清成（大蔵少輔）は、イギリスのイングランド銀行にならい中央銀行の設立を主張した。これが後に銀行論争と呼ばれた議論である。南北戦争後のアメリカが国立銀行により南北戦争中に発行した不換紙幣を回収整理した先例にならう必要があるとの伊藤の主張が通り国立銀行制度を採用、明治5年国立銀行条例が施行された。

■■各地に国立銀行設立

　設立された国立銀行は、資本金の6割を政府紙幣で払い込み、同額の公債証書を受け取り、これを担保に大蔵省が印刷した国立銀行券を同額だけ交付を受けた。資本金の4割は兌換準備として正貨で積み立てることが義務づけられた。戊辰戦争時に大量に発行された政府紙幣を市場から回収することが狙いであったことがわかる。

第一国立銀行の錦絵

（写真提供）　日本銀行貨幣博物館

　ところが、明治5、6年頃までは金貨と紙幣の価値に開きはなかったが、政府紙幣の乱発と輸入超過による正貨の流出により金紙に開きを生じ、明治7年頃になると国立銀行券は発行すると直ちに兌換された（同年には小野組、島田組が破綻）ため、国立銀行の経営が思わしくなくなった。明治9年国立銀行条例が改正され、金兌換を停止し、（秩禄処分で交付された）金禄公債を資本金に充てることを認めた。正貨準備も資本金の2割に引き下げられた。これにより銀行券の発行が容易となり、全国に国立銀行の設立が続き、明治9年で12行、明治10年に27行、明治11年に109行開業となり、明治12年末までに153行が許可、開業となった。

　国立銀行として登場した近代的銀行業は、金禄公債を資本金に認めると急速に普及したため、政府は明治10年に全国の国立銀行の総資本金を4000万円、総発券額を3442万円に規制した。ここで注目されるのは、政府紙幣の乱発への対処はもちろんであるが、「各地の商況」に応じて府県別に資本金、発券額を明らかにして、国立銀行の設立を慫慂したことである。

　具体的には地方の人口、租税高を考慮していたので、近代的銀行業の発展

と殖産興業（地方の振興）を結び付けていた。これは伊藤がアメリカで視察してきたところであり、西日本では藩札が旧藩の経済の循環に役立ってきたことをよく承知していたからだろう。これらの銀行の多くが今日の地方銀行に発展して、地域の産業の発展のために資金供給することとなった。

　多数の銀行が各地の華族、士族、有力商工業者により設立された後、中央銀行を設立する日本の政策のシーケンシング、順序の意味は重い。途上国で優秀なセントラルバンカーが多くいるにもかかわらず、民間銀行が機能不全に陥っている現状とも比較されるべきである。

　当時の大蔵省（とりわけ井上馨大蔵大輔、渋澤栄一大蔵小輔）は模範となる銀行として第一国立銀行の設立を積極的に勧奨した。株式会社であるので広く民間資金を集めることとしたが、江戸時代から両替商の重鎮として力があった三井組、小野組の大口出資と協力を得て同行は誕生した（資本金250万円のうち両組がそれぞれ100万円を拠出した）。三井組、小野組それぞれから頭取を選任する一方で、その上に経営の最高責任者である総監役を置いた。総監役は渋澤が官を辞して自ら就任した。こうして日本最初の株式会社である第一国立銀行がスタートした。

　国立銀行の中で最も資本金の大きい国立銀行が第十五国立銀行で、第一国立銀行の十倍以上あった。岩倉具視の呼びかけにより、徳川慶勝、山内豊範、黒田長知、池田章政、藤堂高潔、松平茂昭、南部利恭、吉川経健らが発起人となり、これら華族が金禄公債を原資に設立した。世上華族銀行と呼ばれ、宮内省の御用銀行でもあった。

　なお、（発券機能のない）私立銀行も明治初めには多数営業を始めた。明治２年には為替会社（西洋式銀行を模したもの）、通商会社（為替会社から融資を受ける商社）が設けられたが、いずれも失敗すると、明治３年に「両替屋ノ輩、社ヲ結ビ、為替会社同様ノ業ヲ営マントスル者アレバ、其資本ノ高ヲ糺シテ許容スル」とする通商司心得書が出され、三井組バンク、小野組バンク、江州会社等が請願書を出したが、許可に至らなかった。しかし、人民相互の結社営業は放任されたので、事実上、私立銀行（銀行類似会社）が多数

第一国立銀行	東京　明治6年開業（第一銀行、戦時中は三井銀行と結合し帝国銀行に、戦後再び第一銀行に、昭和45年日本勧業銀行を統合して、第一勧業銀行に、平成金融危機後に富士銀行、日本興業銀行を統合して、みずほ銀行に）
第二国立銀行	横浜　横浜為替会社を母体に、明治7年開業（第二銀行は横浜興信銀行（横浜銀行）に営業譲渡）
第三国立銀行	大阪　鴻池善右衛門、広岡久右衛門らが明治6年に出願、免許を得たが、発起人らの意見対立で開業せず。安田善次郎、川崎八衛門が明治9年東京で免許を譲受け、開業
第四国立銀行	新潟　越後の豪商と新潟港の廻船問屋たちが発起人　明治7年開業
第五国立銀行	大阪　薩摩の島津家、士族、ゆかりの商人らにより設立、明治6年開業（第三十二国立銀行〈浪速銀行〉に買収され、さらに十五銀行に吸収される）

（出所）　各種資料をもとに筆者作成

設置された。

　その後、明治9年の国立銀行条例改正以降これらの業者のうち、三井組が三井銀行と改称したのを先駆にそれまでの銀行類似会社が続々銀行と称するに至った。明治12年以降、国立銀行の設立が許可されなくなったので、私立銀行の設立はますます盛んになり、明治15年には私立銀行176行、銀行類似会社438社に上った。長らく法律に基づく国立銀行と法律に基づかない私立銀行、銀行類似会社が並存していたのである。

■■ 株式のない株式取引所

　証券業はどうであったか。幕末になると、経済の混乱、米価の高騰などか

ら大阪の堂島米会所の機能は低下していたが、明治政府はこれを公の賭博場と指弾し、明治2年2月その閉鎖を命じた。しかし基準を失い米価相場が乱高下し、大阪商人の嘆願もあって、明治4年4月には堂島米会所の再開が認められた。その後明治8年を過ぎて豊作と金融逼迫により米価が急落したため、取引所改革に着手、明治9年8月に米商会所条令が公布され、大阪堂島、東京兜町、蛎殻町など全国14カ所に株式会社組織の米商会所が設立された。

　一方、株式取引については明治7年に株式取引条例が公布されたが、日本の実情に合わず、一カ所も設立されなかった。明治11年5月株式取引所條例が制定されると東京株式取引所をはじめ全国に取引所が開設されることになった。上掲文のとおり、渋澤も明治初年に取引所について大蔵省で議論をしていた。

　株式取引所の設立とともに株式仲買人になったのは主として中小の両替商

東京株式取引所の錦絵「東京開化名景競よろいばし」（明治7年）

渋沢史料館所蔵

【株式取引所一覧】

東京株式取引所	明治11年6月開業
大阪株式取引所	明治11年8月開業
横浜洋銀取引所	明治12年3月開業（明治13年横浜株式取引所に改名）
神戸株式取引所	明治16年開業（明治39年神戸米穀株式取引所となる）
博多株式取引所	明治17年2月開業
京都株式取引所	明治17年12月開業（明治40年京都米穀商品取引所を吸収し、京都取引所に改名）
名古屋株式取引所	明治19年3月開業（明治22年閉鎖、明治26年再出発）
広島株式取引所	明治26年開業（広島米穀取引所（明治26年設立）が29年から株式取引開始、大正9年株式取引所に改名）
長崎株式取引所	明治27年1月開業
長岡株式取引所	明治27年6月開業
新潟株式取引所	明治29年7月開業（明治35年新潟米穀取引所に吸収）

（注）　これらの株式取引所は昭和18年に日本証券取引所に統合された。
（出所）　各種資料をもとに筆者作成

だったという。「山一証券史」によると、両替商のうち元締格の三井、鴻池、住友などの大両替商は主として銀行業に進み、中小の両替商が株式仲買人になるという分化の道をたどったようだ。また堂島の帳合米取引を援用した株式取引（差金取引）制度としたので、戦前の日本の株式取引所は商品取引所の性格から脱し切れなかったという。

　設置都市は米穀取引の盛んであったところが大半であった（明治末年の最

盛期には全国で54所あったという）。ちなみに株式の名前を銘柄と呼ぶのは米の銘柄にならってのことである。

　上場されたのは各種の公債のほか、株式は明治11年末で第一国立銀行株、東京兜町米商会所株、東京蛎殻町米商会所株と東京株式所株（当所株）であった。日本も欧米にならって株式を取引することになったが、市中に株が流通するよりも以前に株式取引所が設けられたことがわかる（実際に株式、国債などを売買する今日の証券会社つながる現物商の発展は次の時代であった）。

■■福沢諭吉が保険を解説

　保険業は銀行業や証券業とはずいぶんと違う道をたどった。御朱印船時代の抛銀（なげかね）や廻船問屋の海上請負など、相互扶助という点では無尽講・頼母子講などが江戸時代以前からあったが、保険は近代社会にふさわしいインフラとして明治に入ってから導入された。

　福沢諭吉のベストセラー「西洋旅案内」（慶応3、1867年）は商用で西洋に旅する者のために書かれたが、その中で「災難請合の事　インシュアランス」というビジネスがあり、生涯請合（生命保険）、火災請合（火災保険）、海上請合（海上保険）の仕組みを説明している。例えば「災難請合とは商人の組ありて平生無事の時に人より割合の金を取り万一其人へ災難あれば組合より大金を出して其損亡を救う仕法なり其大趣意は一人の災難を大勢に分ち僅の金を棄て大難を逃るる訳にて」と説明されていた。

　海外との貿易に伴い海上保険が必要になるが、初めは居留地にある外国系の保険会社が利用されていた。その中、明治12年に渋澤栄一が発起人となる東京海上保険が創業された。渋澤は華族の拠出する資金で東京・青森間の鉄道建設、新橋・横浜間の鉄道払下げを企図するがいずれも失敗し、集めた資金で海上保険会社を設立した。

　一方、郵便汽船三菱会社を経営していた岩崎弥太郎は海上保険業への進出を政府に出願したが、海運と海上保険の兼営を却下されていたので、岩崎は渋澤の企画する東京海上保険に出資することになり、華族資本と三菱資本に

よる本邦初の海上保険会社が誕生した。資本金60万円のこの会社に、政府は初の海上保険会社を保護育成するため40万円までの損失を負担するという特典を与えた。そのおかげもあり順調に成長していった。

次は生命保険業がスタートする。米国に先進制度の勉強に行った若山儀一（租税権助、大蔵省）は退官後の明治12、13年に日東保生会社（相互会社）の設立願書を提出したが、失敗する。同じ頃の安田善次郎による共済五百名社も生命表のない保険類似事業だった。そして福沢の教え子たちが集まった明治生命（株式会社）が明治14年7月に営業を開始した。これがわが国における保険数理に基づく生命保険業の誕生である（ただし、生命表はイギリス20社表を使用した）。

火災保険はそこから約10年遅れる。明治21年東京火災、24年明治火災、25年日本火災、26年大阪保険（のちの大阪火災）、31年東京物品火災などが設立された。

遅れたのにはわけがある。お雇い外国人（ドイツ人）のパウル・マイエットは東京医学校でドイツ語、ラテン語を教えていたが、明治11年日本家屋保険論という講演を行い、「火災保険は国民生活の安定、財産の保護、産業の発展に多大の効果があり、日本には水火災の被害が毎年膨大な額に達するにもかかわらず、保険制度がないことは遺憾であり、国営火災保険を早急に実施すべき」と提言した（これはドイツの公営強制火災保険制度を見習ったもの）。参議兼大蔵卿であった大隈重信はこの提言に共鳴し、明治12年マイエットを大蔵省に顧問として迎え、同年5月大蔵省内に火災保険取調掛を新設して、各種の家屋の価格や家屋数の調査を開始したという。

明治14年調査結果に基づいて作成された家屋保険法案が太政大臣に提出されたが、この法案に対しイギリス風自由主義の旗頭であった田口卯吉は「火災保険の趣旨には賛成するが、国が強制するのは自由の精神に背くもの」と反対意見を述べ、また内務卿松方正義も、「明治10年の西南の役によって政府の財政は疲弊しており、人民にも地方税、備荒儲畜法等の新たな税負担が相次いでいる時に家屋保険を強制することは受け入れがたい」と反対したこ

とから、明治15年参事院は、太政大臣に財政難と臣民の負担増を理由に火災保険は民営とし、これを保護することが良策であると上申した。これを受けて太政大臣は家屋保険法案の廃案を決定したので、国営火災保険制度は頓挫した（大隈と松方の争いがここにもあった。時期も明治14年の政変時であった）。その数年後に民間で火災保険が行われることになったのである。

■■郵貯の父でもあった前島密

　前島密は明治４年に近代的郵便制度を発足させたことで知られる。前島はイギリスでの経験をふまえ、郵便貯金制度をその翌年に建議したが、採用されるに至らなかった。官制改革で駅逓局が内務省に移管された後、明治８年１月には郵便為替制度を、同年５月には郵便貯金制度を発足させた。

　しかし郵政百年史によると、両替商に高い手数料を払わないで遠隔地に支払いができることから、郵便為替はよく利用されるようになったが、「恒産あって、恒心あり」として、零細貯金を集めるという意図で設けられた郵便貯金はなかなか普及しなかった。江戸時代からの生活習慣、つまり宵越しの金は持たぬという習慣が根強く残っており、前島が私金を渡して貯金させようと思っても人々はなかなか貯金しなかったという。

　政府はいろいろ努力して郵便や郵便貯金、為替を普及させた。その一つがいわゆる三等郵便局で、設立当初の郵便取扱所及び郵便取扱役が特定郵便局及び特定郵便局長となった。明治４年12月から郵便取扱人を各地方の有力者から採用し、準官吏として高い社会的地位を与え、取扱人の自宅を局舎として無償提供させる方針が決定された。彼らの活動により郵便貯金、為替が広まっていった（さらに、民間でも複利で零細貯金を集めるようになった。次章参照）。

　渋澤栄一は武蔵国（現在の埼玉県深谷市）の豪農の子として生まれ、一橋

慶喜に仕えるが、その弟徳川昭武についてパリ万博に随行する。帰国後静岡で慶喜に会ったのち、明治政府に出仕する。大隈重信や伊藤博文、井上馨などの補佐役（最後は大蔵少輔事務取扱）ののち退官。民間にあって約500社の創立にかかわり、日本資本主義の父と呼ばれた。

　福沢諭吉は説明を要さないだろう。豊前国の中津藩士の子として大阪に生まれ、その後長崎で学び、緒方洪庵の適塾を経て江戸に出ている。幕末にアメリカに2度（万延元、1860年と慶応3、1867年）、ヨーロッパに1度（文久遣欧使節団、文久元、1862年）訪問するなど、当時最も欧米事情に通じていた者であった。

　前島密は越後国に生まれ、幕臣の前島家の養子となり、明治になって民部省・大蔵省出仕となり、明治3年には租税権正から駅逓権正へ、明治4年に駅逓頭となり、その後民間と官を行き来したが、駅逓総監、逓信次官を務めている。大隈の始めた東京専門学校の第二代校長も務めた。近代的郵便制度を発足させ、郵便為替、郵便貯金を始めた前島は周知のとおり郵便の父と呼ばれる。今も1円切手の図柄は前島である。

第3章

松方デフレ

今ヤ日本銀行開業ノ典ヲ擧ケントス此ノ盛典ニ臨テ我政府カ日本銀行ヲ創立セラルヽノ大主意ヲ聊カ此ニ明言シテ以テ此銀行ニ從事スル諸君ハ勿論株主一同及ヒ公衆ニ向テ深ク注意ヲ請フ所アラントス抑モ我國銀行ノ沿革ヲ考フルニ維新ノ際兵革騒擾大政漸ク諸ニ就クニ當リ民間従來ノ慣習頓ニ地ニ墜チ金融日ニ梗塞シ商業日ニ衰頽スルヲ以テ政府大ニ之ヲ憂ヒ明治二年始メテ爲替會社ノ設立アリシモ未タ其目的ヲ達スル能ハス明治五年ニ至リ更ニ國立銀行條例ヲ發布シ尋テ同九年八月ヲ以テ改定條例ヲ發布セラル爾後國立銀行ノ創立全國ニ相踵キ僅々二三年間ニシテ百五十有餘ノ多キニ至レリ之ニ加ルニ私立銀行ヲ以テスレハ其數蓋シ三百有餘ニシテ我國商業ノ進度ニ比較スレハ亦尠少ナリトセス然レトモ其商業上ニ現ルヽ所ノ效驗ヨリ之ヲ視レハ當初國立銀行ヲ起スノ目的ヲ達スル能ハサル（略）

速ニ中央銀行ヲ設立シ財政ノ樞要ニ當リ全國ノ貨源ヲ開キ財路ヲ疏通シ富強ヲ培養スルノ基礎ヲ建ルニ非サレハ將來一國ノ經濟將ニ測ル可カラサルモノアラントス蓋シ中央銀行ノ制タル政府ノ監護ヲ受ケ財政ノ要衝ニ立チ民間金融ノ壅塞ヲ開キ國庫出納ノ便益ヲ助クルモノニシテ歐洲諸國能ク今日ノ富強ヲ致ス所以ノ者固ヨリ一ナラスト雖モ亦中央銀行ノ力與テ居多ナリト謂ハサル可ケンヤ且夫幣制ハ一國財務ノ最モ重要ナルモノナリ我國今日ノ不換紙幣ノ如キモ早晩跡ヲ市場ニ收メ終ニ兌換ノ本制ニ復センコト是レ我カ政府カ夙夜計畫ヲ怠ラサル所ナリ然レトモ事ヲ擧ル必ス順序アリ先後アリ若シ幣制ノ改良ヲ望マハ先ツ中央銀行ノ設立ヲ以テ第一著手ト爲サヽル可カラス是ニ於テカ我政府ハ我邦慣習ノ利弊ヲ察シ各國理財ノ得失ヲ考ヘ之ヲ既往ニ鑒ミ之ヲ將來ニ慮リ客年六月二十七日ヲ以テ初テ日本銀行條例ヲ頒布セラル是畢竟經濟上ノ一大機關ヲ具ヘ以テ財政ヲ將來ニ救濟セント欲スルニ在ルナリ（略）

日本銀行ノ任斯ノ如ク其レ重ク其責斯ノ如ク其レ大ニ其地位ノ高顯ナル斯ノ如ク其資力ノ強盛ナル斯ノ如ク之ニ加フルニ政府ハ國庫金取扱ノ事務ヲ付託シ銀行券發行ノ特權ヲ附與スルノミナラス其之ヲ實行スル蓋シ亦遠キニ非サルヘシ政府カ此銀行ヲ信用スル斯ノ如ク其レ厚シ固ヨリ尋常一般ノ銀行會社ト同視ス可キ者ニアラス（略）

　　日本銀行ナル者ハ一人一個ノ私利ヲ謀ルモノニ非ス公利公益ヲ主眼トシ徒ニ
商業社會ノ狂濤ニ搖カサレス卓然屹立シテ以テ一視同仁ノ義務ヲ盡スベキモノ
ナリ我政府カ此銀行ヲ創立スルノ主旨此ニ外ナラス諸君其レ庶ヲ鑑ミヨ

　　抑〻銀行ナル者ハ何ヲ以テ成立スルヤ信用ノ二字ヲ以テ成立スルニ非スヤ
（略）信用ノ二字ヲ念頭ニ忘却セス（略）著實ニ歩ヲ進メ（略）此銀行ノ旺盛固
ヨリ言ヲ俟タス隨テ全國ノ商業是ヨリ振興シ銀行會社ハ是ヨリ益〻繁盛ヲ致サン
コト（略）疑ハサル所ナリ

　　今余ハ此銀行開業ノ盛典ニ臨ミ恐多クモ上ハ天皇陛下ノ萬歳ヲ奉祝シ隨テ下
ハ日本銀行ノ益〻旺盛ニ赴カンコトヲ祝ス

『明治財政史』14巻　明治財政史編纂会編　昭和2年明治財政史発行所

　松方正義は大隈重信の後大蔵卿となり（明治14年）、その後第一次伊藤内
閣で大蔵大臣を務めてから歴代内閣あるいは二度の松方内閣で大蔵大臣を務
めたので、短い期間を除くとおおよそ明治33年まで10数年にわたり財政金融
の責任者であった。

■■松方正義による日銀開設

　わが国における中央銀行制度については吉田清成のイギリス風の発券制度
の主張（第1章）、バンク・オブ・ジャパン構想（大隈重信・井上馨構想、三
井のような富商に政府の庇護のもと発券させる）、三井組の正金兌換証券発行銀
行の出願（不許可）など明治2～4年頃から議論が展開され、明治14年の大
隈重信、伊藤博文による一大正金銀行設立の建議を経て松方の日本銀行創立
建議に至った。

ジョナサン・コンドル設計の北海道開拓使物産売捌所

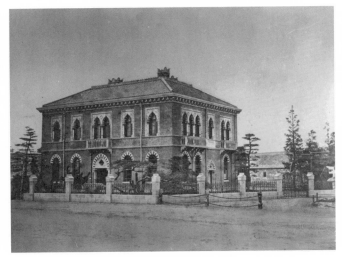

（写真提供）　日本銀行金融研究所アーカイブ

　松方正義は内務卿時の明治14年９月に「財政議」を建議し、紙幣の償却を計らなければ国民に対する義務に反するだけでなく、国家将来の計をなしがたく、そのため日本帝国中央銀行を設立すべきと提案した。そして明治14年の政変後大蔵卿になって成案化したものが日本銀行条例（明治15年）であった。

　それより前、松方大蔵大輔は大隈大蔵卿と意見を異にし、伊藤の計らいでパリ万博副総裁として渡仏し、明治11年３月から12月まで第三共和政下のフランスで働き、学んだという。フランス蔵相のレオン・セー（「セーの法則」で名高いジャン・バプティスト・セーの孫）としばしば会い、イギリスやフランスの中央銀行はその古い伝統のゆえにモデルにならないこと、最新のベルギー国立銀行を学ぶとよいと教えられた。そこで大蔵権小書記官の加藤済（後の銀行局長）をベルギーに残し、研究させた。その後松方は加藤や吉原重俊大蔵少輔（後に日銀初代総裁）、郷純造三等出仕、富田大蔵大書記官らと大

蔵省内、大臣公邸で議論を重ねて、条例案を作成したという。

　明治15年10月、日本銀行は隅田川に架かる永代橋付近の北海道開拓物産売捌所（ジョナサン・コンドル設計、日本橋区北新堀町81番地、今の箱崎町）を譲り受け、開業した。開業式典は翌年4月に行われた。上掲の祝辞から松方の興奮が伝わってくる。松方の努力によりレオン・セーには勲一等旭日大授章が贈られた。

■■ 貨幣・銀行制度改革の進展

　西南戦争に端を発する経済の乱調に最終的なピリオドを打ち、本格的な経済発展の基礎を作り出したのは松方である。松方は超均衡予算を編成した。緊縮財政と増税で収支の均衡を図り、官営事業の売却と税の徴収の強化によって捻出した剰余金で紙幣の消却を進めた（明治15年度には売薬印紙税、取引所仲買人税の新設、酒造税、煙草税の増税、18年度は醤油税、菓子税の新設などをした）。他方、輸出荷為替を積極的に行って正貨の蓄積に努めた。

　これと並行して松方は貨幣・銀行制度の改革を進めた。日本銀行の開設のほか、明治16年には国立銀行条例を改正して、銀行券の発行権能を停止し、順次償還させ、営業期限を明治20年までとするなどとした（これは国立銀行の普通銀行化であった）。

　さらに明治17年には「兌換銀行券條例」を公布して、明治18年からは日本銀行券（銀兌換券）を発行した。最初の日本銀行券は4種（1円、5円、10円、100円）で大黒天が描かれていた。通常黒札と呼ばれていた。

　政府紙幣の償却は明治32年まで、国立銀行券の回収は明治37年までかかった。もっとも政府紙幣、国立銀行券は日本銀行券と自由に交換できたので、日本の紙幣は明治18年にはすべて兌換券となり、日本は銀本位制の国となった。

　明治14年頃が好景気、インフレの頂点であったが、一連の松方財政でインフレは終息し、財政危機は脱することができた。しかし、反動でデフレが進行し、明治18、9年頃が景気の底だったという。農産物の価格は暴落し、例

【明治10年代の紙幣流通高・正貨】

(単位：千円、％、倍)

	政府紙幣	国立銀行券	総額	正貨準備率	銀貨／紙幣
1876	105,148	1,744	106,802	0.142	0.989
1877	106,797	13,353	139,150	0.127	1.003
1878	138,419	26,279	165,658	0.108	1.099
1879	130,309	34,046	164,335	0.061	1.212
1880	124,940	34,426	159,356	0.043	1.477
1881	118,905	34,297	153,302	0.083	1.696
1882	109,389	34,385	143,754	0.116	1.571
1883	97,999	34,276	132,275	0.196	1.264
1884	93,380	31,016	124,396	0.270	1.089
1885	88,344	30,155	118,500	0.357	1.065

(出所)　正田健一郎「貨幣・銀行制度II—大隈財政と松方財政」(1970年6月)

えば米の値段は2年間に半分ぐらいに下がった。

　そこへこれまで農家は地租を翌年夏までに払うようにしていたが、松方が13年分は14年夏までに、14年分はまだ米は半分も売れていないのに14年末までに払うよう改定したので、地租を払えぬ農民の小作農化などをもたらした。また過激な政党活動が蔓延し、秩父事件（17年末）などの農民の反乱も引き起こした。

　なお、石橋湛山（東洋経済編集者、元首相）は松方はひとたび紙幣整理を行えば各方面より非難を浴びるとも途中でやめてはならないことを承知して実行したと評価しつつ、松方デフレは昭和4～6年にかけての金本位制回復のためにとられたデフレに比較すべき惨状といい、これを避けるには当時流通していた紙幣の価値に合わせて銀貨を制定する方法があっただろうと述べていることは注目すべきだろう。

■■鉄道建設ブームから起業ブームへ

明治18年頃から金融は緩慢となり、明治20年になりようやく景気は回復してきた。一つには払い下げられた官営工場や鉱山、セメント工場、造船所などがこの頃になると、それなりに運営されるようになってきたことがあげられる。二つに岩倉具視や伊藤博文らの提唱する私有資本を用いての鉄道建設が進んだからであった。鉄道に次いで紡績業、鉱山業のブームとなり、さらに一般的な企業設立ブームへと広がっていった。

加えてもう一つ、円が国際的に安くなったということがあげられる。すでに述べたように欧米諸国が金本位制に移行し日本が銀本位国となると、国際的には銀が余ってきていたので、金に対し銀の値段が下がり、円安となる。こうして日本の輸出が増え、景気が良くなっていった。アメリカの絹織物産地では日本の生糸がたくさん使われるようになっていった。また綿花はインド製の安いものを買い、綿製品をアメリカに売るようになっていった（いわ

【明治の五大私鉄】

日本鉄道	1883、明治16年上野—熊谷（のちに前橋）、1891、明治24年上野—青森　養蚕地、東北と東京を結ぶ
山陽鉄道	1888、明治21年神戸—明石（1894、明治27年までに広島、1901、明治34年までに下関）五街道のうちの山陽道に沿う
関西鉄道	1888、明治21年草津—柘植（伊賀市）、その後拓殖—名古屋（東海道の三重、滋賀部分）、柘植—大阪も結ぶ
九州鉄道	1888、明治21年博多—千歳川、その後門司—長崎、八代を結ぶ、さらに筑豊鉄道を買収、石炭を輸送
北海道炭鉱鉄道	1898、明治31年官営幌内鉄道買収、小樽、札幌と産炭地を結び、北海道の石炭を輸送

官鉄は新橋—横浜（1872、明治5年）、神戸—大阪（1874、明治7年、1887、明治20年京都まで延伸）、釜石鉱山鉄道（1880、明治13年、鉱山用）、幌内鉄道（1880、明治13年、石炭輸送用）から始まった。

（出所）　各種資料をもとに筆者作成

ゆる日本の産業革命、明治26年には神戸ボンベイ航路が日本郵船により開設された）。

　景気は明治22年頃がピークで、アメリカが明治23（1990）年には国内の銀鉱山業者を救うためシャーマン法を制定して銀の買い入れを実行すると、銀が高騰（円高）してわが国は輸入超過となり金融が逼迫、起業ブームもしぼんだ。明治26年頃になり、ようやく落ち着いてきた。

　当時の株式市場では国立銀行株が多数上場されて取引されていたが、鉄道建設ブームの到来とともに鉄道株がもてはやされた。しかし、投機性の強い市場であったので、明治20年になると、株式会社でなく会員制の取引所のみを認めるというブルース法が施行されることになった。市場は混乱し、仲買人らは政府に従来の市場の存続を認めるよう陳情し、大きな騒ぎとなった。明治26年になり、ブルース法が改正され、株式会社でも会員制でもよいとする取引所法が制定され、以後この取引所法が第二次世界大戦時まで続けられた。

■■銀行条例の制定

　前述したように国立銀行は発券機能を停止させられたため営業方針を変更し民間預金の吸収に努め、私立銀行と競争することになった。国立銀行153行のうち122行が普通銀行化し、明治32年には国立銀行はなくなった。一方、私立銀行は明治25年までに410行が設立され、多くの合併、廃業を経て、明治25年末で324行となった。銀行類似会社は明治17年に741社であったが、25年までに新設170、転廃業230であったので、明治25年末で680社を数えた。

　銀行の経済的ウエートが高まってきたので、監督法規が必要と考えられた。前後するが、明治8年には紙幣頭得能良介の普通銀行条例草案の建議、10年には銀行課長岩崎小二郎の銀行条例制定の建議があったが、商法がいまだに制定されていなかったので、見送られていた。明治23年3月に商法が公布され、同年8月銀行条例が定められた（施行は明治26年7月）。

　銀行条例は全文11条で、その第一条は「公ニ開キタル店舗ニ於テ営業トシテ証券ノ割引ヲ為シ又ハ為替事業ヲ為シ又ハ諸預リ及ビ貸付ヲ併セ為ス者ハ何ラノ名称ヲ用イルニ拘ラス総テ銀行トス」と定義したので、国立銀行から普通銀行化したもの、従来からの私立銀行、銀行類似会社は同じく普通銀行として規制されていくことになった。

　この銀行条例は昭和の金融恐慌後の銀行法制定までの銀行監督の基本法となった（銀行、証券取引所業については明治中頃から昭和期まで法的には安定的な時期であった）。

　すでに触れた松方の財政議では中央銀行の設立のほか、国民に倹約の念を教えるための貯蓄銀行と、農工業、陸海運を振興するための勧業銀行を設立すべきことも述べていた。

　ここで貯蓄銀行について述べておこう。銀行業が進展するにつけ零細預金、貯金も関心を集めた。これに最も早く注目したのは山梨興産社で、小貯蓄を複利で預かっていた。同社は明治10年第十国立銀行として5銭以上の貯金を受け入れ始めた。すると同年第三十三国立銀行（東京）もこれにならって小貯蓄を受け入れ、その後国立銀行で貯蓄銀行業務を併営するところが現れた。このような動きの中で、明治13年、私立の東京貯蔵銀行が設立された。

　政府は明治16年までに専業貯蓄銀行21行を調べ、資本金が過少であること、貯金、貸出金利がともに高利であることを把握し、銀行条例と同時に明治23年8月貯蓄銀行条例を制定した。貯蓄銀行条例は、複利で一口5円未満の預金を受け入れるものと定義され、最低資本金3万円、取締役の無限責任などのほか、貸付、割引、公債購入などにも制限的な規定が設けられた。厳格な条例の制定は貯蓄銀行設立の意欲をそいだが、5年後の明治28年に条例が改正され資金運用規制が廃止されると設立ラッシュとなり、明治26年から30年までの4年間で貯蓄銀行は23行から221行へ増大した（日清戦争後の旺盛な資金需要が背景にあったためである）。

■■ 保険会社の誕生

　生命保険業では明治生命に次いで明治21年に帝国生命（現朝日生命）が名古屋に、明治22年に日本生命が大阪に設立され、その後も多くの生命保険会社が誕生した。海上保険では明治26年に帝国海上保険（安田善次郎らが設立）、日本海陸保険（日本生命関係者により設立、明治43年ロンドン営業に失敗し解散）、大阪保険が営業を開始し、東京海上の独占が崩れた。

　火災保険業は生命、海上保険に比べ遅れた。明治21年になってようやく民間保険として有限責任東京火災が営業を開始し、その後安田善次郎の資本参加を得て、成長していった（後の安田火災、現損保ジャパン）。次いで明治24年明治火災（組合組織の明治火災保険会の保険会社化）が明治生命関係者によって開業した。火災保険には法人市場だけでなく、大衆物件があるため、日本火災（明治25年）など数多くの火災保険会社が設立され、市場が広がっていった。

　なお、保険業法が制定されるのはもう少し時代を下ってのことである。

第**4**章

日清戦争と起業ブーム

日清戰役は明治二十七年七月に始り、同二十八年四月に講和條約の調印を見たのであるが、同年中は尙ほ戰役の影響を免かるゝことを得なかつた。而して此戰役が直接間接金融界に加へたる壓迫は頗る大であつて、今軍費に就いてのみ觀るも、大約二億圓に上り、就中一億九百萬圓は日本銀行に依り、他の八千萬圓は主として民間の銀行を通じて融通せられた。而して開戰前年の年末に於ける我國銀行の拂込資本額は九千五百萬圓に足らず、其預金も亦公私を合して一億二千萬圓を出でず、斯の如き小規模の金融市場にして、能く斯の如き莫大なる戰費の支出を負擔して、而も綽々餘裕を有してゐた所以は、實に我國兌換制度の確定、金融機關の融和統一の效に歸せなくてはならない。（略）

　交戰の開始に當り、金融機關の衝に當る者は、深く軍費調達の困難なるべきを豫想し、爭ふて貸出を引締め、資金の回收を努めたから、金利は一時に暴騰して財界の人心恟々として安んずる所がなかつたが、戰局の進むにつれて其警戒の杞憂に過ぎしを悟り、又日本銀行が開戰早々貸付日歩を一錢九厘より二錢二厘まで引上げた外、常に同一の歩合を維持したのを見て、愈安堵の思ひを爲した。同年軍事公債の應募が非常なる好結果を呈したのも、一に國民の義勇奉公の熱誠に由ることは勿論であるが、當時一般銀行が奮然起つて之が爲めに盡瘁した效果を沒却すべきではない。而して同公債八千萬圓の拂込も、毫も其預金に減少を來すことなく、反つて東京大阪共に其增加を見た。加之私立銀行の新設の如きも廿七年に於ては百三十三行、其資本金が一千七百萬餘圓、二十八年に於ては百四十七行、其資本金額二千五百萬餘圓の多額に上つたのである。斯くて民間銀行も預金銀行たる職責を實地に試驗せられて、其特色を遺憾なく發揮した。

　之と同時に日本銀行が中央銀行として、又發券銀行として大いに貢獻を致したことは刮目すべきことであつた。日本銀行は啻に政府に對して多額の貸上金を爲すのみならず、其の銀行の銀行たる本分を全うせんが爲め、他の一般銀行に對しても大に融通を與へなくてはならず、且つ又兌換の制度を益々鞏固にして、些の危險もあらしめてはならない責任を有してゐる。（略）我金融は全く獨立不通の位置にあつて、毫厘の軍費も之を外資に仰ぐを得ず、（略）。之に拘わ

らず金融市場が紛亂に陷らなかつた所以は、一方に於て、當時の政府の一般金融政策が機宜に適應したこと、他方に於ては、日本銀行の發行政策が、其宜しきを得たる結果である。

　抑々戰時財政の必要より餘儀なくせられた通貨の膨脹は、明治二十八年上半季に於て漸次物價の騰貴を促し、諸業の純益を增進せしめたが、同年六月に軍事公債の拂込が終了するや、巨額の游資が浮動するに至り、其翌月、日本銀行は貸付日歩二厘方を引下げて二錢となし、且つ盛んに新企業の皷舞奬勵に努力し、（略）されば擧國の人心靡然として投機に傾き、猛烈なる企業熱の勃興を誘致した。加之償金は同年十月末より翌年五月に亙つて拂込まれることヽなり、正貨は既に滔々として流入の端を發し、政府は之を利用して其の尨大なる戰後の經營を遂行せんと欲した爲め、勢ひ益々兌換券の增發を來し、其結果薪上更に油を注ぐの觀があつた。
　卽ち、鐵道を中心とし、紡績、織布其他諸種の製造業相繼いで起り、株式會社は雨後の筍の如く、戰後二ケ年間に設立せられた會社の數は三千を出で、其資本金の增加は殆んど三億圓、拂込資本金の增加一億五千萬圓に垂んとし、若し朝起夕仆の泡沫會社の計畫をも合算する時は、實に十二億九千萬圓に達したと云はれてゐる。（略）茲に於いて資本家は一時に翕然として銀行を設立し、寒村僻地に迄及ぶの盛況を呈した。（略）此頃鐵道に次いで銀行の發起が最も多數であつたのは蓋し偶然のことではない。

『明治銀行史』明石照男　1935年　改造社

　日清戦争は明治27年7月から翌28年3月にかけて戦われた。人々の反応を東株の推移でみると、戦前出兵が噂されると下落を見せ、明治27年5月298

円であったものが、開戦後の８月は159円、軍事公債発行が決まるとさらに下落、戦後の明治28年３月には262円へと推移した。三国干渉後下落したが、その後回復し、明治29年の最高値は658円となった。このような経験から「戦争は買い」といわれることになった。

また日本銀行は開戦後の明治27年６月に公定歩合を日歩２銭に引き上げ、７月には２銭２厘とし、以後その水準を維持した。軍事費の散布により順次金融は緩慢に推移した。

■■日清戦争後の財政運営

日清戦争勝利後の日本経済、財政、金融運営の課題は金本位制の導入、鉄道事業の進捗と陸海軍の軍備増強であった。

このうち、金本位制の研究は日清戦争の前から始まっていた。インドが1893（明治26）年に銀本位制の停止を発表し、銀相場の暴落が目に見えて明らかとなったことを受けて、議論が進められた。松方正義が後任の大蔵大臣の渡辺国武へ働きかけ、「貨幣制度調査委員会」が明治26年10月に設置され、蔵相が松方となった明治28年７月にようやく金本位制への移行が答申された。金融界、貿易業界から銀本位のままでもよいという意見が強く出されていた（渋澤栄一、田口卯吉も金本位反対）ために時間がかかったのである。

松方は金銀複本位のラテン同盟（フランス、イタリア、ベルギー、スイス、ギリシャ）が明治10年頃までに行き詰まっていたことを承知していた。また明治６（1873）年ドイツがプロシア・フランス戦争の勝利により賠償金を得て、金本位制に移行したこともフランスで学んでいた。

明治33（1900）年の議会での審議を経て、同年10月わが国は金本位制国となった（兌換条例の改正により日銀券は金兌換となった）。貨幣法はよく読むと二分を一円とするとしていたので、明治４年の四分一円からみれば円の純金量は半減した。当時、わが国の金融界はロンドン、パリ、ニューヨークの金融界と密接になったと喜んだという。

清国からの賠償金（庫平銀２億３千万両、遼東半島還付の３千万両を含む、３

億8千万円）は清国がロンドンで外債を発行し、その収入金を明治28（1895）年から明治31（1898）年にかけて日本が受け取った（そういう意味では金本位制はポンド本位制だったといえる。この手法も松方の意見に沿ったもの）。ロンドンの金相場に大きな影響を与えずに、日本に金の現送を成し遂げたことはロンドンで評価されたという。

■■膨張する財政

　一方、日清戦争後の国内政治情勢は混迷さを増した。戦時中の政府と民党の協調関係が次第に崩れていったからである。最大の問題は陸海軍からの数カ年にわたる軍拡要求（陸軍約1億円、海軍約2億円）だった。日清戦争前は松方蔵相により緊縮財政が行われてきたので、毎年度の軍事費はおおむね2千万円強であったが、戦中の2年間は1億円を超えていた。明治28年3月、松方は明治天皇の意向を受け伊藤内閣の大蔵大臣に就き、戦後の財政運営の議論に加わり、軍事費を1億8千万円に抑え、清国からの賠償金で賄い、日清戦争時の軍事公債は毎年1千万円程度償還、軍事費以外に充てる事業公債を同額程度発行するなどバランスをとることを主張したが、内閣で否決され、同年8月に松方は辞任、政治危機となってしまった。

　困った伊藤は自由党との間で正式な協力関係を保つこととなった（翌年には自由党総裁板垣退助を内務大臣として入閣させた）ものの、結局伊藤内閣は倒れ、その後を継いだ松方内閣（第二次、明治29年9月）も陸海軍の要求を受け入れざるをえなかった。

　日清戦後の明治30年度から明治34年度まで軍事費は1億円を超えた。戦争をしていないにもかかわらず戦争中と同規模の軍事費を支出したのである。歳出に占める軍事費の比率は、日清戦争前は30％程度であったのに、日清戦後、特に明治33年までは45％前後にも増加した（いわゆる戦後の財政の膨張）。

　日清戦前には平均395万円の黒字であった国家財政は、日清戦後の9年間は平均6249万円という大赤字に転換した。これを補ったのは、日清戦争賠償金と国債である。前者から一般会計に繰り入れられたのは3400万円、赤字額

の54％を占める。国債は5年間で4100万円の借入となった。明治31（1898）年には金融が逼迫状態となったため、国債募集も不可能となり、ついに外債発行に転換した（英貨公債1000万ポンドの募集）。

■■鉄道業、銀行業の発展

　正貨の増加に応じて日銀券の発行が進み、金融は緩和傾向となり、いったん下火となった起業ブーム（鉄道、紡績、織物、銀行業など）が再燃した。

　このうち、鉄道事業は日清戦争によりその重要性がいっそう認識されるようになった。戦争の指導のため明治天皇と大本営が広島に移り、臨時第七議会も広島で召集された。ちょうど山陽鉄道が明治27年6月に広島まで開通し、広島宇品間も8月に完成したので、部隊が鉄道により移動し、宇品軍港から船で移動したという。日清戦後に鉄道建設ムードが再び高まり、開業哩数（官営、私設、軽便合計）は明治26年末の2039マイルから明治36年（日露戦争前）には4495マイルへと2倍以上に伸びた。

【普通銀行・貯蓄銀行数の推移（明治26年〜大正14年）】

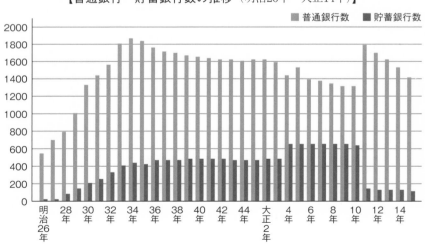

（出所）　明治大正財政史

38

　銀行業でも発展がみられた。明治28年末には国立銀行が133行、預金額7500万円、普通銀行が792行、8425万円と初めて普通銀行の預金量が国立銀行を上回った。そして国立銀行が普通銀行に合流する（合計1561行）と普通銀行はますます多数設立され、明治34年には1867行とピークに達した。

　貯蓄銀行は明治26年末で専業33行、兼業1行、預金額603万円であったものが、明治30年頃から伸長、明治34年末には専業441行、兼業273行、預金額7421万円に達した。

　日清戦争後の資金需要の高まりに対し、普銀条例における一個人または一会社への貸付もしくは割引が資本金の10分の1を超えてはならないとの規定、貯銀条例における貸出金等に関する厳格な規定がすべて廃止されたことも普銀、貯銀の設立発展に拍車をかけた。

　郵便貯金も明治23年の郵便貯金条例以降増加し、明治26年末には2496万円であったものが、明治36年末には3147万円となった。普銀、貯銀条例の改正に並んで、郵便貯金条例も改正され、普銀、貯銀との競合を避けつつも、郵貯受入額を10銭から50銭にまで拡大した。

　また、この時期に今日の信用金庫、信用組合、農協バンクがスタートすることになった。明治中頃から産業組合の研究、設立の動きがあり、内務省では地方改良の政策と位置づけていたが、品川弥次郎、平田東助の活動により信用組合の設立が始まった。わが国の産業を支える中産以下の農工業者の金融を利するために必要として、明治33年に産業組合法が成立した。

　金融業務を行う信用組合、組合員が必要な物品を共同購入する購買組合、組合員の生産物を一括販売する販売組合、生産を共同で行う生産組合、設備を共同利用する利用組合の5種が認められ、営業税は免除された。当初、信用業務と他の業務の兼業は認められなかったが、その後兼業可能となった。明治36年末には全国で549組合が設立され、10年後には5331組合に急増した。

■■特殊銀行の設立

　日清戦争後の軍事費の圧迫の中で、民業を振興するため、財政支出ではな

く、資金融通のため多くの政府系金融機関が設立されたことは注目に値する。政府系金融機関が一定の役割を果たしていることは今日に至る日本の金融の特徴ともいえる。ただそれは明治の初めからではなく、日清戦争後からであり、当時は特殊銀行と呼ばれていた。

その一つが日本勧業銀行である。松方がフランス蔵相のセーに勧められ、ソシエテ・ジェネラル（不動産担保銀行）を研究し、模倣したものであった。明治29年4月日本勧業銀行法により設立された。同行は預金を扱わず、債券発行によって資金を調達したが、勧業大券、勧業小券（額面の大小）として、証券市場で人気を博した。

第二に農工銀行がある。勧銀法と同時に農工銀行法が公布された。各府県に設けられ、預金の受け入れも認められ、支店も設けることができた。勧銀の地方版で、時代を下るにつれ勧銀の地方拠点化していった。明治31年1月、茶の生産地の静岡に静岡農工銀行が誕生したのを皮切りに明治32年秋までに46行がそろった。

第三に北海道拓殖銀行がある。北海道には農工銀行ではなく、北海道開拓と軍事上の事情を考慮して、拓銀が設けられることになった（明治32年3月公布）。事実上、普銀業務のすべてを行えるうえ、北海道の区域を越えて営業することが認められた。

第四が日本興業銀行（明治33年4月）である。興銀は証券流動化と外資導入を目的とする銀行と位置づけられた。つまり、証券市場がまだ発展していないため国内の各種機関の抱え込んだ証券（国債、地方債、社債、株式）に流動性を与える必要性があったこと、（横浜正金が政府外債に責任を持つとして）地方公共団体の外債や南満州鉄道外債、一般の企業の外債の発行業務を行う必要があったために設立された。

第五は台湾銀行である。明治30年4月台湾銀行法が公布され、台湾島に初めて近代的銀行が設けられた。発券機能に加え、台湾の資源開発、経済発展を目指したが、業務エリアには南清地方、南洋地方（今日の東南アジア）も含まれていた。

■■取引所ブームと保険ブーム

　証券界もこの時期に大きく変貌した。戦後の起業ブームと寛容な許可方針により株式取引所の数が急増した。活動していた取引所が明治27年には3カ所にまで減っていたが、明治30年にはピークの46カ所となり、株式取引所がないのは数県だけとなった（その後地方の小取引所は整理する方針となり昭和初期には10カ所程度に減少した）。

　日清戦争ののち戦没者に保険金が支払われたことから生命保険の重要性が人々に注目され、保険会社設立ブームも起きた。短期間に約130社が設立、乱立し、保険会社のモラルが低下、金融逼迫も加わって窮地に陥る会社も続出した。

　一方で、生命保険分野では新たな動きもあった。日本国勢図会で有名な矢野恒太は日本生命の診査医としてスタートし、共済生命保険の創設に加わっ

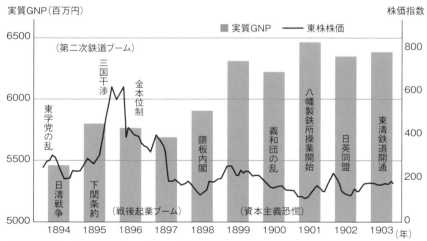

【日清戦争時の株価の推移】

（出所）　The Capital Tribune Japan「日清・日露戦争当時の株価を検証する（前編）」の
　　　　1894〜1903年を抜粋

41

たのち、ドイツに留学し、ゴーダ生命での研究を経て帰国すると、農商務省で保険業法起草にかかわり、相互保険会社の制度化を図った。退官後、明治35年9月第一生命相互保険会社を設立した。これが相互保険会社の始めである。その1年7カ月後（明治37年4月）、わが国2番目の相互保険会社として千代田生命が慶応大学の卒業者によって設立された。

　損害保険分野では明治29年から35年までに18社が設立されたが、その多くは明治末年までに消滅している。海上保険では東京海上に次いで日本海陸、帝国海上が参入していたが、明治29年に在来船主を中心とする日本海上保険が設立され、火災保険では明治30年に小樽貨物火災、横浜保険、明治31年に東京物品などが設立された（大阪保険は経営不振のため海上保険から撤退し、火災専業となった）。また明治30年頃から業界による料率協定も始まった。

　なお、上述した保険業法はわが国初の保険にかかる基本法で、明治33年から施行された。責任準備金（契約により発生しうる損害に対する積立）と支払準備が義務化され、保険のスキームが整い、秩序だった発展に進むことになった。しかし、積立のできない会社も現れ、ロンドンでの営業に失敗した日本海陸は任意解散することになった（東京海上もロンドン営業で損害を被ったが、増資と政府からの助成で立て直しに成功した）。

　このほか、実現をみなかったが、国立貯蓄銀行構想があったことを付記しておこう。明治28年には営業が緩和され、貯蓄銀行が多数設立されたことはすでに述べたが、戦後ブームが終息すると多くの貯銀が破綻してしまった。そこで、国立貯蓄機関を主、民営貯蓄銀行を従とする国立貯蓄銀行構想（資本金1000万円の巨大なもの）が浮上した。国立貯蓄銀行法案は明治35、36年に2度も閣議に提出されたものの、普銀、貯銀の猛反対があり閣議決定できず、廃案となっていた。

　一方で、明治31年と37年に郵便貯金金利を引き上げる措置がとられ、郵便貯金が急増した。明治31年の場合は一般金利が低下の情勢の中で引き上げられたものだが、明治37年の場合は次章で述べる戦費調達の必要などを理由に引き上げられた。

第5章

日露戦争公債

明治三十七年二月六日、日露の國交は斷絕していよいよ開戰となった。同時に戰時財政の要務は、井上、松方兩元老が見らるゝことゝなり、軍費に當つべき外債募集の件も時を移さず廟議決定を見た。（略）

　二月十二日夜、井上伯から私は呼ばれた。早速行くと、伯は、「君はこのたび御苦勞だがロンドンに行つて公債の募集に當つて貰ひたい」といつて（略）話された。（略）

　二月二十四日横濱出帆の便船で出發渡米した。

　アメリカに着いてニユーヨークに直行し、まづ三四の銀行家に面會して樣子を探つて見ると、（略）この時代の米國はまだ自國産業發達のためには、むしろ外國資本を誘致せねばならぬ立場にあつて、米國内で外國公債を發行するなどいふことには、經驗も乏しく一度相談して見たが到底成立しないことを認めたので、僅かに四五日の逗留で、三月の初めに米國を發つて英國に向つた。（略）

　私はロンドンに着くと、（略）パース銀行の總支配人ダン氏ならびにロンドン支店長シャンド氏、香上銀行の取締役支配人サー・ユウエン・カメロン氏、仲買商バンミユール・ゴールドン商會のコツホ、レビタ兩氏その他の組合員と懇親を結び、度々會見しては英貨公債一千萬ポンドを募集せんとする日本政府の希望を告げ且つ諮つた。（略）

　その内にバンミユール・ゴールドン商會のレビタ氏の紹介で、有名なるロスチヤイルド家をも訪問して懇意となり、（略）ロスチヤイルド家と併び稱せらるゝ金融業者サー・アーネスト・カツセル氏とも交際するやうになつた。しかしロスチヤイルド氏およびカツセル氏には、こちらから公債談をすることは一切避けて、たゞロンドン及びパリの經濟市況を聞くに止めた。（略）

　ロンドン着後約一ケ月の間は、ほゞ以上のごとくして過ぎてしまつた。さうして三月も過ぎ、四月の十日頃（明治三十七年）となつて漸く公債談に目鼻がつきかけて來た。（略）

　英國銀行家の持ち出した條件について、私は早速本國政府に對し電報を以て

打合せをなし、發行額の最高限度三百萬ポンドといふのを、政府の希望一千萬ポンドの半額五百萬ポンドにし、期限の五ケ年を七ケ年に發行價額九十二ポンドといふのを九十三ポンドに訂正することを主張して讓らなかつた。この點も遂に英國銀行家の承諾するところとなつた。(略)

さて、右の如くして銀行家との相談が纏まり、いよいよ假契約を結ぶまでに運んだのが、四月二十三、四日であつたと思ふ。しかるにこゝに偶然の事から一つの仕合せな事が起つた。

それはかつて日本へ來た私の友人ヒル氏が、私が假契約を取結ぶまでに運んだといふ事を聞き知って大變に喜び、一日懇ろな晩餐に招待して呉れた。その時ヒル氏の邸で、米國人のシフといふ人に紹介された。シフ氏はニユーヨークのクーンロエブ商會の首席代表者で、毎年の恒例としてゐるヨーロツパ旅行を終へ、その歸途ロンドンに着いた所を、ヒル氏の懇意な人とて、同時に招待をしたのであつた。(略)

シフ氏は私の隣に坐った。食事中シフ氏は頻りに日本の經濟上の狀態、生産の狀態、開戰後の人心に付細かに質問するので、私も出來るだけ丁寧に應答した。さうしてこのごろ漸く五百萬磅の公債を發行することに銀行者との間に内約が出來て滿足はしてゐるが、政府からは年内に一千萬磅を募集するやうに申付けられてゐる。しかしロンドンの銀行家達がこの際、五百萬磅以上は無理だといふので、やむを得ぬと合意した次第であるといふやうな話もし、食後にも又色々な話をして分れた。

ところが、その翌日、シヤンド氏がやつて來て、パース銀行の取引先である銀行家ニユーヨーク、クーンロエブ商會のシフ氏が、今度の日本公債殘額五百萬磅を自分が引受けて米國で發行したいとの希望を持つてゐるが貴君の御意見はどうであらうかといふのである。(略)

かうしてシフ氏との話が忽ち纏つて、英米で一時に一千萬ポンドの公債を發行することが出來るやうになつた。私は一にこれ天佑なりとして大いに喜んだ。

『高橋是清伝』高橋是清述　上塚司手記　昭和11年2月　千倉書房

義和団事件（1900年、明治33年）で17万7千人の兵力をもって満州全土を占領したロシアは1902年4月に清国と条約（満洲還付条約）を結び、3期に分けて撤兵することになった。しかし第一期の撤兵（盛京省、現在の遼寧省の遼河以南）だけで、第二期の撤兵（盛京省の残り部分と吉林省）は行わなかった。1903年8月から日本はロシアと交渉を始めたが解決に至らず、日本はロシアの南下を食い止めるべく1904年2月、ロシアに対し国交断絶を伝え、日露戦争が始まった（1902年日本はイギリスと日英同盟を締結した）。

■■勝つたびに外債を発行

　「高橋是清自伝」によると、高橋には松尾臣善日銀総裁から折々日露交渉がうまく進んでいない程度の情報が伝えられていたようだ。そして開戦後に井上馨伯（当時）に公債発行の責任を言い含められた。そこで高橋が軍費の予算を聞くと、「明治二七、八年の日清戦争の時には、軍費総額の約三分の一が海外流出してゐるので、今回もそれを標準として正貨の所要額を算定した。即ち軍費総額を四億五千萬圓とみて、その三分の一、一億五千萬圓をもって海外支拂に必要なるものと假定すれば、目下日本銀行所有の正貨餘力が五千二百萬圓程であるからまづこれをもって海外支拂に充つるとしてもなほ一億圓だけは絶対に募集を必要とする」と知らされたようである。

　ロンドンに着いた高橋は卓越した交渉力と人脈をもって第一回六分利英貨公債一千万ポンドの発行に成功する（明治37年5月）と、本国からの指示により同年11月には第二回六分利英貨公債一千二百万ポンド、翌38年3月には第三回四分半利英貨公債三千万ポンドを発行し、同年7月にも第四回四分半利英貨公債三千万ポンド発行した（なお、日露戦後の38年11月第五回四分利英貨公債二千五百万ポンドを発行し、その収入金で38年3月と5月に発行した六分利内国債約2億円を償還した）。

　第一回債と第二回債はロンドンのパース銀行、香港上海銀行と横浜正金銀行の引受けで発行し、クーン・ローブ商会は引受団からそれぞれ5百万ポンド、6百万ポンド再引き受けし、アメリカで募集を行った。第三回債にはド

【日露戦争における外債発行の状況】

発行年月	金利（%）	発行価格（円）	発行額（ポンド）	償還年限（年）	実質金利（%）
明治37年5月	6.0	93.5	1000万	7	6.4
明治37年11月	6.0	90.5	1200万	7	6.6
明治38年3月	4.5	90.0	3000万	20	5.0
明治38年7月	4.5	90.0	3000万	20	5.0
明治38年11月	4.0	90.0	2500万	25	4.5

（出所）　明治大正財政史

イツのウォーバーグ商会が加わりハンブルグで募集され、第四回債にはフランスのロスチャイルド商会が加わった。これらは日本の勝利を見越したうえでのことだった。

　第一回債は明治37年5月1日の鴨緑江渡河作戦の成功の直後、第二回債は同年8〜10月の遼陽、沙河会戦で戦果をあげた後、第三回債は明治38年1〜3月の旅順203号地占領、奉天会戦の勝利の後、第四回債は5月のバルチック艦隊に対する日本海海戦（海外では対馬沖海戦）の大勝利の後の発行であった。戦況が日本に有利になるにつれ、個々の会戦で勝利すればもちろん、金利も下がり（内国債と比較しても低利になり）、発行地、引受業者も増えていった。

■ ■ 戦費は日清戦争時の8倍

　日露戦争の軍費はどの程度だったのか。明治36年の一般会計予算は2億5千万円だったが、明治36年12月の緊急支出1億5千万円、第一次予算（明治37年）3億8千万円、第二次予算（明治37年）7億円、明治38年度予算外支出6千万円、第三次予算（明治38年）4億5千万円で、合計すると臨時軍事費15億847万円、各省臨時事件費（一般会計）2億797万円の計17億4600万円となり、日清戦争の戦費2億円余に比べ、実に8倍となった。高橋が覚悟し

て出発した頃に聞かされた金額と比べても大いに嵩んでいた。その財源のうち公債・借入金は14億円余で、外国債は合計で10億円余、内国債3億円弱（明治37年3月、6月、11月発行の五分利国庫債券2億8千万円）であった。

　日露戦時に戦時増税も行われた。明治37年度には非常時特別法により地租、営業税、所得税、酒税、砂糖消費税、醤油税、登録税、取引所税、狩猟免許税、鉱区税、関税の増税と、毛織物消費税、石油消費税の新設が行われ、タバコは税をやめ、専売（葉タバコの買い入れから生産、販売まで）が行われることになった。さらに明治38年度には第二次増税が行われ、地租や所得税等が増税され、通行税、砂金採取地税が新設され、毛織物消費税に代えて織物消費税が設けられた。また非常時特別法とは別に恒久法の相続税法が創設された。明治36年度租税収入の1億4600万円は、明治38年度には2億5100万円に増えた。公債発行額に比べ少額となるが、実は非常に大きな増税だった（当時の国民所得は22億円余と推計されている）。

　明治36年来のロシアとの交渉が緊張を増すにつれ、東京株式取引所の相場は下げを演じ、翌37年の大発会（1月4日）は寄付から売り注文が殺到し、1月中は軟調な展開だった。株式は日本が欧州の大国ロシアにはとても勝てそうでないとの見通しで売られていたわけだ。開戦決定前夜の2月2日から4日にかけて多くの銘柄が一直線に下げ、値付は困難という状況になった。株式取引所監督の農林商工大臣、東株理事長や渡辺治右衛門（のちの昭和金融恐慌で問題となる渡辺銀行の創始者）の意向を受けたと思われる福島浪郎商店（のちの山叶商店）や松村辰次郎、鈴木久五郎など相場師たちが積極的な買いに入ると、株価は反転し、以降株式市場は堅調な動きに転じ、戦果の都度、急騰する場面もあったが、概して緩やかな上昇だった。ポーツマス条約で賠償金を断念し、占領した樺太の北半分を返すことが伝わると、株価は下落した。ところが、日露戦後まもなくして上昇の勢いが加速し、1年以上にわたり、株式市場は興奮のルツボと化していったことは有名である。

　日露戦争時の普通銀行の預金は明治36年末5億6622万円であったが、39年末には10億3376万円となり、3年間で4億6753万円増加した。公定歩合は明

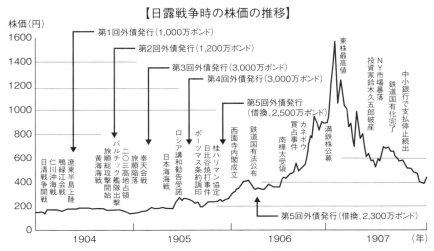

【日露戦争時の株価の推移】

株価（円）

- 第1回外債発行（1,000万ポンド）
- 第2回外債発行（1,200万ポンド）
- 第3回外債発行（3,000万ポンド）
- 第4回外債発行（3,000万ポンド）
- 第5回外債発行（借換、2,500万ポンド）
- 第5回外債発行（借換、2,300万ポンド）

（出所）　Capital Tribune「日清・日露戦争当時の株価を検証する」

治37年7月と12月、38年6月と戦中に計3回引き上げられたが、戦費の散布につれ銀行預金が増加し、金融は緩慢に推移した。商工業は戦中は概して堅調で大きな落ち込みはなかったとの評価になっている。

　一方、貿易については必要な物資の輸入のため明治36年には1700万円に止まっていた入超が、37年には4200万円、38年には1億5400万円と合計1億9700万余にまで拡大した。外債の収入金によりわが国の在外正貨が増加し、日銀の兌換券発行は膨張したので、国内の金融は比較的順調だった。しかし、明治37年5月には徳島及び岐阜県下の銀行に動揺がみられ、6月には大阪の百三十銀行が支払い停止に陥り、救済融資が行われた（同行は最終的には安田銀行に吸収された）。

■■ 活況呈する株式市場と鉄道国有化

　日露戦争後の経済は日清戦争後の状況とは異なるものだった。樺太の南半分の割譲、遼東半島の租借は得たが、賠償金はなく、それを知った民衆は大

いに荒れ、日比谷焼き打ち事件も起きた。一方、小村寿太郎はポーツマスから帰ると、満州の経営について桂・ハリマン間の約束を反故にさせ、将来の満州進出への手がかりを作った（明治39年には南満州鉄道株式会社が設立された）。

日露戦争後に株式市場が活況を呈したことや戦時に募集した巨額の外債の手取り金の相当部分が繰り越され、明治38年以降外資が持続的に流入したことにより、39年にはたいへんな好景気が到来し、商工業が活況を示し、企業は勃興し、株価、物価は高騰した。

株価は、例えば、東株は明治39年の最高値514円を経て、40年１月には780円のピークをつけた。しかし同月21日に大暴落し年末には91円にまで下落した。大株（大阪株式取引所株）も775円から92円まで年間88％下落した。物価は戦争中も騰貴しつつあったが、明治38年平均124.5に対し、39年平均は129.5、40年平均138.0（40年９月の最高値は144.5）となった。また産業では製紙、絹織物、紡績業では機械生産が加速し、重工業、化学工業、造船業、発電業が発展した。

貿易は入超傾向のため正貨準備が絶えず足りず、東京市債や民間企業の外債などを発行させる対策がとられた。日本経済の好不況はこの頃から第一次世界大戦まで外資に依存する傾向が強まった。

陸海軍からは鉄道国有化（と電信電話の拡張）が要求された。すでに明治32年以来首相直属の鉄道国有化審議会が設けられていたが、私設鉄道側の反対もたいへん強く、日露戦争後になってようやく国有化の機運が高まった。当時は青森県の弘前の連隊が広島に移動するためには、弘前〜仙台（官鉄）、仙台〜東京（私鉄）、東京〜神戸（官鉄）、神戸〜広島（私鉄）を経なければならず、不便であるなどと議論された。明治39年鉄道国有化法案が議会を通り、日本鉄道など17鉄道が国有となった。明治39年10月から翌年10月の間に順次買収された。総額で４億7600万円に上った（国債が交付された）。

見逃がしてならないのは、株式取引所の花形であった大手鉄道会社株が市場から消え、株式市場が落ち込んだことである（アメリカの証券市場では20世

紀前半まで鉄道株が引き続き花形だったことと対照的である）。広い意味では、私設鉄道の買収資金が他の産業への投資資金に回り、日本経済の次の発展を促したといえる。

　日露戦争国債に鉄道買収国債を加え、政府にとっては国債の信用をどう維持していくかが課題となった。非募債のムードを演出したり、減債基金を積み増したりした。井上馨と松方正義の2元老は西園寺内閣（第一次、明治39年1月成立）に対して公債の急速な償還と公債の新規募集の中止を要請したが、西園寺内閣は元老の干渉を受け入れず、総辞職してしまった。そこで明治41年7月に成立した第二次桂内閣は、緊縮財政を推進することになった（明治42年度予算は前年度に比べ1億円も緊縮し、歳出は5億3000万円となった）。

　さらに明治42年8月には国債の低金利借り換え（五分利を四分利にする）、民間長期金利を低く誘導するとの考えに基づく財政計画を立て、時期を待った。しばらくして五分利国債が額面を超えたので、明治43年1月末の25億8500万円の内外債（その6割は六分利）の借り換えを実行することになった。

　桂は東西の銀行家を集め、方針を説明し、これに対し銀行団は第一銀行の渋澤栄一、横浜正金の高橋是清を幹事とする下請銀行組合（15行）を結成して、借り替えに応じることになった。第一回債は15銀行が7500万円、日銀が2500万円引き受け、第二回債は15行にさらに33行が加わって8750万円、日銀が1250万円引き受けた。第三回債の際は国内にある5分利公債の現金償還が要望されたので、4億5000万仏貨公債を発行して、償還し、在外保有国債には1000万英貨公債で借り換えた（結局外債は増えた）。なお、借り換え終了後下請組合は解散したが、この時以降起債には大手銀行によるシンジケート団結成が慣行となった。

■■ 預金銀行の勃興

　普通銀行数は明治34年、史上最多の1867行を記録し、その後減少して明治45年には1613行となった。この間に普通銀行は貸出を増やし、預金はほぼ3倍に増やすなど、勢力を伸長させた。貯蓄銀行もこの間に419行から478行

へ、貸出を3倍、預金を4倍増加させた。預貸率は普銀で151％から100％へ、貯銀で80％から60％へ低下したが、もとより預金を吸収する力が備わってきてのことだった。このような伸張を「預金銀行の勃興」と呼ぶ（貯銀の貸出の攻勢も目につくところである）。

銀行業界では新規参入、退出も多かったが、その圧倒的多数は小規模銀行だった。すでにみた国債のシンジケート団参加の銀行は規模の大きなもので、人々はシンジケート参加行かどうかをメルクマールにしていたようだ。シ団15行は、東京の第一、三菱合資銀行部、三井、十五、安田、第百、第三、横浜正金、興銀と大阪の三十四、住友、山口、鴻池、北浜、浪速の各行だった。その中でも、三井、三菱、住友、安田、第一は五大銀行、ビッグファイブと呼ばれるほどに成長した。

これらの大銀行は少数の支店しか持たないという特徴があった。そのため資金偏在を解消するため、東京、大阪、名古屋などの金融中心地にマネー・マーケットが形成され、銀行間の資金貸借が行われるようになっていった。また預金吸収のため預金金利の引き上げ競争が激しくなり、預金金利の上限を協定することも始まった。

なお、明治42（1909）年に韓国で中央銀行と商業銀行の機能を併せ持つ韓国銀行（明治44年朝鮮銀行と改称）が営業を開始した。韓国ではそれ以前から第一銀行などが営業を始めていた。

■■証券業、保険業の拡大

株式取引所は明治44年には東京、大阪、横浜、神戸、京都、名古屋、新潟、長岡、博多、桑名、和歌山、広島、長崎の13カ所であった。一方、その前年の公債引受シ団結成の際、証券業者であった小池国三（小池合資）、神田雷蔵（紅葉屋商会）、福島浪郎（福島商会）の3氏が引受団に加わりたいと幹事の渋澤、高橋に申し入れ、高橋の計らいもあり、下引受団として引受け（500万円）に加わった。この話は大阪にも及び、竹原友三郎、野村徳七、黒川幸三、藪田忠次郎、松井伊助、杉本又三郎の各商店も同じように下引受け

（200万円）した。

　この頃になると、取引所内の取引のほか、場外で株式の現物取引、公社債の売買を行う今日の証券会社につながる証券業者が発展しつつあった。個人商店を法人化する証券業者が続々現れた。大正6年には野村商店（のちの野村証券）、角丸商会（のちの勧業角丸証券）の株式会社化、7年には山叶商会（福島浪郎商店）、紅葉屋商会、黒川幸七商店の株式会社化、8年には玉塚商店（のちの玉塚証券）の株式会社化などが行われた。これらの中から銀行業に進出するものも現れた。小池合資が山一合資（のちの山一証券）に発展するとともに小池銀行が設けられ、紅葉屋商会が神田銀行となった。

　海上保険業は日露戦争中に相当の利益を上げ、戦後は火災専門業者は海上保険に進出し（明治39年横浜、東京、明治40年共同、大阪火災）、海上専業の神戸海上も設立された。一方、新設拡張された規模の大きい紡績工場の火災保険分野では外国保険業者がシェアを伸ばした。激しい競争から火災保険料率の協定も始まった。

　生命保険分野では合併による大同生命の開業、高砂（のちの三井、今日の大樹）、日清、住友、横浜、國光相互などの参入がみられ、生保業界も存在感を増していた。この頃になると、終身保険に代わって養老保険（付保後の死亡には保険機能があり、満期には満期金がもらえるもの〈貯蓄機能〉）が伸び、シェアも終身により大きくなった。

　高橋是清は嘉永7年閏7月27日（1854年9月19日）、幕府御用絵師川村庄右衛門ときんの子として江戸芝中門前町に生まれ、生後まもなく仙台藩足軽高橋寛治の養子になった。日露戦争勃発の時、数え年の50歳だった。その後総理大臣を務め、昭和金融恐慌時には大蔵大臣として鎮静化にたいへんな努力をしたことはいうまでもない。また、金解禁後、大蔵大臣として再々登板し、金輸出再禁止をなしとげ、高橋財政（昭和6年12月〜昭和9年7月）も実

行した（第八章参照）。昭和11年、二・二六事件で凶弾に倒れた。

　日露戦争外債引受シ団のパース銀行、Parr's Bankはのちにウエストミンスター銀行に買収され、ウエストミンスター銀行はさらにのちにロイヤル・バンク・オブ・スコットランドRBSに買収されている。

第**6**章

大正バブル

大正三年に歐羅巴の大戰爭が起りました時は、日本は非常な困難を致しました。世界中の金融及び經濟は倫敦を中心にして動いて居りますのに、倫敦に於て一切の機關が停まりました爲めに、日本まで殆ど暗黑になりました。（略）それが大正四年の五月、六月位になりますと、聯合國から段々戰爭に要する軍器、彈藥等の註文が參りまして、それから日本の經濟界は全然一變致しました。其の時分から、比較にならぬ程、ずつと海外貿易が增進致しました。（略）貿易で十四億圓、貿易外で十四億圓、合計二十八億圓といふ金が、大正四年から大正七年までの間に這入つた。（略）煎じ詰める所、この二十八億圓といふ金が日本の取勘定〔引用注・受取勘定〕になつたといふことが、總ての經濟界の力であります。（略）

　物價指數に當嵌めて見ますと、大正三年を一〇〇と見ますと、大正八年（略）四月は一番下つて二一三、それが六月からずつと上つて來て、大正九年の三月には三三八といふ指數まで行つて居ります。（略）

　世界戰爭が始まつて貿易が殖えますにつれて總ての取引が殖えました、利益も殖えました、銀行の預金も殖えました。銀行の預金が殖えますれば、其の銀行は其の殖えた預金を貸出さなくちやなりませぬ。それで戰爭後、段々日本の銀行の貸出は殖えました。（略）さうして結局、大正十二年の末に參りますと、預金の高よりも貸出の高が多くなりました。之れは非常な銀行の變調と云はなければなりませぬ。（略）大正十二年に行きますといふと、貸出が減らぬのです。減らさんとすれども、固定した爲めに貸出を減ずることが出來ぬ。さうして一方には不景氣の爲めに預金は減る、故に借入金をして自分の貸出を維持して居るやうな有樣になります。

　大正九年の一月になりましても、世は非常な盛な時代でありました。併しながら其の時に一番著しい現象は、日本の經濟界の好景氣の爲めに輸入の註文が非常な巨額にあつたのであります。丁度、大正八年の八月頃から此の註文が

月々にずん々々殖えて行くのでありまして、從て輸出もまだ餘り減りませぬけれども、結局大なる輸入超過を來すことは分つて居つたのであります。（略）

　大正九年三月十五日に至りて、株式取引所の株が非常な暴落を致したのであります。（略）總ての取引所といふものは皆停止しました。株式取引所を初め、苟も賣買する市場といふものは、總て閉鎖してしまひました。それから綿絲とか、生絲とか、地方の機業とかいふやうなものは、皆仕事をやめて閉鎖して、數十日の間は何もせずに、只々茫然として天も仰がなかつたかも知れぬが、下を俯いて情けない顔をして居つた譯であります。（略）

『井上準之助論叢』第1巻　土方久徴、結城豊太郎編纂　昭和10年　井上準之助論叢編纂会

　大正時代というと大正デモクラシー、モボ、モガ（モダンボーイ、モダンガール）の時代で、自由を謳歌する精神が広まったというのが一般的な見方であろう。また、産業の発展とともに四大工業地帯が形成され、東京や大阪が大都市化し、横浜や神戸などの港湾都市も発展した。東京では丸の内にオフィス街が形成され、東京駅が開業し、大正末までに新宿や渋谷も発展し、デパートも賑わったという。しかし、大正時代の経済、金融はそうしたイメージとはかなり違う。世が明治から大正に代わり、欧州大戦（第一次世界大戦）が勃発すると、日本は大混乱に見舞われ、その後バブル（とその崩壊）が起きた。

■■第一次世界大戦勃発による混乱

　日露戦争後の約10年間、経済は成長を続けた（明治33年から大正2年の間に日本のGDPは2.1倍になった）が、日露戦争の外債の償還が重くのしかかり、

また重工業製品の輸入を通じた大幅な貿易収支の赤字、保有正貨の減少により経済運営は困難を極めていた。そこへ欧州大戦が始まり、日本経済はたいへんな試練に直面した。

1914（大正3）年6月28日に発生したボスニアの中心都市サラエヴォでのセルビアの青年によるオーストリア皇位継承者フランツ＝フェルディナンド夫妻の暗殺事件によって国際情勢は緊迫の度を増した。7月28日オーストリアがセルビアに宣戦を布告し、以降、1918年にかけて欧州全土、ひいては世界全体を巻き込む戦乱となった。

日本も日英同盟に基づきドイツに対して参戦し、ドイツの中国における根拠地の青島やドイツの領有していたカロリン・マリアナ・マーシャル諸島などの南洋諸島を占領、海軍は地中海で連合国側の艦船の護衛にあたった。

金融面では7月25日にはロンドン、欧州大陸の株式取引所が恐慌状態に陥り、27日にはロンドン銀塊相場は暴落し、31日にはロンドン株式市場が立合いを停止した。イングランド銀行は8月1日には公定歩合を1％引き上げ4％としたが、翌2日には一挙に8％まで引き上げ、さらにその翌日3日には10％にまで引き上げた。英国の銀行は8月4、5日は同盟休業するなど混乱が続いた。また英米間の為替取引も金の現送値を超え1ポンド4ドル95セントに突飛高し、8月3日には6ドル20セントにまで奔騰し、8月4日外国為替は停止となった。

わが国は第一次世界大戦で漁夫の利を得たといわれるが、当時は開戦に向け、そして開戦後も事態がどう推移するか全くわからず、混乱を極めていた。株式、綿糸、生糸などの市場は7月27、28日以来急激な下落を示し、8月3日にはついに各市場とも休止に追い込まれた。

「株式市場は、（略）大暴落を演出して、紡績、麦酒、砂糖、電燈の34円をはじめ、諸株一体に総崩れの有様となり、殊に東株の如きは劇落を示し」、「之が為めに後場の立合いを中止するの已むなきに至れり」（内外商業新報、大正3年8月5日）という状況だった。

それでも戦乱の勃発当初は、日清、日露両戦役の経験から、戦争は景気を

【第一次世界大戦中の国際収支】

(単位百万円)

	大正3	4	5	6	7
輸出	591	733	1174	1663	2014
輸入	596	563	795	1088	1745
貿易収支	−5	170	379	575	269
貿易外収支	−7	69	277	416	578
合計		239	656	991	847
大正4年以降の累計		239	895	1886	2733

(出所) 明治大正財政史

浮揚させるとの希望を抱いていた人々が多かったが、時日の経過するにつれ、貿易の停止、為替の停止など経済界に対する圧迫が容易ならざる状況となった。大阪株式取引所、堂島米穀取引所にかかわる北浜銀行が大正3年8月19日に破綻し、8月末までに名古屋、東京、大阪、京都の小銀行で取付け騒ぎが起き、破綻にいたったものも十数行出た。

■■空景気続き投機が活発化

それが上掲文にみられるように欧州大戦勃発後10カ月ぐらいたった大正4年4、5月頃から欧州諸国の必要とする物資を日本(もちろんアメリカも)から供給することになり、貿易収支が好転した。日本の国際収支は28億円の黒字になった。好景気が到来することになった。

大戦ブームは海運業から始まり、それに伴い造船業に広まり(船成金)、これまで輸入していた薬品、染料、肥料などの化学製品も国産化し、輸出する側に回り、鉄鋼業、機械工業が活況を呈し、日本同様ヨーロッパへの輸出により経済が活況化したアメリカに対する輸出も加わって繊維業も活況となった。鉄鋼業では八幡製鉄所が拡張されること(第三次拡張、大正6年)となり、電力業では大規模な水力発電事業が展開され(猪苗代水力発電所、大正3年完成)、工業原動力は蒸気力から電力への転換が進んだ(大正6年の

工業動力の電化率50％は超えた）。

　欧州大戦は大正7年（1918）11月11日には終結し、ブームは一時冷めかけた。しかし欧州の復興が容易ではないと見込まれ、アメリカの好況が続き、中国への輸出が好調であったため、井上がいうところの「大正8年6月より大正9年3月までの空景気」が続いた。この間「骨を折らずに金が儲けられた」、「経済上の経験の無い人が却て金を儲けた、経験のある人は却て目前には害をした」。この時のブームは繊維業や電力業が主な担い手であったが、商品投機（綿糸、綿布、生糸、コメなど）、土地投機、株式投機が活発化し、一般物価も上昇した。

　戦中、戦後のブーム時の資金需要過熱に対処するため、公定歩合は大正7年3月、8年10月、11月と引き上げられ、8.03％となった。これにより市中金利は高騰し、翌日物コールは9年1月には9.125％となり、3月15日には12.77％に達した。

■■ 大正9年の株価大暴落

　大正9年（1920）3月12日以降事態は急変する。「貿易の入超金融の緊縮より我株式市況は過日来警戒的手仕舞を喚び諸株漸落歩調を呈したるが過ぐる十二日以来は低落の度合も激しくなり買方の陣容漸く動揺の色あり」、「日露戦後の暴落時代にも見ざりし所也斯く崩落せる」と報道された。（内外商業新報大正9年3月17日）

　これまで経験したことのない暴落が起きた。原敬首相は株式市場が安定を欠いているとの認識で、高橋是清蔵相は「日本銀行の諸銀行に対する融資方針の如き玉石をよく見分けて機宜を失わず、特別かつ緊急の必要の場合臨機融通の方法を講ずることと信ずる」と発表、3月17日から日本銀行は特別融資（救済融資）に乗り出した。

　当初は一時的現象、投機思惑者の問題とみられていたが、株式市場の暴落を機に銀行取付けが続出した。4月7日には大阪の増田ビルブローカー銀行（ビルブローカー銀行は地方銀行を含めた銀行間取引の仲介をする銀行）が資金繰

りがつかず破綻、三品取引所理事長が日銀に救済を要請し、大阪の大銀行が共同救済することになった。取引所は5月10日まで1カ月近く閉鎖された。

　銀行取付けは東京を含む各地に波及した。比較的大きい銀行に横浜の七十四銀行があった。茂木商店（生糸商）の倒産により破綻し、生糸・綿工業が打撃を受けた。このほか第百、川崎、近江銀行などが日銀の特別融資を受けた。大正9年4〜7月に取付けにあった銀行は169行、休業等21行で、日銀とは直接取引のない地方の小銀行が多かった。井上のいう「日本全国暗黒」だったわけである。

　恐慌後は国内の物価が非常に下がり、その結果すべての取引が解約となり、「貿易を主としているいわゆる商事会社がほとんど枕を並べて討死をした」と井上は述べている。欧州大戦時に事業を拡大したものの、痛手を被った典型的なケースが鈴木商店であろう。番頭の金子直吉のもとで急成長し、貿易業に加え、樟脳製造、製糖、製粉などの製造業にも進出したが、大戦終結時に巨額の損失を抱えた。欧米より輸入した機械・船舶・武器・軍需品などを中心に取り扱っていた高田商会、銅の値上がりと欧州航路で巨利を得た久原商店（久原房之助の日立鉱山の販社部）なども大きな損失を出した。一方、いわゆる財閥系の企業は堅実経営を心掛け、安定した収益を上げて、地位を向上させていった。

　井上はこのような状況で綿糸、生糸、養蚕業が打撃を受け、機業（織物業）が打撃を受け、「金融梗塞、滑らかであった金融が非常に梗塞して、ほとんど銀行が金を貸さぬ、そこで財界の救済を行った」と説明している（財界とはこの場合経済全般をいう）。政府・日銀の救済措置によりいったんは落ち着きを見せたが、大正11年2月末、石井定七商店（もともとは材木商で投機師）の破綻を機に高知県と関西地区で銀行取付けが発生した。また同年10月から12月にかけて九州から関東地区に至る広範囲にわたる銀行取付けが発生し、同年中に15行が休業した。日本銀行は同年12月から翌年4月にかけて20行に対して特別融通を実施した。

　大正9年の株価暴落、経済界の混乱は今日では反動恐慌と呼ばれ、1920年

【第一次世界大戦後の株価推移】

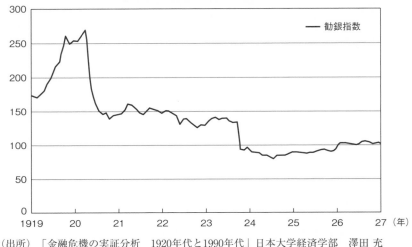

（出所）「金融危機の実証分析　1920年代と1990年代」日本大学経済学部　澤田　充

代を通じての慢性不況につながったと考えられている（一方で日本の重化学
工業化の進んだ重要な時期でもあった）。

■■ 金融業界への影響

　このような事態の推移から、銀行等の合同、強化を図るため、まず大正9
年8月銀行条例が改正され、商法の煩雑な手続きによらずに銀行の合併など
が容易に行われるような規定が設けられた。また、普通銀行が貯蓄銀行を吸
収した場合、しばらくの間、貯蓄銀行業務を続けることができるようにも
した。次いで大正10年4月に貯蓄銀行法を制定し、貯蓄銀行が系列の普通銀行
の預金吸収機関化していた実態を改めさせるなど貯蓄銀行の整理合理化を
図った（貯蓄銀行数は減ったが、普通銀行に転換したものも多かった）。

　欧州大戦がわが国の損保業界に与えた影響は大きかった。ロンドンに依拠
する国際的機関の機能が低下し、ロイズは高率の保険料を要求し、日本の保
険会社は海上保険の引き受けに躊躇するようになった。鈴木商店は平野丸に

戦時保険なしで、銅、ハッカ、樟脳を積んで、欧州に向かわせたが、航海の途中で為替を組めなくなってしまった。金子直吉は政府に早急に対策を講じるよう陳情した。政府は大正3年9月に戦時海上保険補償法を制定した（大正6年には戦時海上保険法に引き継がれた）。

　結果的には主戦場が欧州にとどまり、保険事故が少なく、わが国の海上保険会社の体力は強化されることとなり、また海上保険の活況をみて、大正5年から7年にかけて18社の新規参入があった。この中で大正海上、三菱海上が第一次世界大戦後主要な保険会社へと成長していった。

　生命保険会社は海上保険に比べ戦争の直接の影響を受けなかったものの、好景気の影響から活況を呈した。大正2年に総契約高が10億円を超えていたが、大正8年末には21億円と倍増した。明治期の保険はエリート層を対象としていたが、大正に入り日本社会の都市化、大衆化により、保険の対象が広まり、農村でも地域の名士を代理店とする小口の保険が広まり、保険は全国的なものになっていった。各社の契約高をみると、日本生命2億5000万円、帝国1億8000万円、明治1億5000万円、千代田1億2000万円と大きく成長した。

　加えて大正5年には簡易生命保険が始められた。民間保険業界は強く反対したが、保険金額の上限を設ける（250万円以下とする）などの妥協により法案は成立した。社会政策的であったので、加入に際して医師の診断も必要なく、農民でも都市の労働者でもどの職業に就いているものも加入できるという特徴を持って運営されることになり、民間保険会社とどう関係づけていくかが、後々、課題となっていく。

　なお大正7（1918）年5月にスペイン風邪が発生し、全世界に蔓延した。日本でも3度の流行があり、3年間の実際死亡率は予定死亡率を1割前後上回り、保険経理上の死亡損が計上された。

■■関東大震災の発生

　大正12年9月1日午前11時58分、相模湾を震源とするマグニチュード7.9の大地震が東京、横浜を中心とする南関東を襲った。当時の関東の人口1180

万人のうち、340万人が被害を受け、死亡・行方不明者14万人、家屋損壊57万戸、破壊された資産は45億7000万円（当時の国民所得の38％）であった。

　震災当日東京には銀行本店168、支店374があったが、53％にあたる285店が壊滅した（横浜正金銀行本店は倒壊しなかった）。このため貸出・預金の記録や貸出担保の消失・破損に直面したが、零細預金者には預金通帳、印鑑なしでも「○○町△△太郎」などと名乗らせて、預金の引落しを認めた（この措置は以後、非常時払い制度として定着した）。9月7日には東京、横浜、静岡、埼玉、千葉に居住し、営業するものに金銭債務の30日間の支払猶予を認めたモラトリアム。さらに同月27日には震災手形を日銀に持ちこめば特別融通を受けられる、政府が損失をカバーするという震災手形割引損失補償令（震災のため決済不能あるいは困難になった手形を日銀が再割引きする、その損失は一億円を限度に政府が日銀に補償する）が公布された。

　震災後の火災による被害は甚大だった。火災保険会社は約款上は地震被害は免責であったが、地震が主原因であるとはいえ、飛び火などによって消失した家屋も多かった。一方、地震火災による被害に保険金を支払えば、ほとんどの保険会社が破綻に追い込まれる状況であったため、政府が50年という長期の低利融資を実施する代わりに、保険会社が火災保険金の１割の震災見舞金を支払うことになった（外国保険会社はこれに加わらずに、これまで受け取った保険金を返還した）。これは政治決着であったが、そのように決着させざるをえなかったともいえよう。政府資金を借りなかった東京海上はこののち業界のリーダーとしてさらに成長していくこととなる。

　生命保険会社にも関東大震災の衝撃が走った。それは、10万人以上の被災者の保険金の支払いをどうするのかということだった。生保業界は保険金の即時払いを決定し、保有する資産を担保にして日銀から5000万円までの貸出の許可を受けることになった。しかし、実際に払ったのは死亡保険金706万円、解約払戻金172万円、保険証券担保貸付600万円といった具合で、ほとんど影響を受けることなく終わった。この後、生保は大手生保を中心に成長していくことになった。

第7章

昭和金融恐慌

昭和二年の金融恐慌は、三段階の波をもって来襲し、しかも次第にその波は高まり、最後の波により全国的な銀行パニックとなった。

　第一期の波は、三月十五日の渡辺銀行とその姉妹銀行であるあかぢ貯蓄銀行の休業に端を発した一連の銀行取付であり、同月二十三日震災手形処理の二法案が議会を通過することにより鎮静化している。京浜地区を中心とする局地的金融恐慌である。

　第二期の波は、その後から四月十八日の台〔湾〕銀〔行〕休業に至る間の、台銀と鈴木〔商店〕との絶縁（三月二十六日実行、四月一日世間に伝わる）を契機とする銀行取付である。

　第三期の波は、四月十八日、台銀がついに休業のやむなきに至った事件を契機とする全国的な信用パニックであり、政府は非常手段によりこの鎮静化に努めなくてはならなかった。

　昭和二年金融恐慌はこのように全国的信用パニックであり、銀行界に与えた打撃は痛烈なものであった。しかし反面、通常の恐慌時に見られる産業界、流通界に及ぼす甚大な衝撃は、この時見られず、これが本恐慌の特質であった。

　四月十八日、台湾、近江の両銀行が、休業を発表すると、全国的に預金者は貴賤を問わず銀行に殺到、各銀行は日銀からの借入を増やし手許資金を厚くしてそれに備えた。とくに近江銀行（綿糸布との関係の深い）の休業は大阪方面の商人に大きな衝撃を与え、綿糸布などの取引は休業同様の有様となり、（略）、取付騒ぎも京阪神から関西方面でとくに大きく、（略）、二十一日十五銀行が支払に窮し、休業を発表すると、関東の銀行にも取付が殺到、かくして全国的な取付騒ぎ、金融恐慌が現出した。

　政府は緊急勅令によるモラトリアムの実施を決定したが、勅令は枢密院の承認を必要とするので、もしこの間に世間が耳にすることあれば、到底収拾がつかない混乱に陥るであろうと憂慮し、市中銀行に対し、自発的な休業を懇請し

た。銀行はこれを応諾し、二十二、二十三日の両日臨時休業し、政府は二十二日に勅令を公布、即日実施することになったのである。（略）

　したがって、銀行はこの期間預金払戻に応ずる義務を免ぜられたのであるが、ただ一日五百円以下の払戻には応じねばならなかった。しかし、銀行は取付に曝されることから保護され、この勅令により、さしもの猛烈な取付騒動は鎮圧され、信用危機は回避された。（略）

　そして、モラトリアム明けの五月十三日からも、意外なほど騒ぎは発生せず、事態は一応平静にかえった。

　昭和二年四月十八日の台銀および近江銀行のよもやと思われていた休業、さらには同月二十一日の十五銀行の休業により、憲政会内閣は責を負って辞職し、銀行に対する民衆の信頼は地に墜ち、銀行取付騒ぎは燎原の火のごとく全国に拡大し、日銀の手持銀行券も不足をきたし、大銀行すら安泰ではない情勢になった。

　ここにおいて、金融恐慌の収拾のため、新内閣（政友会）は、思い切った抜本的対策をとらざるをえない窮地に追いこまれた。そして、新内閣のとった措置は、モラトリアム、五億円の損失補償づき日銀特融と二億円の損失補償づきの台銀むけ特融からなる三位一体の方策であった。（略）

『昭和金融恐慌史』高橋亀吉、森恒淑　昭和43年　清明会（1993年３月　講談社学術文庫）

　高橋亀吉は大正７年に東洋経済新報社に入社し、記者、編集者の任にあって、昭和元年から在野のエコノミストとして活躍していた。高橋は事実関係をよくふまえた冷静な記述を信条としていたが、事実を追うだけでなく、金

融恐慌の基因を探り、恐慌後の構造を分析している。

■■「財界の癌」の累増

高橋は明治20年代から銀行業は有利な企業として濫設されたが、「事業と銀行が相よって拡大発展しただけでなく、特定の企業と特定の銀行との固い結合、癒着関係が銀行設立の時から存在していた」と指摘し、銀行条例第五条（「銀行は一人または一会社に対し資本金の十分の一を超過する金額を貸付または割り引くことを禁じる」）が日清戦争後の明治28年に削除され、産業と銀行の強い結合（いわゆる機関銀行）が一般的となった経緯に触れている。

また、財閥銀行がそれぞれ傘下企業の機関銀行として存在し、多数の小企業は各地方の銀行に頼るしかない、小銀行は小銀行なるがゆえに破綻しやすいのではなく、その取引相手が劣弱であるため、破綻の憂き目に遭いやすいわけであると指摘している。さらに、銀行の重役は地方の名士であることから、政党色を多かれ少なかれ帯びており、近代的銀行家といえるものはほとんど存在していなかったと断じている。

次に、第一次世界大戦によるわが国経済規模の飛躍的拡大、大正9年の反動恐慌に触れたのち、反動により著しく打撃を被った業界に対して巨額に上った救済融資が個別的に行われ、「その大半が当面を糊塗弥縫するを助長する始末だった」と論じている。さらに「安易なる救済策は、その後も回収不能の銀行貸出の累積という現象に集中的にその悪影響を残したのであるが、責任当局は、その後もその無策の結果の露呈と、そのさいの惨害を恐れて、必要な財界整理の断行に躊躇してきた」と強く批判している。

こうして財界整理を躊躇したため銀行と産業の結合は続けられ、銀行には回収不能債権が累積していくこととなった（高橋はこれを「財界の癌」と呼ぶ）。

そこに関東大震災が起き、「政府は経済の麻痺状態を早期に打開するべく、金融、物財両面で流通円滑化を図ったが、特に重点を置いたのは信用途絶対策だった」。震災手形割引損失補償令は「その趣旨においては正当であ

り、当然の処置であったといえるが、すでに経営が行き詰まり整理寸前に追いこまれていた会社、銀行が、震災対策のための緊急措置を延命手段として悪用し、整理を延引しえたのである」、「その代表例は鈴木商店＝台湾銀行であった」と指摘する。

■■ 台湾銀行問題の発生

高橋の指摘する「第三期の波」について詳しくみていこう。昭和元年末で日銀の震災手形未決済残高が2億円を超え、民間銀行の手元にも震災手形が多く残っていたので、憲政会内閣（若槻礼次郎首相、渡辺直温蔵相）は昭和2年1月震災手形処理二法案（損失補償金として1億円を限度として日銀に五分利国債を交付する、及び震災手形所持銀行に対し手形整理のため1億7百万円を限度として五分利公債を貸し付ける）を議会に提出した。

震災手形の処理の期限を更新し続けることはできないため法案が提出されたわけだが、当時は金本位制に復帰する、それも旧平価で復帰することが朝野の政策課題となっており、渡辺蔵相は震災手形の処理を急ぎ、金本位制に復帰するため頑張るという心意気だったという。

二法案審議の過程で、憲政会、政友会、政友本党の間に政争があり、審議は紛糾した。法案成立を急ぐ政府は、法案が台湾銀行のために絶対必要であると認めざるをえなくなり、さらに秘密会で説明した台湾銀行の震災手形所有額、うち鈴木商店関係震災手形金額などがマスコミに漏れてしまった。

このようにして昭和金融恐慌に突入してしまったのである。3月27日の二法案の貴族院通過の際、台湾銀行の「強固なる基礎を樹立するがため適切なる方策を立て帝国議会の協賛を経べきものはその措置をとること」という付帯決議がつけられ、政府は台湾銀行の抜本的整理に本腰を入れることとなった。

台湾銀行と鈴木商店との腐れ縁は、すでに公然の事実であったとはいえ、震災手形法案の審議の過程で、漸次その実態が明らかになるにつれ、台銀危機は切実感をもって受け取られ、まず、都市銀行の台湾銀行からのコール

（金融機関相互の短期融資）引き上げが誘発され、台銀経営はますます困難の度を加えるに至った。しかしそれでも世間は「台銀が特殊銀行であったために、（略）台銀の破綻、さらには鈴木の破産は政府が黙過しないだろうと考えていた」という。

しかし、追い詰められた台湾銀行は「二月中旬、鈴木に対し、今後無担保貸をしない、当座貸越もしない旨言渡していたが、三月二十六日、ついに新規貸出の停止を通告した。そして四月一日に、それが大新聞によりスッパ抜かれ、世間に一大衝撃を与えた」。こうした不安情勢の中4月5日鈴木商店が営業停止に追い込まれ、8日、鈴木の経営する神戸六十五銀行が休業に追い込まれた。

■■日銀の救済打ち切りとモラトリアム実施

台湾銀行をめぐる金融不安は、日銀の行動により急展開する。「四月十三日日銀が台銀に対するこれ以上の融資を拒否するに至るや、不安は頂点に達した」のである。日銀は政府に対して財政資金による救済か、法律により日銀の損失を補償するよう要求した。

すでに議会は閉会していたので、政府は直ちに緊急勅令（日銀が台銀に無担保で特別融資し、政府は2億円を限度として補償する）を準備し、4月14日枢密院に諮詢の手続きをとった。野党の政友会はみだりに緊急勅令を発布して救済をしようとするのは政治道徳上許すべからずと阻止に動き、一方、財界、とりわけ銀行業界は政府に対し適宜なる善後措置をとるよう要望した。

ところが、勅令案は15日の委員会で否決され、17日の本会議でも19対11の多数決で否決されてしまった。憲政会内閣は総辞職した（憲政会は政友本党に接近し、両党の提携が昭和2年2月なされたので、政友会は断然攻撃に転じ、折からの震災手形法案審議を紛糾させ、枢密院で緊急勅令の否決に至ったという）。

翌18日、台湾銀行は向こう3週間、内地及び海外支店出張所の休業を決定した。同18日近江銀行の休業、21日の十五銀行の休業により、全国的信用パ

ニックが発生した。これが昭和金融恐慌であった。

　日銀の台銀への追加融資拒絶という判断は世間から当然のごとく批判されたが、高橋は「日銀のこうした思い切った救済打ち切り措置は、日銀の「救済銀行化」という従来の政府追随主義に対し、金融政策上これを否とする世論と日銀内部における自己批判にかんがみて、日銀がついに安易なる救済の打ち切りを決断したものとして、注目に値する画期的措置であった」と評価している。

　これは中央銀行の「最後の貸し手」の議論であって、高橋の中央銀行のあり方についての正しい認識を示しているといえよう。昭和40年の山一証券への日銀特融とともに、金融論の教科書に収められるべきものである。

　ここで政友会内閣（田中義一首相、高橋是清蔵相）はモラトリアムの実施と同時に臨時議会を招集し（4月22日）、5月4日開会の臨時議会に上掲文の二法案を提出し、8日に議会を通過させ、翌9日に公布、施行された。

　3週間のモラトリアムの間、印刷機をフルに動員して紙幣を印刷して、日銀は各銀行に貸し出した（片面刷り、裏白の二百円札が出たのもこの時だった）。5月13日、各銀行は店先に札束を積み上げて取付けに対処しようとしたが、この時にはもう世間の空気は鎮静化して恐慌が収まったという話は有名である。

■■五大銀行への預金集中

　高橋の分析の優れている点は金融恐慌後金融がどう変わったかについて詳しく論じていることである。箇条書きにしみると、①恐慌鎮静後の金融の緩慢化、②異常の低金利、③五大銀行（三井、三菱、住友、安田及び第一）の飛躍的地位向上、④資金の大都市集中、⑤金融緩慢下の中小企業の金融難、⑥預金から郵便貯金、金銭信託への流出などがあげられる。

　いずれもきわめて重要な指摘で、恐慌が終わって元の秩序に戻るわけでなく、新たな状況が現出したと高橋は解説している。この中で③はとりわけ重要である。大銀行はかねて財界の不振のため保守的な貸付行動をとっていた

が、恐慌後預金が集中し、過剰余資を抱え込み、その運用に苦労することになった。平成の金融危機後にメガバンクの融資姿勢が慎重になり、新産業やスタートアップ企業などへの資金供給がなかなか進んでいない状況と重ね合わせると頷ける。

　⑤について、高橋は「中小弱小銀行は預金の流出に見舞われて資金繰りに苦しみ、それに直結する中小企業は極度の金融難に陥っていたのである。とくに休業銀行との取引企業はそうであった」と指摘している。平成時の預金の全額保護の政策の取られなかった当時資金難に陥った企業にはたいへん厳しい状況だった。

　昭和２年の金融恐慌により休業に追い込まれた銀行は36行（台銀を除く）に及び、３年９月までに単独で開業できたものは15行、他行に合併したものは８行、解散または破産は５行、処理策のまとまっていないもの７行となった。

　休業をした近江、中井、村井などの銀行は資本金を切り捨て、重役の私財を提供し、預金の大部分を切り捨て、新たに昭和銀行を作って合併した（昭和３年）。十五銀行は減資と重役の私財提供を行い、大部分の預金を棚上げし、日本銀行から8000万円の低利融資を受けて単独開業した（代表者の松方巌は爵位を返上した）。台湾銀行は３億1000万円の欠損を埋めるため、三分の一に減資したうえ、日銀及び政府からの借入で手元資金を補強してまもなく開業した。

■■銀行は整理・合同へ

　金融恐慌が起きた昭和２年には銀行法が制定された。大正のうちに金融制度調査会が設けられ、普通銀行のあり方を議論してまとまった銀行法案は、震災手形処理法案を審議している議会に昭和２年２月に提出され、審議は順調に進み、３月には成立した。ちょうど４月以降の全国的な金融恐慌第三波の起こる直前であった。

　銀行法は、銀行は株式会社に限定し、その資本金は一般に100万円以上で

【普通銀行・貯蓄銀行数の推移（大正10年〜昭和10年）】

	普通銀行	貯蓄銀行
大正10年末	1331	670
11	1799 (注1)	146 (注1)
12	1701	139
13	1629	136
14	1537	133
昭和元年	1420	124
2	1283	113
3	1031	109
4	881	95
5	782	90
6	683	88
7	538 (注2)	87
8	516	85
9	484	79
10	466	79

（注1）　貯蓄銀行から普通銀行への転換は515行
（注2）　普通銀行の解散等が102行あった
（出所）　大蔵省銀行局年報等

　なければならない、大都市に本店を持つ銀行は200万円以上の資本金でなければならない、5年間の猶予期間中に基準に達するように増資するなり、合併するなどしなくてはならない（つまり、その前の時代からの銀行合同政策を引き継ぐ）というものだった。また、銀行の重役が他の事業を兼務してはならない、監査も年2回行うなどと規制が強化された。

　銀行法の運用は厳格に行われ、銀行数は大正14年に1537行であったものが、昭和3年末には1031行、昭和7年末（銀行法全面適用直前）には538行と減り、その後も激減した。

　このような中から三井、三菱、住友、安田、第一（昭和8年以降は三十四、

山口、鴻池の３行合併で生まれた三和銀行が加わり）という五（六）大銀行が台頭していった。当時大銀行はどちらかというと防御的営業姿勢だったという。これは不安定な預金の取入れを控え、多額の遊休資本を抱えることと相まって、支店数を増やすことはしなかったからである。

　一方、地方の銀行については昭和11年以降は馬場蔵相（広田内閣、昭和11年成立）により１県１行主義と呼ばれる銀行合同政策が進められ、地方銀行数が減少した。地方銀行が地域経済に責任を持つ方向となった。

　銀行検査についても触れておこう。金融恐慌が発生すると金融機関の検査が大事という議論が起こり、従来地方官によってなされていた銀行検査は大蔵本省の検査官によってなされることとなった。当初、大蔵大臣は日本銀行に検査してもらうよう要請したところ、中央銀行は金融政策を実行するもので、検査は大蔵省で行うものとの返答があり、以後大蔵省は検査官の増員を図ることとなった（金融機関の日々の資金繰り、資産負債状況には中央銀行は接していることから、日銀は考査局を設け、情報の収集、精査を行うこととなった。考査は法律の執行機能を持たせないことを日銀は大蔵省と間で確認している）。

■■銀証分離の嚆矢

　高橋は上掲文で郵便貯金についても「普銀・貯銀勘定で二月末より四月までにおよそ八億円近くの預貯金減がみられた」一方で、同じ期間で「郵便貯金は一億円以上（金銭信託は四千万円近く）増加」したと指摘している。その後も郵便貯金残高は増加し、昭和３年６月末には17億円に迫った。郵便貯金残高は昭和２年２月末から１年半で４割以上増加し、高橋は「民衆が国家信用を再認識した」としている。

　民間預貯金の郵便貯金へのシフトについて高橋は地域差を指摘する。つまり、西日本では金融機関の動揺、破綻から郵便貯金の増加が起きたのに対し、東北地方では民間銀行からの預金流失と郵便貯金の増加が引き金となり民間銀行の動揺、破綻が起きたという。五（六）大銀行と郵貯に預貯金が集中する中で、昭和８年頃大銀行の預金合計額が地方銀行の預金合計額を上回

【郵便貯金・産業組合貯金の増加】

(単位：百万円、％)

	有価証券 個人投資額	国内預貯金 残高	うち郵便貯金 の割合	うち産業組合 の割合
明治24年	305	80	27	—
34	1057	590	5	—
44	3821	1937	10	1
大正10	9706	10159	9	3
昭和6	16061	16284	17	8
16	28636	61731	16	14

(出所)　大蔵省銀行局年報等

り、郵便貯金残高も超えた。金融の動揺が収まった後の昭和９年頃から地方銀行の預金もようやく増勢に転じた。

　この時期に産業組合も発展を見せた。明治末年から信用組合は全国的に、とりわけ農村部に多く設置され、組合数を全国の自治体数で除した普及率は大正６年には98％に達した。これは少額金融への需要が大きかったためであり、着実に成長を続けてきたことから預金規模も少額貯蓄の集積とはいえ、無視できないものとなってきていた。

　証券業もみておこう。それまでの銀行条例は与信業務を行うもの、証券の割引のみを業として行うものを銀行とし、受信業務のみを行うものは銀行としていなかったが、銀行法は与信、受信、為替を合わせ行うものを銀行とした。このため銀行は他業である有価証券業務を営むことはできなくなった（銀行業に付随する有価証券の売買は可能）。そこで主業務が有価証券の売買であったり、調達する資金が借入金やコールマネーであったものは銀行とみなされないことになった。

　具体的には、大阪野村銀行、小池銀行、藤本ビルブローカー銀行が難しい状況に直面した。このうち、大阪野村銀行はアメリカの証券会社ナショナル・シティなどを研究し、同行証券部の分離独立を考え、大正15年１月に野

村証券が開業した。小池の場合は同行の主要業務の公社債の引受け、募集及び売買を銀行業務から分離する方針を決め、昭和5年3月小池証券（のちの山一証券）が開業した。藤本のケースはさらに遅れ、昭和7年12月にいたりようやく銀行業撤退が決まり、銀行法全面施行の昭和8年1月藤本ビルブローカー証券（のちの大和証券）となった。

　一連の動きはわが国における銀行・証券の分離の嚆矢であった（アメリカでは1929年の大恐慌後の1933・34年法により銀行・証券の分離が決まった）。

　生命保険業はすでに明治、帝国、日本、第一、千代田の五大生保の時代となっていたが、大正14年住友が日ノ出生命を買収して住友生命に、翌15年に三井が高砂生命を買収して三井生命となり、これまでの安田を加え、財閥系も発展する情勢となった（住友、三井は保険業以外の業に属する企業の経営のため出遅れたという）。一方、金融恐慌により多くの中小生保が破綻していた（例えば、太平、共保、八千代、共同、旭日、日華などが事業停止、解散などに陥った）。また運用資産の中で有価証券の割合が5割を超え、金融恐慌時の株安などの影響で、生保33社のうち24社が配当を中止するなどの影響が出ていた。

　損害保険業については、日清、日露戦争前後に数多く設立されながら、その多くが泡沫的に消えていった。しかし、第一次世界大戦中からその後にかけて設立された多くは存続し、また生保業に劣らず、大損保への集中が進んだ。例えば、東京海上は大正4年に明治火災を傘下に収め、関係を保っていた豊国火災を鈴木商店の没落に伴い傘下に収め、十五銀行、松方、川崎のかかわる大福海上をグループに入れ、三菱合資の保険課から独立した三菱海上も支配下に入れた。安田善次郎は東京火災、帝国海上にかかわっていたが、震災と近江銀行の破綻を受けた第一火災海上を傘下に収め、村井、左右田銀行の破綻を受けて大平火災も支配することになった。このほか、日本火災（川崎系）、扶桑海上火災（住友系）、大正海上（三井系）などが伸長したが、東京海上のウエートは約4割と圧倒的だった。

第 8 章

金 解 禁

我國は、大正六年世界戰爭中に金の自由輸出を禁止して實際上金本位制を停止した。戰後大正八年に米國が金本位制を回復するや、我國に於ても大正十年の秋頃より解禁說が擡頭し、世界の諸主要國に於て逐次金本位制の再建せられるに伴ひ、大正十三年以降財界の一部には其の希望が漸次濃厚となり、贊否の論議錯綜して、一進一退した。（略）昭和三年十月二十二日東京及び大阪の手形交換所社員銀行が卽時金輸出禁止解除を政府に建議したのは、少なくも銀行界多數の意見が明白に決定したことを確むるものである。中には依然尙早論を唱へた人もあるが、多數はこれを壓倒した。（略）產業界にも解禁贊成者はあつたが、其の一般の空氣は判明を缺き、翌昭和四年五月政府に解禁意向ありとの風說により株式界の動搖を見るや、日本經濟聯盟會は井上準之助氏、鄉誠之助男、及び團琢磨男に依囑して政府を訪問せしめ、財界不安の原因は政府の金解禁に對する態度にありとして說明を求めた。而して三土大藏大臣は、出來るだけ無理のない狀態の下に於て解除を實行せんとするものであるが、輕々に實行は出來ぬと回答した。（略）

　次で同年七月には、其の前憲政會と政友本黨との合流によりて成りたる民政黨々首濱口雄幸氏が內閣を組織し、井上準之助氏を大藏大臣に据ゑ、本腰を入れて金解禁に著手した。卽ち七月九日に發表された政綱中、近き將來に於て金解禁を斷行せんことを期すと聲明し、十一月二十一日に公布された大藏省令を以て、翌昭和五年一月十一日より金輸出の取締を撤廢すべきことを公布した。東京、大阪、名古屋の有力銀行代表者は同日直に金本位制擁護に協力すべき旨の申合を發表した。（略）此の時に至つては最早產業界にも反對を公言するものは殆んどなかつた。少し前に金解禁の影響を懸念して大藏大臣の意向を質すの役割を勤めた井上準之助氏が自ら大藏大臣として實行に當つたのだから、以て事情の變化を想像し得るであらう。金解禁反對者と看做されたる井上準之助氏の大藏大臣就任は世間の意外とせる所にして、金解禁にけちをつける爲めに利用されたが、同氏の言說を仔細に點撿すれば、其の反對は無準備、無用意の金解禁を不可としたるものにして、濱口內閣の緊縮方針により必要の準備を整へ得ると云ふ意見に到著したと說明せられて居る。（略）

　〔引用注・昭和五年中は〕兎に角〔横浜正金銀行によるドル〕統制賣は一應好結果を舉げた。（略）續いて昭和六年の秋までは大體圓滑に進行し、正貨の流出も不安を醸す程の巨額には到らなかつたのである。

　然るに九月に於ける英國の金本位制再離脱後、統制賣の激増するや、其の巨額なる代金を横濱正金銀行に拂込む必要の爲めに、通貨の收縮、金融の繁忙を來たし（た）。（略）

　英國の再離脱は世界的潮流の轉換であるから、我國も其の時直に思切るのが賢明であつたらうことは、回顧的判斷として議論の餘地がない。（略）兎に角政府が固守の方針を堅持したから横濱正金銀行は統制賣を續行した。（略）

　（昭和六年）十月四日、井上氏から私邸緩談を希望されたのを幸に、私は其の頃大勢一覧の爲めに毎日作成して居た計表を携へ、之を井上氏に示して考慮を促がした。二人對坐約二時間、雜談と沈默との方が長く、其の間互に含蓄を以て意見を交換した。私の意のある所が果して通じたるや否やを知らない。

『回顧七十年』深井英五　昭和16年11月　岩波書店

　第一次世界大戦後、金本位制に復活できるかどうかは大きな問題だった。1920（大正9）年国際連盟主催の専門家によるブラッセル会議の後、1922年4〜5月政府代表者によるジェノア国際経済会議（わが国はイギリス、フランス、イタリア、ベルギーとともに招請国となった）が開かれ、金本位制の再建を最終目標にして経済復興を行うべきこと、旧平価のほかインフレの進んでいる国では新平価（平価切下げ）でもよいこと、金本位を維持している国の外国為替を通貨の発行準備に充ててもよいこと（金為替本位制）を決議した。アメリカはすでに1919年には金本位に復帰しており、ジェノア会議には欧州

諸国から戦後復興支援要請があるとみて、不参加だった。ジェノア会議の後、各国は金本位制復帰を目指した。

■■井上準之助の決断

日本が昭和4（1929）年に金解禁の方向を打ち出し、昭和5年1月に解禁を実行したのは世界的な潮流に押されてのことだった。国内での議論はどう進んだのであろうか。

大正9年の反動景気の後、加藤友三郎内閣（市来蔵相、立憲政友会の閣外協力）が大正11（1922）年6月成立し、まもなく東西の有力実業家を招いて金解禁についての懇談会が開かれた。懇談会では武藤山治（鐘淵紡績）が金解禁を行えば、通貨収縮、物価下落（当時はインフレ）ができ、一時は不況となるとしても戦後経済の立て直しができると主張したが、大勢は金解禁の必要性を認めながらも時期尚早ということだった。

為替レートは大正11年後半は100円当たり47 1/2～48 1/2ドル程度であったが、関東大震災の後、特に大正13年3月から急速に下落し始め、同年11月には38 1/2ドルの水準まで落ち込んだ。金解禁を行うのは難しくなり、金本位制復帰の判断は引き延ばされることになった。

大正15（1926）年から為替レートは回復に向かったものの、若槻内閣（片岡直温蔵相、憲政会）は金解禁の方針のもと震災手形の処理、国内金融機関の整理を行おうとしたが、金融恐慌を引き起こしてしまい、またしても金解禁のチャンスを逸してしまった。

その後、昭和4（1929）年に成立した濱口内閣（井上蔵相）が財政緊縮、消費節約、軍縮等とともに金解禁を行うこととなった（井上財政、昭和4年7月～6年12月までの2年半）。

濱口内閣成立の2日後の昭和4年7月4日の夜、土方日銀総裁と深井日銀副総裁は井上蔵相に呼ばれ、「政府が断乎として金解禁に決したことを聞いた。土方氏も私も政府の方針と決心とを詳しく聴取した上、之に賛同した。爾来準備期と實行期に互り日本銀行関係の重要事項に就き三人で熟慮を重ね

た」というが、井上蔵相と土方、深井の間には幾分か隔たりがあったようだ。

また深井は実行にあたっては一時の苦痛（デフレ効果）を忍ぶべき覚悟が必要と考えていた。しかし、政府の実施した金解禁PR、全国遊説（8月以降実施、1500万枚のビラを配った）では解禁による好景気の出現を説いて喝采を得ていたので、金解禁で国民を失望させてしまうのではないか心配していた。

一方、大正13年3月以来、新平価解禁を唱えていた石橋湛山は、昭和4年7月「金解禁の影響と対策」の中で、旧平価解禁を批判し、「円の金平貨は、或期間に事実として社会に成立せる通貨の価値に従って決め」ればよいと主張し、小汀利得、山崎靖純、高橋亀吉らも同調したが、ほとんど無視された。昭和4年頃になると、武藤山治は「財政も緊縮する、減税はしない、消費は節約せよというのでは、結局中産以下の貧乏人をいじめて、金解禁即行の犠牲に供することとなるのは明らかなる成行である」と批判に回っている。

■■ 予想以上の金が流出

井上蔵相は昭和4年11月21日大蔵省令を改正し、翌5年1月11日に金解禁する旨を声明した。東京、大阪、名古屋の有力銀行は同日「我々銀行業者は金本位制擁護の目的を以て、当局の通貨政策を支援し、将来の情勢の推移に応じて克く協調を持続し、随時対策を講じ、本邦財界の健全なる発展を期す」と発表し、一般世論も金解禁を歓迎するムードとなった。

しかし、東京株式市場は金解禁声明と同時に暴落し、商品市況も低落した。報知新聞の伝えるところによると、株価指数は昭和4年3月に113であったが、6月には104、7月100、8月95ポイントと、6〜8月で9ポイント、3〜8月で18ポイントも下がり、12月には関東大震災直後を下回る90ポイントにまで下落した。

一方、為替市場は金解禁近の思惑から昭和4年3月には100円当たり45ド

ルを割っていたが、金解禁が打ち出されると漸騰を続け、10月には47 1/16
〜48 1/16ドルにまで上昇した。

　しかし、深井は「解禁の實施せらるゝや、国内需要の小口の兌換請求は僅
小であったが、内外の銀行中、外国送金の爲に兌換現送する代わりとして、
在外資金の売却を受けんとするものが多かった。いずれも相当の大口であ
る。（略）解禁の劈頭に冷水を浴びせられたやうな衝撃を受けた。（略）訊い
てみると、請求者は同じやうに、外國における借入金の辨済の爲だと云う。
（略）市場の大勢としては解禁末期の難局に類似せる状態の解禁の初に於て
伏在したことを否定しえない。したがって道義的支持の効力に付て考へさせ
られたのである」と、金の流失が予想を大きく上回ってしまったことを回顧
している。

　昭和５年１月から３月までに、外国銀行は１億2300万円、その他も合わせ
ると１億9600万円の円貨が金に交換され、同じ期間に正貨の流出は２億2000
万円に達し、在外正貨の払下は6500万円に及んでいた。（解禁前、銀行関係者
は金及び在外正貨の流出は１億4000〜5000万円と見込んでいたといわれる。）

　ニューヨーク株式取引所の大暴落（ブラック・サーズデイ）が1929（昭和
４）年10月24日だったことを考えると、日本の金解禁は最悪のタイミング
だったといえる。なぜブラック・サーズデイ直後の11月21日に大蔵省令を改
正し、翌年１月の実施に向かったのだろうか。その背景には、ブラック・
サーズデイはたしかに大暴落だったが、世界恐慌になるとの見方はほとんど
なく、ニューヨーク連邦準備銀行が10月31日公定歩合を６％から５％に下
げ、11月14日には4.5％に下げたことでむしろ「今までのやうに、異常に金
利が高ければ、国内の解禁準備が相当進捗しても、断行を躊躇する傾きが
あったことは争われないから、この躊躇の原因がなくなったのであるから、
解禁は気やすくなったと解してよい」（井上蔵相）との判断があった。

■■昭和恐慌による政治・経済の混乱

　議会は金解禁直後の昭和５年１月21日に解散した。２月20日に行われた総

選挙では、与党民政党は273名、政友会は174名となり与党が大勝したが、選挙期間中は金解禁の悪影響に触れることは禁物で、金解禁によって景気が好転するような演説もなされていたという。

昭和5年11月、濱口首相は東京駅でテロに襲われ、昭和6年4月には病状悪化のため退陣し、若槻第二次内閣が発足、井上蔵相は続投することになった。同年9月18日柳条湖事件（満州事変）が起き、関東軍の暴走に政府の対応は遅れ、経済界は中国が綿織物の重要輸出市場であるため大きな衝撃を受けた。さらにドイツの金融危機（ダナート銀行をはじめ多くに銀行が支払い停止となる）の影響で、多くの国々が金融の中心地イギリスから資金の引き上げを図ったため、同9月21日にはイギリスは金本位制を再離脱することになった。

このようにして週明けの9月21日のわが国株式市場は総投げ売りの状態になり、ついに立合いを停止するに至った。翌22日も休会、23日には再開されたものの、再び売りものが殺到して立合いの続行ができず、23日午後、25、26日も休場（24日は祭日）とせざるをえない状況となった。また繊維品の相場下落は大きかった（9月中で綿糸で16%、人絹糸で18%の低下）。

昭和5、6年日本の経済活動は著しく低下し、この状況は昭和恐慌と呼ばれることとなった。

昭和6（1931）年9月の満州事変の勃発、イギリスの金本位制停止により、日本の金本位制停止は必至との見方が内外に広まり、資本の海外流出、横浜正金銀行からのドル買の動きが強まった。昭和5年7月31日から12月12日までのドル買は総額で7億6000万円に上った（ナショナル・シティ銀行2億7300万、住友銀行6400万円、三井銀行5600万円、三菱銀行5300万円、香港上海銀行4000万円、三井物産4000万円、朝鮮銀行3400万円、三井信託銀行1300万円、その他1億8700万円）。

10月頃の新聞論調は、国家の危機をよそにみてドル買の思惑をやり、財政金融の状態を危険に陥れるとは何事だ、国賊三井財閥を葬れと激高した内容で、ドル買問題は政治的、道徳的問題となっていった。11月政友会は即時金

輸出再禁止を断行すべきであると決議し、倒閣に向かって動き出した、12月
若槻内閣は総辞職するに至った。

■■高橋是清が収拾に立つ

犬養内閣が昭和6年12月13日に成立し、蔵相には高橋是清が迎えられ、同
夜中に金輸出再禁止がなされた。株式市場では若槻内閣の退陣の報に接し緊
縮政策が転換されると予想し買い人気が急速に高まっていたが、犬養内閣が
成立し金輸出再禁止が直ちになされると市場は沸騰した。その混乱のため14
日の立合いは停止となり、15日から17日までは休場となる状況だった。商品
取引も同様に思惑が著しく、相場は急騰し、米、綿糸の清算取引は14日一時
立会い停止となった。

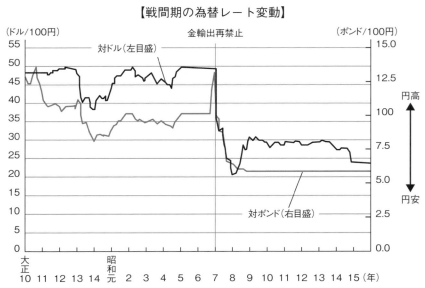

【戦間期の為替レート変動】

（出所）　畑瀬真理子「間期日本の為替レート変動と輸出—1930年代前半の為替レート急落
　　　　の影響を中心に—」（日本銀行金融研究所、金融研究2002.6）

　昭和6年12月から昭和11年2月まで高橋是清は大蔵大臣を務め（犬養内閣と昭和7年5月からの斎藤内閣）、4年余の期間に実施された為替、財政、金融を含むマクロ政策は高橋財政と呼ばれる。

　為替レートは金本位制離脱後から大幅な円安となり、昭和7年11月までの1年間で対イギリスポンドで44％、対アメリカドルで60％の下落となった。その後昭和8年4月以降、横浜正金銀行はイギリスポンドを基準とする建値を発表するなど円相場を安定化させる方策を講じていた（この時期に資本逃避防止法、外国為替管理法による為替管理、資本取引規制が始まったが、高橋は比較的緩やかなものを指向したといわれている）。

　財政面では斎藤内閣発足後の補正予算で満州事変費や時局匡救事業費などを計上し、そのために国債の増発を行うことになった。満州事変費は軍部による軍事費の大幅増額要求の始まりだった。高橋はそれなりの軍事費を認めつつも、経済の状況の改善とともに次第にブレーキをかけるようになり、昭和11年二・二六事件で凶弾に倒れた。

　一方、時局匡救費は農村部を中心とする公共事業費であり、道府県の同様経費も含めると、まさにケインジアン政策ともいわれる事業費だったとされる。このような政策には少し説明が必要だろう。政府は大正7年の米騒動ののち、朝鮮、台湾で米の増産政策を推進し（朝鮮は大正9年から、台湾は大正14年から）、この時期になるとそれらの安い米が日本に大量に移入されるようになった。しかし昭和恐慌以降、米の需要は落ち込み、東北をはじめとする国内の農業は落ち込む状況になっていた。そこで、農村を安定させるための公共事業類似の支出が必要となったのである（この事業には昭和7年度から昭和9年度にかけて、国から5億5629万円、地方から3億858万円、合計8億6487万円が投入された）。

　昭和7年3月の高橋蔵相と金融業者の懇談の頃には国債の日銀引受けがすでに話題となっていたとされるが、昭和7年度補正予算の国会上程時に国債の日銀引受けが正式に表明された。具体的にはまず日銀引受けにより国庫に入った資金で予算が執行され、次に財政資金が市中に出回る頃を見計らって

【鉱工業生産指数の国際比較】

年	1927	1928	1929	1930	1931	1932	1933	1934	1935
フランス	79	91	100	100	89	69	77	71	67
ドイツ	102	99	100	86	68	53	61	80	94
イタリア	—	92	100	92	78	67	74	81	92
日本	**83**	**90**	**100**	**95**	**92**	**98**	**113**	**129**	**142**
イギリス	96	94	100	92	84	84	88	99	106
アメリカ	89	93	100	81	68	54	64	66	76
ソ連	64	80	100	131	161	183	198	238	293

（出所）　国際連盟　1938年

日銀引受国債の市中売却を行うもので、当初は国債金利の暴騰もなく、順調に市中消化された。経済が順調に回復してきた頃合いで、公定歩合を7年3月、6月、8月と引き下げ、銀行券発行保証限度はこれまでの1億2000万円から10億円に引き上げられた（財政資金の散布により民間経済が活況化すると国債の市中消化は進まなくなった）。

深井英吾は欧米中央銀行総裁会議に参加し、国債の日銀引き受け・市中売却について彼らの反応を得たいと考え、発言したが、フランス中央銀行総裁は何も発言せず、イングランド銀行総裁はHow interestingといった後、では議事を進行しようとのことで、結局日本の試みに反応が得られず残念だったと述懐している。

大恐慌時の各国経済を比較すると、各国ともに生産、物価が下落を続けていたのに対して日本では生産、物価とも上昇に転じており、他国に先駆けて日本経済が回復した。アメリカの経済学者キンドルバーガーはケインズが一般理論を発表（昭和11、1936年）する前から日本は現実にケインジアン政策を実行したと評価している。

■■ 地方銀行の苦況

　金解禁、金輸出再禁止、軍縮、満州事変とたいへんなイベントが続く中で、金融界では大銀行と郵便貯金の伸長に対し地方銀行が苦しい状況に置かれ、しかも金解禁下での米価、繭価の低下にも苦慮していた。昭和5年10月には富山県の密田銀行、伏木商業銀行、両越銀行が休業に追い込まれ、大阪では同年11月に富田林銀行、翌6年2月に八尾、国分、国分貯蓄銀行が破綻し、中京地区では岐阜で5年12月蘇原銀行、翌6年7～8月に付知、中津川、八百津銀行が休業、同年末までに美濃合同、美濃、飛騨銀行が相次いで休業、愛知で同年末までに愛知農商銀行、農商貯蓄銀行が休業した。昭和6年中の不況に加えて米の凶作により青森、秋田、岩手などの銀行の動揺が続いた（この中では青森の五十九銀行が大きいもの）。日本銀行からの特別融資は金融恐慌時の反省もあり、抑えられる方向であったが、救済のための特別融資は続いた。

　高橋財政期の銀行法施行に伴う銀行の整理、統合の中で、都市の大銀行の合同もみられた。昭和8年12月、いずれも大阪に本店を置く三十四、山口、鴻池銀行の3行合併により、三和銀行が設立され、次いで高橋蔵相の後の馬場蔵相が昭和11年5月に一県一行主義を打ち出したところ、地域の軽工業部門や商業部門の衰退から地方銀行側からも必要なものと受け止められ、昭和11年末までに奈良、鳥取、徳島、沖縄で一県一行となった。

　証券界では相場の乱高下の影響でさまざまな困難に見舞われたが、銀行法施行による影響もみられた。つまり、銀行の業務範囲が厳格化されたので、銀行から分離した証券業者が有力な業者として成長していった。こうして野村、小池、藤本、日興、山一、勧業、共同、川島屋の8引受証券業者態勢が形成された。

　一方、銀行預金の不振に対し生命保険契約高は着実に増加し、資産運用にも次第に積極的になった。株式価格の安定を図るための井上蔵相の投資要請もあって、生命保険会社32社による生保証券会社が昭和5年10月に設立さ

れ、運用成績も上がったところ、金解禁再禁止以来株価が持ち直し、いったん解散となったが、昭和9年に再建された（のちに生保協会、統制会に吸収された）。

深井英五（明治4年11月20日（1891年12月31日）〜昭和20年（1945年）10月21日）は同志社中学のころ抜群の英語力で知られ徳富蘇峰が主宰する国民新聞社ではThe Far East（英文版「国民の友」）の編集を任され、大蔵大臣松方正義の秘書官ののち、日本銀行に入行する。明治37年2月から同40年5月まで高橋是清の日露戦争外債発行の海外出張に同行している。

第9章

国家総動員法

支那事變は武漢陷落を轉機としていよいよ長期建設の新段階に入つた。同時にわが國はいよいよ蘇支二正面作戰を强化して複雜な國際危局の克服に邁進しようとしてゐる。正にこれからである！　戰はこれから新舞臺に突入するのである。（略）

　國家は國防のための國家總動員計畫を持たねばならぬ。これは既に出來てゐる。（略）これを國民に移すためには新しくこの計畫遂行に副うた立法が整備されてゐなければならぬ。（略）
　國家總動員法體制の中心的な母體となつたのは軍需工業動員法であつた。（略）
　軍需工業動員法は歐洲大戰の經驗に鑑み、産業の軍事統制をなしうる非常立法の必要から、大正七年六月寺内内閣によつて制定されたのである。何しろ歐洲大戰ほど國防に關し有益な敎訓を與へた戰爭はない。（略）わが國でこの軍需工業動員法が制定されたのもこの敎訓に依つたものに外ならない。（略）資源局が調査局の後身である企畫廳と合體して企畫院となり、漸く企畫院の手で現在の國家總動員法が誕生したことは誰しも記憶に新しいことだが、それまでの十ケ年にわたる永い年月を資源局が産みの惱み精根を盡して來た蔭の勞苦は買はねばならない。
　國家總動員法のかやうな發生學は、總動員法が決して支那事變のため急いで制定されたものではないことを敎えて吳れるのである。（略）

　其處に昭和十二年夏支那事變が勃發した。（略）
　支那事變の勃發によつて急速に戰時體制を整へる必要にぶつかつて、先づ政府の頭の中に浮んだのは『國家總動員法が未だ制定されてゐない』といふ大きな現實であつた。（略）政府はこの軍需工業動員法で足りない箇所を臨時立法で間に合せようといふことになつたのだ。
　このため、第七十二臨時議會は軍事費二十億とともに、臨時資金調整法及び輸出入品臨時措置法の二大法律をはじめ、外國爲替管理法の改正、米穀應急

措置法、臨時船舶管理法、臨時馬の移動制限に關する法律等の緊急の戰時立法が矢繼早に協賛された。また軍需工業動員法の事變適用のための法律（略）が協賛された。實にこの臨時議會はわが國の戰時經濟體制に大きなエポックを劃した議會であつた。（略）

　國家總動員法は昭和十三年第七十三通常議會に政府提出法律案として提出せられ、貴衆兩院とも白熱的論戰が闘はされたのち兩院を通過、成立した。（略）

　國家總動員法は何しろ今日までに例を見ない大立法である。これが提出された第七十三議會は大荒れに荒れた。提案者たる政府は用意周到が過ぎて固くなり、審議する議會の側、殊に衆議院の各政黨は餘りに白紙委任が大き過ぎるといふので隱然たる反撥の空氣が漲り、議會の初めから終りまで同法案を中心に息詰まる日誌が描かれて行つた。（略）國家總動員法案は第七十三議會で成立を見た（略）。これによつて國家總動員法の全體は五月五日から施行に入つたわけであるが、（略）各條文の委任勅令が出たわけではない（略）。

　政府の方針を叩いてみると、總動員法の全面にわたつて、必要なる條項に關しては必要なる勅令を制定して發動の態勢だけは準備して置かうといふにあるやうである。漢口陷落後の時局の半恒久的な見透しの下に、政府は昭和十四年以降こそ國家總動員體制を強化して置かねばならないとの方針で臨んでゐる。

『總動員法の全貌』朝日新聞社編、發行　昭和13年12月

総動員法の提案、審議、成立の頃の新聞論調は「政府で必要とあれば一切総動員することができる広汎無碍の戦時立法である」、「勅令一本でやすやすと制限出来る高度の委任立法になっている」などと厳しいものだったが、それから8カ月たって朝日新聞から出された上掲本では、かなり政府サイドに気を使った表現がみられるようになっている。序文は戦後も活躍した東京朝日新聞の編集局政治部長の細川隆元であった。細川は「國家總動員法への關心が足りなければ、それは時局の落伍者であり、徒にこれを怖れる者も亦時局の認識に缺けた者と言ふべきであろう」と記している。

■■統制が始まる

　支那事変（日華事変、今日では日中戦争）は昭和12年7月に勃発したが、その直前の同年6月第一次近衛文磨内閣が発足していた。8月には国民精神総動員実施要項が閣議決定され、10月には精神総動員強調週間、11月には国民精神作興週間、翌年2月には肇国精神強調週間が設けられ、神社参拝、教育勅語の奉読、出征兵士の歓送、柔剣道の鍛錬、ラジオ体操の奨励などが国民に強制されるようになった。

　そのような中で近衛内閣は企画院を設立し、企画院が国家総動員法の制定を急いだ。実は立法をめぐり一時政府と政党の間では対立していたが、結局はわずかの審議で法案は両院を通過し、成立した（昭和13年4月1日公布、5月5日施行）。陸軍の強い姿勢があったことは事実であるが、最近では近衛新党の動きに既成政党が腰砕けとなったためといわれている。また統制経済が社会主義に近づくと社会大衆党が賛成に回ったという事情もあった。

　大正7年の軍需工業動員法は（第一次世界大戦後の）制定以来休眠状態だった。その後、準戦時体制として昭和6年に重要産業統制法が制定され、これにより、繊維紡績、各種化学薬品、各種鋼その他22種の重要産業が指定され、カルテルが結成され、工業組合、輸出組合、商業組合などが登場することになった。また、瓦斯事業法、電気事業法、石油事業法、自動車製造事業法、重要肥料業統制法、製鉄事業法などの業法が次々と制定されていった

（重要産業統制法制定後の昭和6年9月満州事変が勃発したので、結果的には同法が準戦時体制を担ったことになる）。

支那事変の勃発により昭和12年9月10日法律第88号により軍事工業動員法の「戦時ニ関スル規定ハ支那事變ニ亦之を適用ス」ることとなり、準戦時から戦時に向かった。また同日、「輸出入品等ニ關スル臨時措置法」が公布施行され、綿花・羊毛などの輸入制限、装飾品等の輸入禁止、ナフタリン・硝酸などの輸出禁止をはじめ多くの物資の輸出入が制限、禁止されることになった。

■■臨金法の制定

金融については、上掲文にあるように臨時資金調整法（臨金法）が昭和12年9月に設けられた。その第一条は「支那事変ニ関聯シ物資及資金ノ需給ノ適合ニ資スル為国内資金ノ使用ヲ調整スルヲ目的トス」というものだった。当初は統制法とされるはずだったが、経済界からの猛反発をうけ「調整」という表現になったという。

この法律により不要不急産業への資金供給を制限し、国防産業及びこれに密接な関係にある産業への資金供給を豊富にし、戦時資材の確保に努めることになった。具体的には鉄及びその他の金属鋼、軽金属、造船、兵器及び機械器具、精密機械、石油、化学工業、スフ、パルプ、電力が許可事業で、綿、人絹、絹、毛等の繊維工業及び同工業用機械器具、建築用具、金属製品、贅沢品及び娯楽品、洋灰、染料及び売薬、醸造、製氷、百貨店、興業は不許可、不要不急とされた。

調整方法については、金融機関及び証券引受業者の行う事業設備資金の融通のための貸付及び証券業務は一定金額以上の場合は政府の許可を要する、但し政府が適当と認める方法なら自治的に調整させるという例外を認めていた。金融の統制についての難しさが認識されており、金融界の猛反発もあったためである。そこで自治的資金調整のため、普通銀行の場合は東京、大阪など地域ごとに、また貯蓄銀行、信託、生命保険などは業態別にそれぞれ資

金自治調整団が設けられ、日銀に資金調整局が設置された。総動員法の制定とともに臨時資金調整法も一段と厳しく運用されていくことになった。

　総動員法に基づく勅令の多くはあまり揉めずに逐次制定されていったが、「会社ノ利益金処分、償却ソノ他ノ経理ニ関シテ必要ナル命令」（総動員法11条の命令）は揉めに揉めた。企画院と大蔵省との間で勅令の研究が進んでいたが、池田大蔵商工相（昭和13年5月から昭和14年1月まで第一次近衛内閣で大蔵大臣兼商工大臣）がにわかには賛成できないとの態度で、そのことが新聞に漏れると政治問題化し株式市場は暴落した。

　「総動員法の全貌」は「株界が同問題の理解が足らず、必要以上の恐怖を感じた嫌いはあるにせよ、それにしても利益金處理即ち配当制限の問題は株價採算に直接影響するので、株界が敏感に反應して嫌気投げしたのも無理はない。即ち高率配當株が一番に睨まれてこれを中心に狼狽の投崩れとなり、諸株は一齊に崩落した」と説明している。結局一割まで増配自由ということで企画院、陸軍、大蔵省間でまとめ、池田大臣も妥協し、昭和14年4月1日に勅令が公布施行された。

　資金運用勅令も難産だった。欧州大戦が昭和14（1939）年9月に勃発した頃から翌年にかけ銀行の運転資金融資が大幅に伸びると、臨金法の対象を設備資金だけでなく運転資金にも広げるべきとの声が上がり、昭和15年10月に銀行等資金運用令が公布施行され、運転資金も統制されることになった。また臨金法では日本興業銀行にのみ命令融資を命じることができたが、総動員法に基づく運用令はすべての銀行に対し生産力の拡充その他緊急に資金を供給するため大蔵大臣に命令融資の権限を与え、太平洋戦争勃発後、実際に融資の命令がなされるようになった。

■■高度国防国家へ進む

　昭和15年7月、第二次近衛内閣が成立すると、直ちに「大東亜新秩序建設」（大東亜共栄圏）を国是とし、国防国家完成を目指すことなどが決定された。9月には日独伊三国軍事同盟が成立し、10月には新体制運動の指導的組

織となる大政翼賛会が結成された。同年末には高度国防国家を目指して企業の統合、経済団体の再編、価格の統制、生産配給機構の再編等のための経済体制確立要綱が決定された。金融部門については翌16年7月に財政金融基本要綱がまとめられた。

全国金融協議会は昭和15年9月に発足したが、これは結城豊太郎日銀総裁が早々と進めたもので、日銀を中心とする自治的協議会だった。これに対し国家総動員法に基づく統制団体にすべきとのプレッシャーが強く、昭和16年4月金融統制団体令が公布施行され、5月には全国金融統制会が設立された。その後4～5月に勧農金融、普通銀行、地方銀行、貯蓄銀行、信託、生命保険、無尽、証券引受会社、市街地信用組合、組合金融の各統制会と短資業統制組合が順次設立された。遅れて昭和17年10月に損害保険、昭和19年6月に証券取引員統制会が設置された。全国金融統制会の正副会長には日銀総裁、副総裁が就き、それぞれの統制会は全国金融統制会の指導を受け、資金の吸収、運用の統制を行っていくことになった。

基本要綱に沿う具体化の中に日本銀行法改正があった。昭和16年11月、賀屋興宣蔵相（昭和16年東条内閣で2度目の蔵相）が次期通常国会に日銀法改正案を提出したいと発言し、急拠取りまとめられ、昭和17年1月に法案が提出され、全会一致で可決成立し、2月24日に施行された。明治期の日銀条例では昭和17年10月に営業期間が終了することとされており、その直前のタイミングだった。改正された日銀法の第二条では「日本銀行ハ専ラ國家目的ノ達成ヲ使命トシテ運営サレルベシ」とされた。

■■金融戦時対応の強化

昭和16年（1941）10月には近衛が退陣し、東条を首相とする東条内閣が成立した。同年12月8日、アメリカ・ハワイに対する真珠湾攻撃により太平洋戦争が始まった（同時に、マレー作戦により対イギリスの戦端が開かれた）。

戦争が進むにつれ、金融面の対応がますます求められていった。戦争遂行のための生産力拡充の資金需要は増えるばかりで、かつ規模が大きくなり、

従来のように単独行で対応することが難しくなっていった。基本要綱でもう
たわれていた全国金融統制会の共同融資は昭和17年8月頃から増加した。民
間企業の自由な活動が狭められてきた中で、新しい融資先を確保するために
は共同融資に参加する、さらに一定のシェアを確保することが市中金融機関
にとってきわめて重要となった。大銀行の間の激しい争いにとどまらず、融
資先の少なくなった地方銀行にとっても死活問題となった（これが戦後のシ
ンジケート・ローンにつながる）。

　昭和17年の半ばになると、早くも戦局は行き詰まり（6月ミッドウエー海
戦で機動部隊潰滅、8月米軍ガダルカナル島に反攻）を見せ、昭和17年5月の
企業整備令、昭和18年6月の戦力増強企業整備要綱により、まだ戦力化され
ていない設備、資材、労務を重要産業、企業に転活用することとなった。膨
大な資金が必要とされたが、同時にその支払資金が浮動購買力となるのを防
ぐため、金融機関に特殊預金として預入れ、すぐには引出されないような措
置も講ぜられた。

　昭和18年頃から生産力拡充には超重点主義をとるようになっていたが、同
年末頃からは航空第一主義とでもいうべき状況になった。政府は昭和18年10
月、軍需会社法を制定し、11月には企画院と商工省の一部が合併して軍需省
が設置され（航空兵器総局が設置されたのはこの時）、順次軍事会社を指定し
ていった。昭和19年1月に150社、4月には424社、12月には119社が指定さ
れ、昭和20年3月頃には総数で678社に上ったという。

　第一次指定と同時に「軍事会社ニ対スル資金融資ニ関スル要綱」を決定
し、軍事会社に対する資金の融通は大蔵省の指定する金融機関が担当するこ
とになった。いわゆる1軍事会社1銀行とする「軍事融資指定金融制度」が
始まった。興銀や大銀行が指定されることが多かったので、これらの銀行の
優越的地位が明らかとなった（これが戦後、企業とメインバンクの関係に発展
していった）。

■■貯蓄目標を設定、銀行は整理統合へ

　人々の食生活は大正末期から昭和初期にかけて洋風化、近代化が進み、肉・卵・牛乳・バター・果物の消費が増え、カレーライス・オムレツ・コロッケ・コーヒーが食卓にのぼるようになっていった。しかし、昭和13、14年頃になると、国民には質素倹約が励行されて、一汁一菜の食事や日の丸弁当が奨励され、料亭や娯楽場の休業が実施された。国民には消費を抑えて、貯蓄させる、国債を買わせ、資源を軍需産業に集中させ、戦争を遂行することとなったのである。

　昭和13年から貯蓄目標額が閣議にあげられることになった（同年大蔵省に貯蓄奨励局が設けられた）。昭和13年度の目標額80億円は年を追うごとに100億円、124億円、166億円、230億円、300億円と引き上げられ、昭和19年度には410億円となった。戦況が困難になるにつれ、公債の発行額も増え、軍需会社の資金需要が急増したからである。また郵貯への貯金運動も強力に行わ

【銀行数の推移（昭和10年末～昭和20年末）】

	普通銀行	貯蓄銀行	合計
昭和10年	466	79	545
11	424	74	498
12	376	72	448
13	345	71	416
14	317	71	388
15	286	71	357
16	186	69	255
17	148	69	217
18	101	40	141
19	85	24	109
20	61	4	65

（出所）「日本銀行百年史」などをもとに筆者作成

れ、半年複利で、通帳を使わない便利な定額貯金も16年10月から始められた。

　このような状況から金融機関の合同、整理統合がすすめられた。もちろん銀行員も召集されて戦地に駆り出されていった。すでに一県一行政策が進められていたが、奈良・鳥取・徳島・沖縄に次いで、昭和16年末までに北海道・岩手・栃木・群馬・神奈川・山梨・島根・岡山・香川・愛媛・宮崎で1県1行になった（鳥取に本店を置く銀行はなくなった）。太平洋戦争勃発後に金融機関整備令（昭和17年5月）が出されると、これが無言の圧力となり、いっそう銀行合同はすすめられた。

　都市の大銀行の合併統合も進んだ。すでに設立された三和銀行に次ぎ、16年6月には愛知を営業基盤とする愛知銀行、名古屋銀行、伊藤銀行が合同し、東海銀行が設立された。さらに昭和18年3月から昭和19年8月の間に、三井銀行と第一銀行が統合（帝国銀行、その後十五銀行も統合）し、三菱銀行が第百銀行を、安田銀行が日本昼夜銀行、昭和銀行を吸収合併した。

　貯蓄銀行については昭和20年5月には東京、大阪、名古屋など9貯蓄銀行が合同して日本貯蓄銀行が設立された。一方、日本勧業銀行は大正10年以降、順次、府県の農工銀行を吸収してきたが、残る福島、茨城、神奈川、愛知、岡山の5行も昭和19年までに吸収した。

　証券業ではさらにドラスティックな整理が進んだ。証券会社は総動員法に合わせ昭和13年4月から有価証券引受法と有価証券取締法の下に置かれた。前者は引受業務も行う大手の証券業者を、後者は証券の売買のみを行う業者を取り締まるためであった。大手の証券引受業者の8社は統制会を作って証券報国に進むことになった。

　東株、大株、名株など全国に11カ所設けられていた取引所は、昭和18年7月日本証券取引所法により特殊法人の日本証券取引所に結集した。

　日本証券取引所発足後の昭和18年後半からは大手の証券会社の統合が進んだ。山一証券と小池証券、日興証券と川島屋証券、藤本証券と日本信託銀行（新会社は、大和証券）の合併が成立し、証券引受会社は8社から5社となっ

た（山一、日興、大和、野村、日本勧業）。大蔵省は昭和18年10月に取引所取引員に対し「取引員整備要綱」、12月に取引所の取引員以外の証券業者に対し「有価証券業整備要綱」を発表して、例えば昭和19年3月までに東京市場取引員115人を約半数に、東京都内の非取引員の証券業者157人を約8割減じるよう指示した。最終的には、前者は66人に、後者は29人にまで整理された（全国で後者は1964人を約400人に減じた）。戦時下とはいえ、取引員以外の証券業者の整理統合はたいへんだったという（太平洋戦争勃発後、証券業者の監督は保険業の監督とともに商工省から大蔵省に移管された。一方で強く要請された樟脳、工業用アルコールなどの専売の事業は大蔵省から商工省（軍需省）に移管された）。

■■ 保険業も時代に翻弄

　銀行、証券以上に保険業のたどった道は波乱に満ちた、苦しいものだった。昭和12年7月に第一次近衛内閣が成立すると、国民体力の向上、福祉の増進を図るため、保険社会省の新設が唱えられ、その下の保険院で、社会保険、簡易保険、民間保険を一元的に取り扱う案が浮上した。しかし反対が強く、支那事変も勃発した中で、この案は見送られた。そののち、厚生省が設立されることになったが、簡易保険と民間保険は除かれた。

　昭和12年末には保険業法改正調査会が設けられ、翌昭和13年2月には成案を得て、議会の協賛を経て、同年3月末には改正保険業法が施行された。改正法は保険会社の救済、整理、合併を行いやすくし、また監督の強化、経営の合理化・統制を図ることを目的としていた。銀行の資産が昭和元年から10年余で3倍に増えたのに対し保険会社の資産は5倍に増えていたので、監督の強化などは時宜にかなったものであったが、統制も強化された。

　事態が厳しくなってくると、商工省は保険に関する官民協議会を設けた。海上、火災、生命保険について研究を進めていたが、昭和14年に欧州で戦線が開かれると海上保険が焦眉の問題となった。第一次世界大戦時の混乱状況を彷彿とさせたからである。昭和15年3月には損害保険国営再保険法による

国の再保険が行われることになった（この事業は昭和20年になって損害保険中央会の事務となった）。次いで陸上の物件の被害、空襲による火災などについて昭和16年12月成立の戦争保険臨時措置法（昭和19年4月からは戦時特殊損害保険法）によって国営保険が行われることになった（この保険は空襲保険と呼ばれていた）。

　一方、生命保険は民間の保険であるので、戦死は免責、あるいは事前に特別保険料を払い込む場合に保険金を支払うという仕組みであったが、支那事変後軍部の圧力が高まり、特別保険料は時期尚早とされ、徴収できなくなった。その後戦乱が、中国全土に及び、太平洋戦争が始まっても、特別徴収は行えず、無条件で死亡保険金を支払うことになってしまった。加えて、政府は戦時死亡傷害保険法を制定して、国営保険を行うことになった。これは保険のスキームが社会に広まり、軍部も有効な仕組みと分かったうえでの国営戦争保険であったということができる。

　損保、生保は他の業種と同じく、それぞれ統制会を結成し、資金の運用では国債の保有や重要産業への資金融通が決められていった。損保の引受手数料は価格統制令により昭和14年水準で固定された。保険会社の合併、統合なども強力に進められ、損保は昭和17年には39社であったものが、終戦時には16社にまで減じていた。生保では国民の浮動購買力の吸収、診察医人員の不足などのため無審査保険を始めることとなった（これは報国保険と呼ばれた）。生保の会社数も減少して、終戦時に営業していた会社は20社となっていた。

■■戦時下でも行われた株式取引

　国や各種統制会による統制の中でも物価は上がり続けていた。昭和13年には「物品販売価格取締規則」が出され、多くの商品に公定価格（いわゆる㊙）が決められた。初めは繊維、皮革、材木、ゴムなど、次いで氷、木炭、練炭、神、鶏卵、傘、マッチが決められ、昭和14年になると醤油、味噌、砂糖、コーヒー、清酒、麦酒など値上がりの大きい商品の㊙が決められた。

　場当たりでなく、体系的に㊙を決めていたとしても、結局消費物資が生産

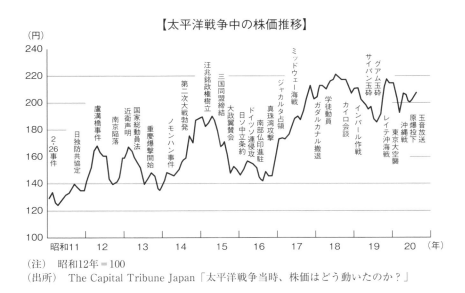

【太平洋戦争中の株価推移】

（注）　昭和12年＝100
（出所）　The Capital Tribune Japan「太平洋戦争当時、株価はどう動いたのか？」

されないから、物価はどうしても上がることになる。政府の発表する物価指
数でみても昭和12年を100とすると、昭和15年149、昭和16～17年152である
が、闇物価を斟酌した指数だと、11年を100とすると、昭和12年109、昭和15
年175、昭和19年390という試算もある。

　戦時経済であっても株価は上がり、新規の株式募集や増資ができなくなる
ことを避けるものと広く考えられていた。しかし、昭和12年支那事変が始ま
ると、「戦争は買い」にもかかわらず暴落し、その後昭和12年秋から昭和13
年春までに戻していたが、昭和13年夏の統制強化とともに暴落した。昭和14
年秋の欧州大戦勃発で上昇したものの、昭和15年5月からまた反落した。そ
の後もアメリカの対日禁輸（昭和15年7月）や会社経理統制令（同10月）など
もあって下落を続けた。政府は金融緩和や融資促進を行い、空売りを制限
し、昭和15年9月には日本共同証券株式会社を設立して、興銀の資金を利用
した株価安定工作を行っていた。

その後独ソ開戦、輸出規制強化、財政金融基本要綱の発表、在米資産の凍結などが続き、株価は下落の一途をたどった。すると政府は昭和16年8月総動員令19条に基づく株価統制令と同法11条に基づく株式会社評価令を制定した。このうち前者は株価が著しく低下して国民経済全般の円滑な運営を阻害する恐れのある場合に商工大臣が銘柄を指定して最低価格を決めるというもので、株価の統制をもくろむものだった。後者は前者を可能とするためのものだった。株価統制令は実際は伝家の宝刀ということで発令されなかったが、値を下げてはいけないという株価形成心理を醸成したと考えられる。

　総動員下でも株式取引が続けられていたが、株式取引所は本土決戦の迫る8月10日に閉鎖された。

　終戦時の（生産的）国富を昭和10年国富と比較した被害率は全体で25.4％で、種類ごとにみると、建築物24.6％、工業用機械器具34.3％、鉄道輸送7.0％、諸車21.9％、船舶80.6％などであった（経済安定本部 昭和23年調べ）。

　こうして日本は終戦を迎えた。

第10章

戦後復興

昭和二十一年度一般會計歳入歳出豫算の御審議を煩はすに當りまして、茲に其の豫算の性格の大要を申述べ、併せて（略）財政經濟政策の大體の方針を明かにして御協贊を仰ぎたいのであります（略）

　一般會計改定豫算の歳出は五百六十億八千八百餘萬圓、之に對する普通歳入は三百五億百餘萬圓、差引歳入不足二百五十五億八千七百餘萬圓に上るのであります（略）、のみならず今後更に必要とする追加豫算を加へますと、恐らく其の不足は三百億圓に達するであらうと考へられます、是は今後實行致すべき財産税等の收入を以て支辨する計畫であります（略）

　財産税收入を財源として歳出を賄ひますことは、其の全部ではありませぬけれども、恐らく其の少からざる部分は赤字公債を發行し、之を日本銀行に引受けさせて國家が消費するのと、經濟的には等しい結果を生ずるのであります、率直に申しますと、我々は本年度の豫算に斯くの如き危險が伴ふことを強く注意致しまして、隨て之に對して善處致したいと考へて居る次第であります、併し以上は一應の解釋でございまして、國家財政の目的、殊に今日の我が國の如き場合の財政は、何よりも先づ第一に國民に業を與へ、産業を復興し、所謂「フルフルエンプロイメント」を目指して國民經濟を推進することにあると考へます（略）

　先づ以て終戰後の現實に即應し、且つ平和日本建設の方途に合致しましたる整理を經濟界に施し、經濟再建の基盤を確實にし、經濟界の進路を明朗にし、所謂虚脱狀態から脱却することが必要であると考へます、我々は此の觀點から、終戰後の懸案であります所の補償問題等を速かに且つ合理的に處理し、又金融緊急措置令等に依つて一時已むを得ず採用致しましたる封鎖預金等の制度を、出來る限り早い機會に撤廢致したいのであります（略）

　併し何せよ八年に亘る戰爭に依りまして國力を極度に消耗し、加ふるに敗戰に依り秩序ある平和産業への轉換を一時不可能に陷れました、是等が國民經濟に與へた損失は莫大であります、經濟界の整理とは、言葉を換へて申せば此の損失を率直に承認し、之を國民經濟の資産表から切捨てることであります（略）、故に政府は此の際忍び難きを忍び、斷乎として以上の整理を敢行し、以

て經濟再建の時期を促進致したいと考へて居ります、併し經濟界の整理はどん
な方法を以て致しましても、必然「デフレーション」的傾向を伴ひます（略）、
我々は茲に我が國の今日の所謂「インフレ」乃至物價騰貴は、好むと好まざる
とに拘らず「デフレ」に轉ずる時期に近付きつつあると考へるのであります（略）

此の積極政策の一つは、樞軸産業に對する特殊の促進策でございます（略）、
今日石炭の強力なる增産を行ふことは、凡ゆる産業の復興を促す第一の緊要事
である（略）、思切つた價格調整補給金を支出することに致します（略）

第二は（略）復興金融機關を設け（略）又舊來の凡ゆる金融機關の總動員的
活躍を期待するものであります（略）、滯留せる通貨が自ら銀行に集まり、郵便
貯金に化すやうに致すことが必要であります（略）

第三は産業の合理化であります（略）

第四は失業者受入體制の強力なる推進であります（略）

第五は經濟の民主化であります（略）、惟ふに今後の我が國の社會は、好む
と好まざるとに拘らず、地方に於ては小規模にして且つ殆ど相互の間に差等の
ない自作農、都會に於ては中小商工業者及び勤勞者、又會社、事業に於ては
多數の小株主、殆ど斯樣な人々が我が社會を構成することであらうと思ひます
（略）

最後に一言を附加へまして終りたいと思ひます（略）我が國の此の小さな領
土は、更に此の戰爭に依り著しく狹められました、此の變化せる條件の下に、
日本國民が平和的民主的國民としての教養を高め、世界の文化に貢献し得るに
足るだけの生活水準を保ちます爲には、是非とも國際經濟への一層自由なる參
加が許されることが必要であります（略）人間は現在よりも將來の希望に生きる
ものであり、輝かしき平和日本の民主主義經濟の建設が斯くて成功すると云ふ
日を想望致しますならば、又我々の勇氣は勃然と起ると考へます

「昭和21年度財政演説」石橋湛山　昭和21年7月

昭和20年8月14日、日本はポツダム宣言を国体の護持を条件として受諾することを連合国側に通告し、翌15日終戦の詔の玉音放送が行われ、日本軍の組織的戦闘が終わった。政府は8月15日には預貯金についてモラトリウムのような措置は取らない、17日に発足した東久邇内閣（津島寿一蔵相）も同様の方針であるとしたので国民の間で大きな動揺はおきなかった。それでも終戦のショックで人々の預貯金の引出は増え、大都市では8月17日に峠を越し、地方では20日頃までに常態に復したという（その後さらに預金引出は進み、後に述べる預金封鎖までの約半年の間に約65億円、5％強が流失したという。昭和20年10月の預金額は約1200億円）。

■■ 間接統治始まる

　8月24日、ダグラス・マッカーサーが日本に到着、9月2日には東京湾上の米戦艦ミズーリ号上で、外相重光葵、陸軍参謀総長梅津美治郎が日本の代表として降伏文書に調印した。重光は連合国側が同日付けで、英語を公用語とすること、米軍の軍票を通貨とすること、裁判権は米側が持つ旨の指令を発出することを知り、翌朝、横浜税関に急行して、マッカーサーに談判し、ポツダム宣言に盛られていない措置を行うことはアメリカの利益にならないと説得し、指令を撤回させたという。

　実は当時の大蔵省は連合軍に8月31日に軍票の使用を中止するよう要請し、9月4日には連合軍の必要経費の支払いにはわが国の通貨を使用すること、使用済み軍票を日本側が回収することは差し支えないことなど取り決め、また同日蔵相は日本銀行に対して立替払いするよう命じたので、アメリカが用意したB円軍票が国内に大規模に流通することは避けられた。これは通貨発行権を日本政府が持ち続ける（間接統治とする）ため外務省、大蔵省（外資局）、日本銀行（国庫局）が首尾よく対応した成果であった。日銀は昭和20年度末まで立替え払いを続け、翌昭和21年度から連合（進駐）軍の必要経費（終戦処理費）は国の予算に計上され、支出されることになった。

　「降伏後における米国の初期の対日方針」（昭和20年9月）には、「最高司令

官は・・・天皇を含む日本政府機構及諸機関を通じて其権限を行使すべし」との原則、つまり間接統治が掲げられ、日本は連合国軍の占領統治の下に置かれた。連合国軍最高司令官総司令部（GHQ）が一連の戦後改革を連合国軍最高司令官の布告・命令・指示によって展開させた。

　まっさきに着手したのが憲法改正だった。終戦後に成立した東久邇内閣は約2カ月で退陣、長らく政界を引退していた幣原喜重郎が内閣を組閣し（昭和20年10月）、吉田茂を外務大臣として日本政府と総司令部の折衝を進めていたが、終戦後も太平洋戦争中に選ばれた議員に新憲法の議論を任せるより、旧憲法の下であっても早期に総選挙を行うほうがよいということになった。昭和21年4月の総選挙では日本自由党が第一党となったが、党首の鳩山一郎が公職追放となり、ようやく吉田茂が5月に入って組閣に漕ぎつけた。

　昭和21年11月3日に日本国憲法が公布され、昭和22年5月3日に施行された。なお、マッカーサー三原則（戦争の放棄、象徴天皇制、封建制の廃止）は昭和21年2月に示され、これにより新憲法の骨格が決まった。

■■「我々は真珠湾を忘れない」

　連合国側は日本について、ドイツと同様に脱工業化を図り、重化学工業を解体する考えで、初期の極東委員会（日本の占領、管理のための11カ国からなる委員会）は賠償金を支払う能力以上の経済復興を認めなかった。マッカーサーも昭和20年9月の記者会見で「日本はこの大戦の結果によって、四等国に転落した。再び世界の強国に復活することは不可能である」と述べ、連合国に従属的な経済に解体すべく、極度な日本弱体化政策をとった。各地の工場や研究施設を破壊し、工業機械を没収あるいはスクラップ化し、生産と研究開発を停止させ、農業や漁業や衣類を主力産業とする政策がとられた。

　昭和20年秋に来日した連合国賠償委員会のエドウィン・ポーレーは、日本の工業力移転による（講和条約前の）中間賠償を求め、賠償対象に指定したすべての施設を新品同様の状態に修繕し、移転まで保管する義務を日本の企業に命じた。ポーレーは「我々は日本の真珠湾攻撃を決して忘れない」と報

復的文言を書き、「日本に許容する工業力は日本による被侵略国の生活水準以下を維持するに足るものとする。右水準以上の施設は撤去して連合国側に移す」としたのであった。軍需産業と指定されたすべてと平和産業の約30％が賠償施設に指定され、戦災をかろうじて免れた工業設備を中間賠償としてアジアへ次々と強制移転させた。昭和25年5月までに1億6515万8839円（昭和14年価格）に相当する43,919台の工場機械などが梱包撤去された。受け取り国の内訳は中国54.1％、オランダ（インドネシア）11.5％、フィリピン19％、イギリス（ビルマ、マライ）15.4％であった。

しかしポーレーの最終案（21年11月　鉄鋼、工作機械の4分の3の撤去、保有船舶の限度150万トン、電力生産設備の5割撤去）は極東委員会で意見の一致を見ず、アメリカ国内からさえ非現実的と批判を浴びた。

そのため昭和22年1月、米陸軍省派遣のクリフォード・ストライク率いる調査団が来日した。調査団は、日本の非武装化を目的とした中間賠償はすでに役割を終えているとし、日本がすでに500億ドル以上の在外資産を放棄していることや日本の自立による東アジアの安定への寄与効果などを重視し、「1935年の国民生活水準を考慮し自給自足に足る経済を残す」として、工業再建の許容水準を引き上げるとともに、賠償計画の見直しを勧告する報告書を総司令部に提出した。それでもドイツよりさらに低い水準、大恐慌時代の日本のレベルを上限とし、残りを賠償とする弱体化政策に変更はなかった（例えば日本の製油所は解体分割して、製品輸入に依存させることが示された）。

その後昭和23年4月のパーシー・ジョンストン報告、同年5月のフランク・マッコイ声明によりこれ以上の賠償撤去は占領目的を阻害するとして中止となった。梱包されて贈られた機械類が受け入れ国の港湾で錆びつき、朽ちていく事情も議論されたという。

■■財閥解体、農地改革

もちろん経済を民主化する、財閥を解体することは当初から連合国側の方針であり、「日本の商業及び生産上の大部分を支配する産業上及び金融上の

大コンビネーションの解体を促進」するとしていた。連合国側は、財閥を
「日本軍国主義を制度的に支援した」との認識があり、これを解体すること
で軍国主義を根本的に壊滅できると考えていた。

　当初日本政府は財閥解体には消極的だったが、三井財閥内で三井本社の解
体論が台頭してきたことや安田財閥の持株会社である安田保善社の解散、安
田一族の保善社及び傘下企業役員からの辞任、一族保有株式の公開の方針を
決定したので、解体やむなしの方向に傾いたという。

　このような情勢下、総司令部経済科学局長レイモンド・クレーマーは昭和
20年10月に声明を発し、財閥解体にあたっては日本側の自発的な行動に期待
し、総司令部はそれを支援するに留める、日本側に積極的な動きがみられな
い場合は自ら実施に乗り出すとの姿勢を示した。これを受け政府は三菱、住
友を加えた4大財閥等と財閥解体に向けての協議を進め、11月財閥解体計画
案を総司令部に提出した。

　昭和21年4月、総司令部は持株会社の有価証券の引継、整理にあたる持株
会社整理委員会の政府案を承認した。9月政府は三井本社、三菱本社、住友
本社、安田保善社、富士産業（旧中島飛行機）を持株会社に指定した。これ
にもとづいて同委員会は5社に解散を勧告し、財閥解体政策が実行に移され
た（第一次指定、以後昭和22年9月の第五次指定まで続く）。結局83社が持株会
社に、56家族が財閥家族に指定され、持株会社と財閥家族の保有株式の強制
譲渡が行われた。

　財閥の取引は広範囲に及んでいたため、解体のニュースが流れた場合、手
形不渡りや銀行取引停止など激しい経済的混乱を招く危険があると懸念され
ていた。そこで、大蔵省、日本銀行、商工省、貿易庁は連絡を取りつつ、既
存契約に基づく取引は（早急に終わらせることを条件に）継続を許可し、つな
ぎ資金の調達についても、三井、三菱の際には帝国銀行、三菱銀行、横浜正
金銀行の3行に融資を要請するなどして、恐慌防止にあたった。

　もう一つの民主化、農地改革についてみてみよう。昭和20年12月マッカー
サーは日本政府に「農地改革に関する覚書」を送り、数世紀にわたる封建的

圧制の下、日本農民を奴隷化してきた経済的桎梏を打破する」ことを指示した。これ以前に日本政府により国会に提案されていた第一次農地改革法は総司令部に拒否され、より踏み込んだ第二次農地改革法が昭和21年10月に成立した。この法律により農地（不在地主の小作地のすべて、在村地主の小作地のうち、北海道では4町歩、都府県では1町歩を超える全小作地など）は政府が強制的に安値で買い上げ、実際に耕作していた小作人に売り渡された。

　農地の買収・譲渡は昭和22年から昭和25年までに行われ、最終的に193万町歩の農地が、延べ237万人の地主から買収され、475万人の小作人に売り渡された。しかも、当時の急激なインフレと相まって農民（元小作人）が支払う土地代金、元地主に支払われる買上金はその価値が大幅に下落し、実質的にタダ同然で譲渡された。譲渡された小作地は、昭和20年11月現在の小作地（236万町歩）の8割に達し、農地に占める小作地の割合は、46％から10％に激減し、耕地の半分以上が小作地である農家の割合も約半数から1割程度にまで減少した。この結果、戦前日本の農村を特徴づけていた地主制度は完全に崩壊し、戦後日本の農村は自作農がほとんどとなった。農地改革は総司令部による戦後改革のうち最も成功した改革といわれる。

■■インフレで統制再強化

　政府は終戦直後の津島寿一蔵相（鈴木内閣）の頃は、インフレの進行に対してはそれほど危機感を抱いていなかった。津島蔵相は閣議で、主要食糧の供出促進などのほか、青果物及び魚介類の経済統制の撤廃などを決めた。しかし総司令部から富裕層に高値で買わせるより、大衆を守るべく統制の強化を望んでいる旨の指令が出て、生活必需品の統制撤廃は抑えられた。

　臨時軍事費の支払いと日本銀行の対民間貸出は終戦直後から一気に増大した。臨軍費支払は終戦後4カ月の間に266億円に上り、日銀貸出は8月15日現在の271億円から12月末の378億円へと107億円も増加した（大銀行と大企業の間で戦時中以来の関係が続いていた）。こうして昭和20年10月以降、インフレは一挙に顕在化し、他方では、貸出の増加と預金引出が並行して続く中

で、金融機関が機能しなくなることが危惧されるようになった。

　昭和20年10月、幣原内閣の蔵相に渋澤敬三日銀総裁が就任し、同年12月以降は物価安定、預金封鎖、新円切換、食糧確保・米の強制供出といった措置が矢継ぎ早にとられた。いったんは統制解除の方向に踏み出した戦後経済だったが、この時点で再統制、戦後統制の確立・強化へと反転した。

　渋澤蔵相が新円切替と預金封鎖実施の決断を下したのは、昭和21年の元旦のことであったという。早急に具体化され、2月16日には金融緊急措置と物価統制を二本柱とする「経済危機緊急対策」が発表された。前者は全国のすべての預貯金を封鎖し、旧銀行券を新銀行券に引き換え、封鎖預金からの新円での引出可能な月額は、世帯主で300円、世帯員は一人各100円（21年の国家公務員大卒初任給は540円）というものだった。この効果を日本銀行券発行高の推移でみると、預金封鎖の実施された2月18日の618億円から3月12日には152億円にまで収縮し、日銀貸出も444億円（2月20日）から267億円へと4割近く減少した。

　昭和21年3月3日には「物価統制令」（三・三物価体系）が公布された。全体としては戦前基準年（昭和9～11の平均）に対して、物価が10倍、賃金が5倍のバランスで算定された。

　しかし生産の回復が遅れ、物価統制にかかわらず、物価は上昇したので、預金封鎖から半年後の昭和21年9月頃には日銀券の発行水準は元に戻ってしまった。

■■戦時補償問題で混乱

　戦時補償はたいへんな問題だった。昭和21年5月に成立した第一次吉田内閣では石橋湛山が蔵相に就任した。石橋はインフレは生産の再開と拡大によって克服されるものであり、そのためにはある程度の赤字財政も通貨増発もやむをえない、生産の拡大が不可欠であるから戦時中に支払いを補償した企業に対して補償の支払いを継続するとの考えを強く主張した。しかし、総司令部は戦争はペイしないとの観点から補償には厳しい態度だった。昭和21

年5月末経済科学局長ウィリアム・マーカットより「戦時補償100％課税案」が提示され、7月には総司令部の最終提案によって石橋蔵相の主張は拒否され、8月に戦時補償は打ち切りと決まった。

　総司令部は戦時補償の打ち切りにより発生する銀行の損失について資本金などを充てるとしてもなお足らない時は預金を充てることになるものの、一万円以下の預金には損失を負担させないことを提案した。政府は一万円では影響が大きいので、一万五千円までの預金を補償することなどとして総司令部との間で戦時補償問題の決着を図った。

　具体的には、金融緊急措置により封鎖されている預金を第一封鎖預金と第二封鎖預金（3万2000円以上のものが第二とされた）に分け、銀行の勘定を新旧勘定に分け、旧勘定が補償打ち切りに伴い回収不能となった債権を積立金、含み益、資本金で補填し、なお足りない場合は、第二封鎖預金などで整理することとなった。そのため21年8月に金融機関経理応急措置法と会社経理応急措置法が公布・施行され、金融機関と指定を受けた企業が新旧勘定の分離を命じられた（新勘定は再出発をするためのものであった）。

　昭和21年10月に公布・施行された戦時補償特別措置法により補償と同時に課税がされることとなり、なお損失が残るときは政府が補償することとなった。最終処理の結果、全金融機関の確定損は440億円に上り、旧勘定の確定益79億円、積立金取り崩し15億円、資本金切り捨て20億円、預金等切り捨て208億円となり、政府補償額は122億円となった（昭和23年5月に確定）。昭和21年8月末の第二封鎖預金額は287億円（預金総額の20％）で、そのうち208億円が大口預金者に戻らなかったことになる。指定企業の損失処理は企業再建整備法により行われた。

　賠償の範囲、財閥解体の規模、戦時補償（の打ち切り）の方針が定まらないうちは、生産の再開、拡大は進まず、インフレは進行することとなり、また財産税について検討が始まるとそれがアメリカ人記者たちに漏れ、昭和20年10月末に共同通信ニューヨーク電で報道されると、カネをモノに変える換物運動が引き起こされ、インフレはさらに進行した。

【全国銀行勘定の状況（昭和21年3月）】

	全国銀行	6大銀行	地方銀行
預　　　金	1418	655	763
うち特殊預金	328	216	112
一般預金	1090	439	651
債券発行高	129	77	52
日銀借入金	216	170	46
日銀借入金	216	170	46
貸　　　出	1110	801	309
うち軍需融資等	835	712	123
一　般　貸　出	275	89	186
公　　　債	507	142	365

（出所）　日本銀行調査月報等

　財産税についてはいろいろな案が検討されたが、上掲文にある財産税は戦時利得の没収を目的とする税（臨時税）であって、戦時補償特別措置法と併せて制定された。預金封鎖・新円切替と同時に執行された臨時財産調査令により昭和21年3月3日時点の財産（金融資産）を強制的に申告させており、財産税はこの調査結果に基づいて課税額を決定した（例えば20〜21万円の預金には25％の税率、1500万円以上の預金には95％などと、超過累進課税であった）。

■■ 復興金融、貯蓄増強

　戦時補償打ち切りの総司令部案を受け入れる折衝の中で、復興金融は（日本側の特別会計案の代わりに）1932年設立の大恐慌克服のための合衆国復興金融公社（RFC：United States Reconstruction Finance Company）類似のものならばどうかとなり、歩み寄った。吉田内閣（石橋蔵相）は昭和21年9月復興金融金庫法案を国会に提出した。石橋はもとより産業復興に前向きであり、法案提出説明には「苟くも我が国経済の復興に寄与する企業の必要とする資金は、これを円滑迅速に供給し、以って民需の再興を促進するためには特殊

の金融機関を設立し一般の金融機関のなし得ない金融を分担せしめることが絶対に必要である」と述べている。設立に時日を要するため、また、補償打ち切りの影響を少しでも緩和するため、同年8月から翌年1月まで日本興業銀行に復興金融部を設けて、復興金融が始められた。

　昭和21年10月議会では通貨安定に関する決議もなされた。同年2月に預金封鎖が行われて以来、預金の安定性に対する国民の信頼が大きく損なわれ、自由預金が低調であり、必要な資金の調達確保が困難とみられたからであった。一万田日銀総裁から貯蓄増強の国民運動を提案され、衆議院内に通貨安定対策本部（衆議院議長が本部長）を設置、その指導の下に日本銀行内に事務局（貯蓄推進本部）が置かれ、全国的な救国貯蓄奨励運動が展開されることとなった（大蔵省国民貯蓄局は昭和21年2月に廃止されていた）。昭和22年度は目標額1700億円（うち銀行は1100億円）に対し、実績は1984億円（うち銀行1478億円）、23年度は目標3000億円（うち銀行2178億円）に対し、実績は4087億円（うち銀行2700億円）となり、その後も貯蓄増強は続けられた（昭和24年度の目標額は2500億円とされたが、同年春以来のドッジ政策によりインフレが落ち着き、通貨安定対策本部は昭和24年11月に解散した）。

　敗戦国日本の戦時経済から平和経済への転換はきわめて困難な道のりだったことがわかる。日本政府の要路にあった者にも連合軍総司令部内にも平和経済への転換をよく知る者がいたわけではなかっただろう。

　新憲法施行を前にして昭和22年4月総選挙が行われ、議席をもっていなかった石橋湛山は無事当選したが、公職追放となってしまった。戦時補償でねばりにねばり、終戦連絡費の連合軍住宅が贅沢といって切り込んだりしたことやアメリカでもまだ十分紹介されていないケインズ経済学などを持ち出しGHQ官僚に煙たがられていたことなどが原因だったのかもしれない。吉田も下野し、社会党の片山哲を首班とする連合政権が誕生した。

第11章

傾斜生産

大来左武郎　だんだん敗戦が近くなってきて、戦後経済の研究が必要じゃないかと、（略）大東亜省でひとつ研究会をやることにしようということになりました。（略）戦後経済の研究会という看板を掲げるわけにいかないんですね。憲兵隊につかまっちまいますからね。それで最初の名目は大陸との交通が遮断された場合の、日本経済の自活方策を研究する会という看板にしたわけです。（略）会合予定日が八月十六日という通知を出したから、実際に第一回に集まったときには敗戦の翌日でした。そこでひとつ大っぴらに戦後問題を議論しようじゃないかということになった。（略）昭和二十年の暮までに、第一回の報告書「日本経済再建の基本問題」（外務省調査局）（略）をつくった。

有沢広巳　当時〔引用注・昭和20年10月頃〕、商工省に人が大勢集まって、戦後のこれからの商工政策はいかにあるべきかという問題をずっと検討していたわけです。（略）商工省の官僚たちは、ずっと長いあいだ統制経済でやってきた。ところが民主化ということになると統制はもうできないと考えこんで、ちょっと混迷状態にあって、（略）この会合で議論の中心となったのは、どうしても生産再開を早くはじめなければならないということでした。（略）

敗戦で崩壊した日本の経済はいわゆるストック、軍放出物資とか、あるいはその他の会社企業の持っていたストックで、とにかく食いつなぎの生産をしているけれども、しかしストックだから限度がある。（略）このままでいくと翌年三月ごろからは、もう早い産業ではストックがなくなり、生産がガタおちになるということで、「三月危機」という言葉を使っていた（略）、この言葉がいつのまにか（略）あっちこっちで「三月危機説」として使われたのです。

大来　二一年の初めのころかな、（略）吉田さんの昼飯会が始まったわけですね。（略）その昼飯会が非常に活発で、吉田さんが楽しんで、その会談の中から傾斜生産の問題が出てきた。

有沢　吉田総理が戦時補償の打ち切りの見返りにアメリカは何か援助しろと

いうことをアメリカに申し入れたことがきっかけになっているわけです。（略）石油は日本の石炭増産を妨害するというか、意欲を減らすことになるから、石油はあるけれども、あげるわけにはいかないと、司令部がいったということを総理が僕らに報告したから、そんなことはないんだ、その石油をもって石炭を増産するんだといったわけです。

産業炭はどうしても七〇〇万〜八〇〇万トンは要る。そこで計算をしてもらったら全体で三〇〇〇万トン必要だと。（略）そしたら、司令部のほうも、それほどやるつもりなら石油を出しましょう（略）と。

有沢　インフレ収束の問題は、あのとき僕の考えは傾斜生産でやって、戦前の六〇％まで生産水準が回復したならば一挙安定をやる、これが僕の考え方。その前に一挙安定をやるのは日本経済を大混乱に陥れることになるからダメだ。（略）ドッジさんが来る直前に僕は進駐軍に行って、ファインという進駐軍の経済科学局の財政顧問に会った。彼がインフレを一挙安定でやるんだと言うので、それはまだ早いと言った。

大来　一年早くドッジが安定をやった。そのままなら相当デフレになるのが、朝鮮動乱で助かったというのが現実じゃないでしょうか。

有沢　僕は、インフレをとめるためには単一為替レートだ。為替でやらなきゃしようがないんだ。だから当時は、単一為替にいくだろうけど、それは早いと言っていたんだ。（略）だんだん複数為替でいこうという人もいたんだ。そんなことじゃダメなんですよ。やるならビシャッとやらなければ……。

『昭和経済史への証言（下）』安藤良雄　1966年　毎日新聞社
『有沢広巳　戦後経済を語る：昭和史への証言』大来佐武郎　平成元年　東京大学出版会

終戦直後の鉱工業生産の水準は、戦前（昭和10～12年平均）の10％程度にすぎなかった。戦時中の空爆によって多くの工場設備が破壊されていただけでなく、終戦によって産業界が虚脱と混乱、先行き見通し難に陥った結果であった。さらに食糧不足、労働不安・勤労意欲の低下がこれに拍車をかけた。

■■石炭増産に全力

　石炭の生産は昭和19年中には月4.4百万トン・ベースであったものが、昭和20年9月には0.9百万トンを割り、以降さらに落ち込んだ。石炭飢饉がなかなか解消しないことから、昭和20年12月総司令部の慫慂により商工省に石炭庁が設立され、日本側に積極的な石炭増産が要請された。石炭の増産が思うように進まなかった要因の一つは戦時の乱掘で、もう一つは戦時中の生産をかろうじて維持していた朝鮮、中国人が終戦後帰国したことたあげられる。

　石炭の生産量は昭和21年に入ってようやく月間1百万トンを越えた。その後、鉱工業の生産活動は徐々にではあったが回復の傾向を示した。しかし、昭和21年10月以降消費財生産は減少に転じ、それまでの生産回復が手持ち資材の食いつぶしによって行われてきたことが明らかとなった。その間、生産財生産も停滞していたため、日本経済は縮小再生産に陥ることが懸念されるようになり、昭和21年末から昭和22年初めにかけて「3月危機説」、「5月危機説」が叫ばれる状況となった。

【鉱工業生産指数の推移】

昭和21年平均	33.1
22	40.2
23	58.1
24	77.2
25年3月	84.1

（注）　昭和9－11年平均＝100
（出所）　日本銀行調査月報

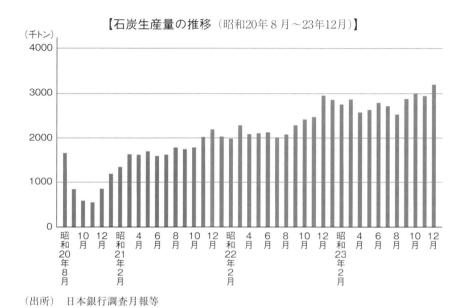

【石炭生産量の推移】（昭和20年8月～23年12月）

（千トン）

（出所） 日本銀行調査月報等

　こうした状況に対し政府は生産増強対策の重点を燃料・動力に絞ることとした。特に昭和21年12月には吉田首相の私的諮問機関であった石炭小委員会（委員長・有沢広巳東大教授）はいわゆる「傾斜生産」するとの報告を行った。これはあらゆる政策努力をまず石炭の増産に向け、生産された石炭を鉄鋼増産に投入し、さらに増産された鉄鋼資材を石炭増産用にふり向け、そうした石炭と鉄鋼の傾斜的増産の効果を段階的に諸産業に及ぼしていこうというものであった。

　ところが、有沢たちの考えに基づく重油と鋼材の輸入に対し、総司令部は重油は昭和22年後半から輸入、鋼材は世界各地で需要が強く日本に回せないとの返答してきたため、急拠石炭の鉄鋼への配分の増加から始められたという。それでも傾斜生産のおかげで石炭生産は戦時ピークの5647万トンに対し、昭和21年2038万トン、昭和22年2723万トン、昭和23年には3373万トンま

で回復した（復興に向け石炭と鉄鋼が中心課題だったのは、日本だけでなくヨーロッパでも同じで、フランス、西ドイツ、ベネルックスによって石炭鉄鋼共同体が1951年に設立された）。

　総司令部は日本の非軍事化、民主化にあたり、経済の問題は日本側の責任という態度をとっていたが、生産の再開の遅れやインフレ阻止を支援するため、経済復興に介入、主導権を握ろうとするように変わっていった。

　昭和22年5月片山哲内閣が発足したが、これは社会党が重要産業の国有化を掲げて総選挙を戦い、比較第一党となったことによる。当初は片山がほとんどの閣僚ポストに臨時代理となる一人内閣だった。ようやく6月になり社会党、民主党、国民協同党の連立政権となった。昭和21年9月の対日理事会で炭鉱の所有権並びに補助金支出が議論されて以降、炭鉱業の経営形態の議論が盛んに行われていた。連立の2党はやや尻込みしていたが、昭和22年12月になって臨時石炭鉱業管理法が成立、翌年4月施行されることになった。同法は炭鉱企業の経営権には触れずに、一時的に石炭産業を政府の管理下に置くものだった。多くの炭鉱が管理指定されたが、昭和23年末頃から石炭供給が過剰気味となり、昭和24年9月に配炭公団が廃止され、昭和25年には石炭の国家統制も撤廃された。

■■戦後統制が始まる

　戦後経済統制について整理してみよう。まず戦時中の物資統制令は昭和20年12月国家総動員法及び戦時緊急措置法廃止法により廃止されることが決まったが、無統制による社会混乱を防止するため、その施行は昭和21年9月まで半年延期された。輸出入品に関する臨時措置に関する法律も同様に昭和21年7月まで施行延期されていた。

　三・三物価体系（昭和21年3月）が実行される中、戦後統制の中心機関として経済安定本部が総司令部の方針に基づいて昭和21年5月に設立許可され、同月成立した吉田内閣（第一次）により同年8月までに経済安定本部（及び物価庁）が設立された（アメリカの経済安定局、物価局を模したもので、

これらはアメリカの戦時統制のための機関だった、戦後廃止された）。

　経済安定本部の創設が決定したため、総司令部は昭和21年6月に「統制会の解散並びに特定産業内における政府割当機関及び所要統制機関の設置認可に関する件」を発令、順次統制会は解散していった（金融統制会は昭和20年9月に解散していた）。

　昭和21年10月には臨時物資需給調整法が成立し、それまでの統制は同法に基づく新統制令に順次置き換えられた。総司令部の方針で戦後統制は政府自らあるいは政府機関による統制のみが許されることとなった。例えば、石炭については、戦時中の日本石炭株式会社は昭和22年6月に解散し、同時に配炭公団が発足するという具合だった。

　統制は戦後、いったんは撤廃の方向だったが、復活したことが以上によりわかるだろう。

　三・三物価体系はインフレ進行で実情に合わなくなり、片山内閣の下で昭和22年7月には基礎物価は戦前の65倍、賃金は月1800円を目安とする新物価体系に移行した。基礎物資（石炭、コークス、普通鋼、電気銅、鉛、硫安などの物資）の供給者価額が65倍を上回るときは、その差額を価格差補給金としてもらって、65倍に抑えるというような統制が行われた。

　昭和23年3月に成立した芦田内閣では、さらにインフレが進行したため、同年6月には基礎物資を戦前の110倍、賃金を3700円に改めるなどとした新々物価体系に移行した。公定価格は闇物価に比べて低く維持されていたが、引き上げにより格差は縮まり、昭和22年秋をピークに闇物価の上昇率が低下していったという。

　経済安定本部は、昭和22年2月には「産業資金の供給調整に関する措置要綱」を決定した。これは産業資金供給を一定限度に収め、インフレの進行を抑えるとともに限られた資金をできるだけ石炭・鉄鋼・肥料など経済復興のための重要産業に振り向け、不要不急産業への融資を極力抑制しようとする狙いであった。

　措置要綱に沿って、大蔵省は同年3月に「金融緊急措置令」第6条（大蔵

大臣ハ指定スル者ニ対シ資金ノ融通ヲ制限シマタハ禁止スルコトヲ得）に基づく「金融機関資金融通準則」と「産業資金貸出優先順位表」を定め、実務は日本銀行が担当した。業種は甲の一、甲の二、乙、丙の4順位に分けられ、最も優先度の高い甲の一に石炭、鉄鋼、肥料などの超重点産業、甲の二に金属工業、石油、綿糸、生糸、毛織物などの重点産業、丙に家具製造業、電気器具製造業など、乙にはその他一般業種が入った。昭和22年4〜12月の銀行貸出増加額の7割は甲ランクだったという。

また日本銀行は市中銀行に対する「斡旋融資」を行うことになり、昭和22年1月以降市中銀行数行による協調融資の成立を側面から援助することになった。件数、金額でみて鉄鋼業、機械器具製造業などのウエートが高かった。このようにして傾斜生産に対応した傾斜金融というべき融資の集中化が図られた（なお、融資準則は昭和24年8月には緩和され、実効性が低くなったともいわれている。また戦時の資金統制の臨時資金調整法は昭和21年11月に緩められたのち昭和23年4月に廃止された）。

■■ 金融機関の再出発

金融機関は昭和20年末時点で普通銀行が61行（八大銀行（帝国、三菱、住友、安田、三和、野村、東海、神戸）と地方銀行53行）だった。八大銀行の一行当たり80億円の預金量に対し地方銀行は7億円で、規模の差は歴然としていた。また八大銀行は貸出のウエートが高く、日銀借入に依存していた。前述の戦時補償打ち切りに伴う銀行の確定損は154億円で、大部分の銀行は資本金の9割切り捨てを行ったが、八大銀行のうち帝国、住友の2行、地方銀行のうち羽後、山陰合同、羽前、長崎の4行は全額切り捨てを行った。資本金切り捨てに伴い銀行増資の必要が生じたのは当然である。増資環境はたいへん厳しかったが、結果的には順調に行われ、昭和24年3月までにほとんどの銀行がリスク・アセット比率5％を達成した。また増資後の株主構成は、八大銀行は財閥解体等により、地方銀行はいわゆる地方の名望家や資産家の没落により大きく変わった。また帝国、三菱、住友、安田の各行は財閥名の

使用が禁止されたため、昭和23年10月三菱は千代田に、住友は大阪に、安田は富士に行名変更した。同月帝国銀行は三井系の帝国銀行と第一系の第一銀行に分割された。なお、昭和23年7月の決定により日本では銀行業に過度経済力集中排除法が適用されずにすんだ（ドイツと異なり、銀行は分割されなかった）。

戦後のインフレ高進の下で貯蓄銀行は厳しい状況となり、また保有していた興業銀行債が金融機関再建措置の中で旧勘定に分類されたこともあり、日本貯蓄、鳥取貯蓄、青森貯蓄の3行は資本金の全額切り捨て、政府による補償を受け、普通銀行の道を選ばざるをえなくなった。昭和23年7月日本貯蓄は協和銀行と名称を改め、普通銀行に転換した。鳥取貯蓄は因伯銀行、青森貯蓄は青和銀行へ普銀転換し、青湾貯蓄は青森商業銀行に吸収合併された。明治以来70年の歴史を持っていた専業の貯蓄銀行は戦後終焉した（欧米では庶民の貯蓄を扱う貯蓄銀行業務が今日でも貯蓄銀行によって担われている一方、日本では普通銀行が大衆の零細貯金を吸収する機能を果たしたことも注目される）。

専業信託は三井・住友・三菱・第一・川崎・日本投資の7社であったが、金銭信託を主業務としていたので、戦後インフレで厳しい状況となり、さらに昭和23年4月の証券取引法により証券の引受業務や売買代理業務を制限されることとなり、同年6月総司令部から信託会社の銀行業務兼営を提案され、6信託会社は7～8月に信託銀行として新たに発足した（三井は東京、住友は富士、三菱は朝日、川崎は日本、安田は中央へと名称変更した）。日本投資も東京信託銀行に吸収合併され、信託専業会社は終焉した。

一方、昭和20年9月の総司令部指令により、朝鮮銀行、台湾銀行、朝鮮殖産銀行等は閉鎖機関として処理されることとなり、次いで横浜正金銀行はまず昭和20年10月頃普通銀行への改組が勧奨され、昭和22年1月国内資産負債を新銀行（東京銀行）に譲渡する形で発足した。

その他の特殊銀行は昭和23年6月になりようやく廃止方針が決まり、昭和25年3月制定の日本勧業銀行等を廃止する法律により廃止された。具体的に

は日本勧業銀行、北海道拓殖銀行は普通銀行に転換した。日本興業銀行は金融機関再建整備措置による確定損が大きく、処理を急ぐ必要があったため、引き続き長期金融にかかわっていく方針を固め、大蔵省・日銀も後押ししたが、総司令部では債券発行の長期金融について理解がなく、折衝は難航、昭和23年11月にようやく長期金融機関として債券発行により資金を調達することが認められた。

■■中小金融機関の台頭

　営業無尽を行っていた無尽会社は昭和20年末には56社となっていた。戦時中の貯蓄奨励運動や貯蓄無尽（定期預金類似のもの）の取扱いにより、無尽会社の貯蓄銀行化が進み、戦後も普通預金・定期預金・預金担保貸付が認められ、みなし無尽（わざわざ無尽団を作る必要のない無尽）も認められると、銀行化が進んだ。昭和26年の相互銀行法制定により、相互銀行に転換が認められた。

　資財不足、資金不足の中でも失業者、引揚者による中小企業の設立が相次ぎ企業数は増加した。中小企業の組織化は独占禁止法に抵触する可能性があったが、総司令部との折衝により昭和23年6月中小企業庁設置が認められ、中小企業の育成・発展、経営の向上のための諸施策を行うこととなり、昭和24年には中小企業等協同組合法と協同組合による金融事業に関する法律が成立した。

　市街地信用組合は戦時中だった昭和18年にはすでに認められていたが、市街地信用組合、信用組合（産業組合法によるもの）、商工協同組合の信用事業はすべて信用協同組合として監督され、中小企業に融資をすることが求められた。改組期限の昭和25年9月末には信用協同組合は629に上り、市街地信用組合からのものは435、信用組合からは136、商工組合からは16で、新設が42あった。

　これらのうち大規模信用組合を軸に金融機能を充実させたいとの運動、陳情が強まり、昭和26年には信用金庫法が成立し、昭和28年6月までに560組

合が信用金庫に改組され、72組合はそのまま信用組合として残り、合併・解散により消滅した組合は21であった。

　農業系統については総司令部は昭和20年12月、農業会の解体と農業協同組合の設立を示唆した。結局、農業会を民主主義的な組織に改組したいとする日本側と、食糧難のため食糧供出の徹底を要請する総司令部との間で折衝が続き、日本側に譲歩した農業組合法が昭和22年11月に制定、12月には施行された。農業協同組合は施行後8カ月以内に設立せよと命じられたが、これは日本の民主化を急ぐ必要性と米麦の供出を急ぐためだった。昭和23年4月までには1万3000の農協が設立された。

■■ 保険業界の戦後処理

　保険業界にとって戦後処理は困難な作業だった。戦争保険は昭和21年5月の総司令部から100％課税の提案があった後、石橋蔵相が2カ月にわたり「戦争保険金は約一千万人にのぼる戦災者の最後の精神的物質的拠点」と折衝し、個人に対する損害戦争保険（例えば火災保険）は5万円までの免税が認められた（死亡または傷害に関する保険金または補償金の請求権は打切られなかった）。結果的には損保関係で政府から損保会社に支払われた損失補償額は238億6000万円余で、課税によって打切られた額は236億8000万円余となった。

　すべての保険会社が金融機関再建措置を講じることになった。その結果、生保会社20社中18社が積立金、資本金を全額切捨てても、損失を償えないので、政府の補償を受けた（全体で確定損77億9000万円余、補償額38億8000万円余）。損保会社は戦時中、再引受けを行ってきた東亜火災1社が政府補償を受けた（確定損3300万円余、補償額2900万円余）。

　生保会社の中には資本金が全額切り捨てられることが明らかになると、14社が第二会社（新会社）を設立することとなり、財閥系の7社（安田、帝国、明治、野村、日産、三井、住友：帝国は朝日、野村は東京、住友は国民に名称変更）は相互会社に組織変更した。非財閥系の6社（日本、大同、第百、大和、

新日本、太陽生命；新日本は東邦に名称変更）も相互会社に組織変更した。戦前からの相互会社３社、第一、千代田、富国は基金を増加してそのまま存続し、これら３社を加え、相互会社は16社となった。総司令部は株式会社でなく、相互会社に好意的だったともみえる。平和のみは株式会社の第二会社を設立した。日本団体生命、大正の２社は第二会社を作らずそのまま継続し、日本教育は大正に包括移転された（大正が補償を受けた）。一方、損保会社は東亜を含め16社が再出発した。

■ ■ 遅れた証券取引所の再開

　証券会社の戦後も苦難の道だった。取引所は終戦直前の８月10日に閉鎖されたため株式所有者や証券会社が終戦をどう受け止めたかを株価の動きからうかがうことはできない。終戦後、政府は業者の意見を聞いたうえ、10月１日に取引所再開を閣議に報告し準備を始めようとしたが、総司令部は閣議日付けで急きょ司令部の承認なしに再開はできないとの覚書を政府に送付してきたという。

　「昭和財政史　終戦から講和まで」は司令部側に確固たる証券市場政策があったとはみられないと厳しい指摘をしている。日本では統制中とはいえ、株価は戦時中も上昇していたが、アメリカでは1929（昭和４）年以来株価は冴えず、ようやく大恐慌水準を回復したのは戦争終了後の1954（昭和29）であった。日本の株価はかねてより投機的であるといわれてきたが、総司令部は投資銀行、証券会社を高く評価していなかったということだろう。加えて賠償問題、財産税、戦時補償などの帰趨がはっきりしない限り経済の先行きは予想できないので、良い市場が形成されるとは思えないし、投機相場は占領政策に支障を来たすとの懸念もあったのだろう。

　そのため昭和24年の取引所の再開に至るまで、取引所によらない売買が行われた。戦後の混乱期にあって換金を希望する投資家が多く、昭和20年９月頃からは東京では売り希望の証券業者と買い希望の証券業者をランニング・ブローカーが兜町の路上で仲介をして取引を成立させていた。その後12月以

降兜町にあった日証館（東株ビルディング）内の事務室に業者が集まり、売買を行うようになった。これを集団取引と呼び、全国8カ所で行われた。総司令部、大蔵省は店頭取引の延長とみなし、黙認した。

集団取引開始後の昭和21年2月預金封鎖が行われ、証券業者は総司令部をはじめ各方面に必死に陳情し、旧円での株式取引が認められた（この抜け道はすぐ規制された）。新円に統一された昭和21年夏以降についてみると、株価は昭和20年8月を100とすると、取引所再開の直前の昭和24年4月には609まで上昇した。売買代金は同じく7300まで膨らんだ。

しかし、規制のない取引で買い占めが起きたり、取引が成立しなかったり、いろいろな問題が発生したため取引所再開までに証券取引委員会の設立と証券取引法の制定が必要となった。急きょ証券取引法と日本証券取引所廃止法が帝国議会に提出され、総司令部の承認もえて、成立した。しかし昭和22年7月には証券取引委員会の部分のみが施行された（9月に発足）が、他はアメリカの1933年証券法、34年証券取引所法とほとんど同じにせよという指示があったため施行されないまま月日が過ぎていった。証券取引法は全文改正が行われることとなり、政府と総司令部の逐条審議の中で銀行信託会社の証券業兼営の禁止も加えられ、昭和23年4月国会を通過し、成立した。

■ ■ 証券民主化運動

新法成立前の証券業者数は713社であったが、昭和23、24年度は登録制により新規参入が959、292に上り、昭和24年度末には1127に上った（その後廃業などにより漸次減少）。このうち資本金1000万円以上の者は昭和23、24年度末で11、38ときわめて脆弱な業者が急増したことがわかる。このような状況で財閥株式の放出などに対応せざるをえなくなった。

昭和22年6月証券処理調整協議会が設けられた。財閥解体に伴う大量の株式の処分などを行い、広く国民に分散保有させるための協議会である。これは、持株会社整理、証券保有制限令、独占禁止、集中排除、閉鎖機関整理関係及び財産税、戦時補償特別税の物納株式その他政府所有の株式が概算140

億円あり、終戦時のわが国の全国株式払込総額の約32％にあたる大量の株式が市場に放出されることとなったためである（その他社債、国債が130億円あり、合計270億円余に上った）。また金融機関再建整備、企業再建整備のため、増資も多額にのぼると見込まれていた。

　そこで証券界は証券民主化運動を繰り広げることとなった。昭和21年11月から始められた救国貯蓄運動に証券界も協力する位置づけとなった。総司令部もセールス・キャンペーンになることを避けつつも、放出する財閥株式が旧株主に戻ることを阻止し、会社従業員、工場所在地の住民、工場商品の購買者に株主になってもらうエデュケーション（教育）として絶大な支援をした。処分方法には一般入札、一般売出とともに従業員処分、地方売出（地域住民、商品購買者売出）などが行われた。処分は4カ年にわたって行われた。昭和23年2月から昭和24年10月の間に処分が最もすすんだという（株式についてみると、昭和22年7月〜昭和23年1月1億23百万円、昭和23年2月〜昭和24年10月121億40百万円、昭和24年11月〜昭和25年9月8億54百万円、昭和25年10月〜昭和26年6月99百万円であった）。

　株式保有の分布は昭和24年度末は昭和20年度末に比べ、個人及び証券業者の株主数、株式数ともに増加し、個人の持株比率は全体の52.0％から68.5％へ著増し、反面その他法人（事業会社など）は24.7％から5.4％へ著減した（もっとも昭和24年5月以降、株価が大幅に下落した中で株式を手放した個人も多かったという）。

　有沢広巳は東大教授、法政大学総長。戦前ドイツ留学し、ワイマール共和国に感銘を受けたという。戦後東大に復帰し、吉田らのブレーンとして活躍した。大来佐武郎は逓信省勤務ののち、戦後は外務省調査局、経済安定本部に勤めた。官庁エコノミストの草分けで第二次大平内閣では外務大臣を務めた。

第 **12** 章

ドッジライン

ドッジ氏重大声明
通貨改革は避ける
"竹馬に乗る"日本経済

　二月一日ロイヤル米陸軍長官とともに来日以来、総司令部の経済顧問として特に日本政府の新会計年度予算に建設的な助言を與えて来たジョセフ・M・ドッジ公使は七日放送会館三階で内外記者團との初の会見を行い、談話を発表するとともに新年度予算、インフレ対策、爲替レート設定などの当面の諸問題に関し記者團との間に一問一答を行つた、談話は次の四項目に分れ、通貨改革については全面的にこれを否定している

一　日本で通貨改革はさけるべきである、通貨改革の是非は将来の事態にまつのみである

一　爲替レートの実施はできる限り早く公式に設定されることが望ましい、しかしオリの中のサルのように激しく上下する變動するレートでは意味がない

一　インフレ対策や経済安定に関する決定事項は、すべて政府の予算に関連しなければならない、インフレは形式的な貨幣の操作では収束しない。増産と國内の消費節約があつてはじめて解決できる問題だ

一　米國の対日援助は米勤労者の税金でまかなわれている、すなわち日本が自力でやるべきことを米國市民が今一時代つてやつていることなのだ、必要なものを外國からの援助だけにたよつていては永久的な解決はみいだせない

ドッジ氏はさらに談話を補足して次のように語つた

　米國は日本救済と復興のため昭和廿三年度までに約十一億五千万ドルを支出した、米國が要求し同時に日本が必要とするとは、対日援助を終らせること日本の自立のための國内建設的な行動である、私の信ずるところでは日本は目下厳しい経済を余儀なくされている、しかし現在とられている国内的な方針政策は、合理的でもなく現実的でもない、すなわち日本経済は両足を地につけていず、竹馬にのつているようなものだ、竹馬の片足は米國の援助、他方は國内的な補助金の機構である、竹馬の足をあまり高くしすぎると転んで首を折る危険

がある、いまただちにそれをちゞめることが必要だ、つゞけて外國の援助を仰ぎ、補助金を増大し、物價を引き上げることはインフレの激化を来すのみならず、國家を自滅に導くおそれが十分にある

　　ドッジ公使は質問に対してつぎのように答えた

　問　アメリカの対日援助と政府の補助金からなる竹馬は同時に短くするほうがよいか

　答　日本國内の情勢とアメリカ側の事情とをにらみ合せて同時に短くする必要がある、もつとも対日援助はいつかはなくなるというのであつて、今すぐ打切るのではない

　問　日本の実業家は資本不足を訴えている

　答　考慮すべき問題である、現在は資本は蓄積されないで分散する傾向にあるのだが、蓄積に努力しなければならない

　問　消費物資の統制はどうか

　答　われわれの考えではさしあたり健全財政と貨幣政策が必要だと思う、原則としては消費物資の統制は機械的に困難を伴うのみならず好ましくない

　問　爲替レート設定は何時か

　答　爲替レートは合理的基礎に立ち、経済安定をもたらすのでなければならない、レートに変動が起らない見通しがついて実行可能となつたらすぐやる

　問　政府補給金が千四百億円から七百億円に減額されて物價が上らないのか

　答　これは日本政府が審議中の問題であるが、必ずしも物價上昇を意味しないと思う、日本の物價機構には余裕がある

　問　竹馬の足を切つた場合に生じる失業、倒産はどれ位になるか

　答　経済九原則は合理的な計画であつて、必要があれば臨機応変に再調整されよう、失業者が出たときに問題を解決する

朝日新聞　昭和24年３月８日　朝刊

対日政策についてはロイヤル陸軍次官のサン・フランシスコでの声明（昭和23、1948年1月）、ジョンストン報告（同年4月）、集中排除委員会の来日（同年5月）を経て、同年10月のアメリカ国家安全保障会議決定（NSC13/2）により、占領政策の転換がはかられ、同年12月、ワシントンからの（占領地経済復興援助、EROA援助を供するための）「経済安定九原則」（指令）が発表された。

■■超均衡のドッジ予算の成立

昭和23年頃には総司令部と政府（とりわけ経済安定本部）の間では統制を強化しつつ、経済を復興させるとのコンセンサスが形成されていた。九原則を詳しくみると、(1)財政経費の節減、総予算の均衡、(2)徴税強化、(3)信用拡張の制限などの保守的アメリカ財界人の古典的な引締め策と、(4)賃金の安定、(5)物価統制の強化、(6)外国貿易・外国為替統制の強化、(7)輸出のための資材割当の強化、(8)生産の増強、(9)食糧集荷体制の強化など、東京の総司令部にいるニュー・ディーラーたちの統制強化方針をつなぎ合わせた内容で、昭和23年6月のヤング勧告（1ドル＝270円〜330円の間で決める）で実現にいたらなかった単一為替レートは九原則発出の3カ月後の目標とされていた。

九原則実行のため、トルーマン大統領の要請でJ.M.ドッジが公使として日本に派遣されることになった。渡辺武日記の昭和24年1月28日の欄に「DodgeはDetroitの銀行合同、澳太利、独逸の経済改革に貢献した人で、きわめて冷静合理主義で急速に事をやりとげる人の由」の記述がある。

昭和24年2月1日ドッジ一行（6名）は軍用機で日本に到着。ロイヤル米陸軍長官、ウディマイヤー米陸軍参謀総長代理を伴ってきた。直ちに総司令部からヒアリングを始め、2月9日には大屋蔵相に会い、「自分は来日前米国高官と日本問題についてdiscussした。日本経済の復興には財政が重要な位置を占めている。この問題の解決にはrealistic approachが必要である。予算の均衡は文字どおり行われるべきであり、その為には評判の悪い措置もとらねばならない」（渡辺日記）とドッジは発言している。その後第三次吉田

内閣が発足し、蔵相についた池田勇人は2月19日を皮切りに何度もドッジと会い予算均衡について意気投合した。

そしてドッジは3月7日上掲の談話発表と質疑応答を行った。質問が微温的だったのは、当時GHQの検閲があったためであろう。

次いで3月14日から18日までは総司令部で昭和24年度予算を審議し、22日に総司令部案が大蔵省に示され、池田蔵相は民主自由党の公約の減税を要請したが、拒否された。その頃極秘に池田はドッジと会い、ドッジから「この予算案の要旨を実現するには政治的に国内に難関があることはわかるが、若しこれを認めなければUS aidを危険に陥しめるものであることは自分はよく知って居る。対日援助は目下米議会で審議中である。自分は出発前、Truman、Acheson D.米国務長官、Snyder J.米財務長官、Forrestal J.V.米国防長官に面会して、いかに華府首脳部が対日援助の問題に関心を有するかを知っている。大統領から特派されたのは最高国防会議に於て対日援助をやめるとは云わぬが、援助がdissipateされinfléになっては困るとの考え方が強い」（渡辺日記）と背景を説明してもらっていた。

国会でも予算修正の動きはあったが、総司令部に拒否され、短い審議ののち同年4月20日超均衡のドッジ予算は成立した。これにより、総合予算（一般会計、特別会計合計）の赤字が昭和23年度3480億円であったものが、昭和24年度にゼロとなった。国債に依存しない財政運営は昭和40年度の当初予算まで15年にわたり維持されたという意味でもドッジの示した政策運営のフレームは重要である。

■■360円レート・シャープ勧告

その3日後、ワシントン発UP電は円レートが1ドル360円と決まったと報じた。ドッジ自身は1ドル330円程度を考えていたようであるが、後から円レートが決まってもよいように予算上工夫をするよう要請していた。ドッジは成立した予算は変更しなくてもよいと直ちに記者会見している。ワシントンでは近々にイギリスポンドの切下げが不可避であり、日本円をその時もう

一度改定することを避けるため、360円としたいとドッジに連絡してきたという（約半年後の昭和24年9月18日イギリスは1ポンド4.03ドルから2.80ドルへ33.3％切下げた）。

　それまでも為替レートを決める動きはあった。昭和22年春頃のマッカーサーの早期講和の考えを受け、同年秋頃には都留重人らの経済安定本部では金融引締め、単一為替レート等の諸施策で日本経済を「一挙安定」させる構想が煮詰められていたが、昭和23年1月の片山内閣の退陣で具体化されずに終わった。次いで芦田内閣の外国援助、外資導入による「中間安定」（だらだら安定ともいわれる）で為替レートを決めるとの構想があったが、これも頓挫した。総司令部では単一為替レートは時期尚早と考えていたが、昭和24年になりドッジによりようやく単一為替レートが設定されることとなったのである。ドッジは、設定されたのちそのレートを維持していくことが必要であるとの考えで、第二次世界大戦後発足の国際通貨基金（IMF）体制の考え方をもっていた。

　一方減税についてドッジはシャープ博士一行がもうじき来るので、同氏に相談してからにするとよい、おそらく減税を提案するであろう、将来減税の方針は賛成と池田には伝えていた。コロンビア大学教授カール・S・シャープら一行は7名で、昭和24年5月10日に来日し、8月24日に離日するまで3カ月強にわたり、政府、自治体の財政担当者、学者との懇談や、全国各地を精力的に視察し、きわめて短期間に膨大な報告書をまとめた。その内容は①直接税中心主義をとり、最高税率を下げ、全体としては減税とする、②法人税は法人擬制説に立って、最高税率を35％とする、③間接税はかなりを廃止する、④地方税源を充実する、⑤税務行政を改善し、青色申告を導入するなどであった。昭和25年にも再度来日したので、シャープ税制全体は昭和26年度から実行された。

　シャープ勧告の直接税中心主義は平成元年に消費税を導入するまで続けられた。シャープがうまく対応できたのは大蔵省主税局が優秀な人材をそろえ、改革に前向きであったからともいわれている。

■■日銀に政策委員会設置

　ドッジは日本に着いてしばらくたった2月18日、金融業法案（大蔵省の金融部局と日銀を傘下に収める委員会の設置案）について見送りの方向を打ち出していた。しかし総司令部ではなお改革案を模索していたので、日本銀行、大蔵省、総司令部、ワシントンの間で折衝が続いたのち、一万田日銀総裁とドッジの会談が3月30日と4月7日に行われ、ドッジの強い意向で金融政策を決めるポリシー・ボードを設け、政策委員に各界から就任してもらうこととなった。

　一万田総裁に会う前にドッジは池田に、「日銀の今のBoardはBoard of Managersであり、Board of Directorsでない。各方面の利益を十分represent した中央銀行にふさわしいものにしたい」（渡辺日記）と述べていた。政策委員会を設置するという改正法案は昭和24年5月国会を通過し、6月には

【生産指数と通貨発行高】

	生産指数	通貨発行高
昭和22年1－3月期	100	100
4－6	119	113
7－9	129	134
10－12	125	191
23年1－3月期	139	199
4－6	156	218
7－9	187	269
10－12	204	355
24年1－3月期	195	354
4－6	211	361
7－9	212	410

（注）　昭和22年1－3月期＝100
（出所）「昭和財政史　終戦から講和まで」第12巻p282

発足した。ドッジはドイツにはアメリカの制度に近い中央銀行制度を立案していたが、日本には柔軟な対応をしていたことがわかる。

　復興金融公庫（復金）は大量の復金債を発行し、それを日銀が引受け、石炭・電力・海運を中心に基幹産業に重点的に投入した。一般金融機関の資金供給力が低下する中、復興金融金庫による融資の割合は大きく、設備資金では昭和24年3月末現在の融資残高の74％は復興金庫融資で占められていた。これが生産回復に大きな役割を果たした反面、復金インフレと呼ばれたように、インフレを加速させた。

　復興金融金庫（RFB）について2月中旬にはドッジの強い意向が伝わっており、3月1日には池田に対し、「RFBは第二のインフレの原因なりといひ、その運営方法を根本的に変えてlending powerをfreezeさせて回収に専念せしむべきといふ。これについては強いレコメンデーションを出す」（渡辺日記）と話していた。そのような方向の中で4月以降の復金新規貸出停止、貸出回収、復金債の新規発行停止、償還などがすすめられた。その代わりにアメリカの援助物資の販売代金を見返資金会計に入れ、同会計から重要産業への融資などが行われることになった（これがEROA資金のドイツでの使用例だった）。

　政府予算に入っていた価格差補給金などが削減され、単一為替レートのため輸出物価、輸入物価は国際水準にサヤ寄せしていくことから物価の調整が

【昭和21～25年の物価状況】

	卸売物価指数 （昭和9～11年＝1）	小売物価指数 （21年8月＝100）	日銀闇生産者 物価指数 （20年9月＝100）	日銀闇消費財 物価指数 （20年9月＝100）
昭和21年平均	16.2	18.9	116	192
22年平均	48.3	50.9	304	412
23年平均	128.1	149.0	479	711
24年平均	203.6	242.1	444	752

（出所）　日本銀行調査月報

すすめられた。これらを含め、戦後インフレは昭和24年中に収まっていった。これがドッジラインによるとする見方が多数説であるものの、前年の昭和23年後半には物価安定の兆しがあった（それを裏付ける生産の増加もあった）とする見方も根強い。

■■取引所再開も多難な船出

　ドッジが日本に到着する前の1月31日に総司令部はかねて幾度も要請のあった証券取引所の再開が近日中に許可されると発表した。証券取引委員会、証券業界は早速準備に入った。準備のための諸会合には総司令部の担当官を出席させたので、取引所約款などはサン・フランシスコ株式取引所のものにそっくりとなった。証券業界には旧来の取引手法を望む声があったが、総司令部は取引三原則（取引は時間順に記録すること、上場銘柄の取引所への取引集中、先物取引を行わないこと）の順守を明らかにさせてから、申請を受けつけた。東京、大阪、名古屋の三取引所は同年5月に、京都、神戸、広島、福岡、新潟は同年7月に、札幌は翌年3月に開設にこぎつけた。折から財閥解体、企業再建整備、増資などによる株式の供給の急増中であり、またドッジラインの進行中であり、多難な船出となった。

　ドッジラインの展開に対応して金融政策はディスインフレのスタンスとなった。財政の超均衡により、昭和24年度の財政の対民収支は849億円の引上超となった。昭和24年末は年末金融が特に引き締まり、2度の国債買入で75億円を、昭和25年3月にも財政資金の引上超に対応して国債買入60億円を実行している。これらを通じ昭和24年度中の日銀貸出増加額は408億円、国債の買入超額は413億円（合計822億円）となり、財政の引上超過は相殺された。日銀券の発行高は久しぶりに収縮し（12億円減、前年度は938億円増）、預金通貨を含めた通貨量は5.7％増（前年度は40.6％増）となった。

　しかし市中ではインフレの収束に伴う滞貨・売掛金の増加、企業整理の進行、失業の増加、長期資金の不足、物価の下落による実質金利の上昇など多くの摩擦が発生し、ドッジライン修正を求める声も強まっていった。ディス

インフレではなくデフレが進行している、失業や倒産が相次ぐドッジ不況（安定不況）であるとの議論も起きた。

　ついに昭和24年の年末には株価は暴落した。海運、繊維、食品などの値嵩株が低落し、低位株の中には額面割れを示すものも出た。ドッジラインの進展に伴う景気落ち込みの深刻化の懸念が増大し、一方で企業再建整備が進捗し、大企業の増資の一時的増加、復金融資の停止に伴う株式市場からの調達など株式の供給増加に対し、インフレ終息に伴う株式市場への資金流入が急減したために引き起こされたものといわれている。昭和24年末の株価は326.5となり、前年11月頃の水準に戻ってしまった。翌昭和25年7月6日に、東京証券取引所の修正平均株価（現在の日経平均株価）は算出を始めて以来の安値となる85.25円を記録した。これは現在に至るまで史上最安値となっている。

　このような株価の状況、証券業者の資金繰りの悪化から証券金融が問題となり、融資準則上の証券業の引き上げ、銀行保険による株式の買上げのほか、昭和24年12月以降順次全国9カ所に証券金融専門会社が設けられ、証券業者への資金供給、信用取引のための資金供給を行うことになった。また昭和25年中には投資信託の議論がおこり、昭和26年には投資信託法が制定され、昭和26年7月以降投資信託会社が設立され、投資信託会社が市場で株式を買うことが始まった。

■■ニュー・ディーラーたちとは

　東京の総司令部のニュー・ディーラーたちはどんな顔ぶれだったのだろう。筆頭格は民生局次長チャールズ・ケーディスで、アメリカ財務省に入り、予算局、臨時国家経済委員会、陸軍省などを経て日本に赴任、初期の改革のほとんどにかかわったという。中堅クラスにセオドア・コーエン、ジェームズ・キレン（両者とも労働課長）、ハッセー（民生局）、エドワード・ウエルッシュ（反トラスト課長）、ハリー・アルバー（物価配給課長）などがおり、いずれもルーズベルト政権における行政経験がある優秀な者たちだっ

た。さらに連邦準備委員会からきて、バンキング・ボード案などを作成した
クリフォード・ケーグルなどもいた。これら日本におけるニュー・ディー
ラーたちは、宮澤喜一によると、「人間が経済を計画的に運営する能力」を
過度に信じたがっていたとし、中村隆英東大教授は彼らの働きぶりをみて、
「かつての『満州国』が革新的な軍人・官僚の統制政策の実験場になったの
と同様に、意欲的なSCAP官僚にとって、日本は野心的構想の実現のために
は恰好な舞台だった」と述べている。

　アメリカではルーズベルト政権誕生以来、10数年にわたりいわゆる
ニュー・ディール政策が採られてきたので、彼らの考える政策、制度設計が
アメリカ的、ニュー・ディール的となるのもやむをえなかった。政策が変更
されると、辞職して国に帰るものがでたり、レッド・パージ（あるいはピン
ク・パージ）により辞職するものも出た。

　一方、ジェームズ・フォレスタル国防長官（海軍長官）はリード（のちの
ディロン・リード）投資銀行の元社長、ドレイパー陸軍次官も同社の元副社
長であり、ウオール・ストリートの成功者たちだった（この慣習は今も変わっ
ていない）。ドッジもデトロイトの銀行家であった。アイゼンハワーが政権
に就くと、ドッジは予算局長となり、当時赤字だった予算に大鉈を振ったこ
とで知られる。

■■朝鮮戦争特需

　昭和25年6月25日、北朝鮮軍が38度線を越えて南下をはじめ、朝鮮戦争が
勃発した。27日の株式市場は0.81円高の92.75円であまり値動きはなかった。
3日後にはソウルは陥落し、7月6日には安値を更新し85.25円となり、国
際連合の武力制裁が決議されるや7月17日には109.34円をつけた。仁川上陸
の9月15日には110.35円をつけ、ソウル奪還、ピョンヤン陥落となったもの
の、中国義勇軍が参戦し、ソウルに迫った12月21日には99.49円と100円を割
り込んだ。国連軍がソウルを再奪還すると、132.5円まで上昇した。

　昭和26年3月には停戦を模索する方向にあったが、マッカーサーは中華人

民共和国を叩きのめすとワシントンの了解もえず発表し、38度線を越えて進軍するところとなり、4月11日、トルーマン大統領はマッカーサーを解任した。マッカーサー解任の翌日の株価は2.67円下がって119.4となった。この時期の株価は朝鮮戦争の行方を不安視していたといえよう。

　戦争勃発直後に日本には米軍の兵站司令部が設けられ、大量の物資が買い付けられた。調達された物資は、主に土嚢用麻袋、軍服、軍用毛布、テントなどの繊維製品や前線での陣地構築用の鋼管、針金、鉄条網などの各種鋼材、コンクリート材料（セメント、砂利・砂）、各種食料品であった。また車両の購入、修理や航空機の修理も発注された。

　昭和25年中の半年間で1億5000万ドルの特需があり、戦争が膠着状況になってからさらに特需収入は増え、昭和26年5億9000万ドル、昭和27年8億2000万ドル、昭和28年8億1000万ドルを記録し、その後は4〜5億ドル程度となった。ピーク時には輸出総額の3分の2、外国為替受取額の4割近くを特需が占めていた。

　昭和25年下期から昭和26年上期にかけて特需景気が現出した。鉱工業生産指数（昭和7〜11年＝100）は昭和25年6月が93.6であったものが、10月に100を超え、12月には116.7に上った。特需景気は、ドッジラインによる統制解除の時期に重なった。

　日本におけるドッジラインの評価は今日でもさまざまであるが、戦前、戦時中、戦後と長らく続いた統制経済が終わったことが最も重要である。欧州だけでなく、アジアで冷戦が進む（ドッジが日本に来た頃中国では国民党軍が敗退を続け、1949（昭和24）年10月中華人民共和国が建国された）タイミングだった。なお、鈴木武夫（元東大教授）は「インフレーションの速やかな自主的安定の機会をついに失い、ドッジ氏の手にそれをゆだねるに至ったことはこの上もなく残念であった」と述べている。

第13章

神武景気

世界の眼は、国際収支の大幅改善、物価騰貴も信用膨張も伴わない経済拡大を達成した日本経済の力を、西ドイツの発展と対比して高く評価し直している。（略）

　昭和三〇年度が戦後経済の最良の年といわれる（略）。その第一は、国際収支の大幅改善である。（略）第二は、インフレなき経済の拡大である。輸出の好調を背景に鉱工業生産は一二％増大し、そのうえ天候に恵まれて農業生産も対前年度一九％増の豊作となり、国民所得は約一割の増加を示した。しかも、この経済の拡大がほとんど物価の騰貴を伴わなかったことが、数量景気の数量景気たるゆえんである。（略）第三は、経済正常化の進展である。（略）即ち日本経済の宿痾のごとくみなされていたオーバー・ローンは著しい改善を遂げ、金利は短期資金についても長期資金についてもかなりのスピードで低下した。（略）この三者の同時達成の事例を過去にもとめれば、明治四二年と大正四年がそれに当たるであろう。（略）

　昭和三〇年度の経済は貿易を除けば（略）戦前水準を越えたというだけではなくて、戦前・戦時のピーク水準にも到達したのである。それは単に所得とか生産とかいうように、経常的ないわゆるフロウとしての量についてあてはまるだけでなくて、資産の残高あるいはストックとしての量についても同様のことがいえるようである。
　例えば生産設備の現在高についてもそうである。昭和十年の生産設備の現在高を仮に一〇〇とすると、（略）ほぼ二〇〇であろうと推算される。この設備の現在高が戦前に対してほぼ二倍の工業生産に見合っているのである。また数年前までは、年々の消費水準が戦前の一〇〇％以上に回復しても、そのうちの相当部分は戦時中及び戦後に食いつぶした家財の充足にあてられるから、生活水準としてはまだ一〇〇％を大幅に下回る、つまり消費水準と生活水準とには大きな食い違いがあるといわれていた。しかし現在では（略）住宅を除けばほぼ充足の時期も終わった。（略）

　いまや経済の回復による浮揚力はほぼ使い尽くされた。なるほど、貧乏な日本のこと故、世界の他の国々に比べれば、消費や投資の潜在需要はまだ高いかもしれないが、戦後の一時期に比べれば、その欲望の熾烈さは明らかに減少した。もはや「戦後」ではない。我々はいまや異なった事態に当面しようとしている。回復を通じての成長は終わった。今後の成長は近代化によって支えられる。そして近代化の進歩も速やかにしてかつ安定的な経済の成長によって初めて可能となるのである。（略）

　世界の二つの体制の間の対立も、原子兵器の競争から平和的競存に移った。平和的競存とは、経済成長率の闘いであり、生産性向上のせり合いである。戦後十年我々が主として生産量の回復に努めていた間に、先進国の復興の目標は生産性の向上にあった。（略）

　我々は日々に進みゆく世界の技術とそれが変えていく世界の環境に一日も早く自らを適応せしめねばならない。（略）

「昭和31年度年次経済報告 日本経済の成長と近代化」昭和31年 7 月　経済企画庁

■■ 金融秩序の形成

　昭和20年代前半で金融機関の再建が進み、昭和26〜28年頃にはその後昭和50年頃まで続く金融機関の態勢が整った。普通銀行については十数行からなる都市銀行とほぼ一県一行に基づく地方銀行で、約70行となった。池田蔵相の提唱により昭和24、25年頃から戦後地銀12行がこれに加わった。

　信託は昭和23年に兼営法により、信託銀行に転換した（昭和30年で 6 専業信託と銀行の兼営11行、昭和27年には信託銀行の主力資金調達手段となる貸付信

託法が成立した、預金との競合を避けるため2年物以上とされた）。戦後の資金不足、とりわけ長期資金の供給不足から、昭和26年には長期信用銀行法が成立し、日本興業銀行と日本長期信用銀行が昭和27年に発足した（金融債を発行し、こののち長く続く長短分離が明確となった）。また、普通銀行となった東京銀行（戦前の横浜正金銀行）は昭和29年成立の外国為替銀行法に基づく銀行として再出発した。

中小企業金融分野では無尽会社が昭和26年の相互銀行法により相互銀行として再出発し、昭和20年代後半には70〜72行を数え、信用金庫は昭和23年まで市街地信用組合、昭和24〜昭和26年信用協同組合、昭和26年には信用金庫法による信用金庫（318庫）となった。信用組合は昭和26年で324組合であった。

金融機関については、銀行、信託、長期信用銀行、相互銀行、信用金庫、信用組合、農協と証券業の分離のように業務分野を截然と分けることが続けられることになった（郵貯は国営）。

銀行、信託、保険については厳格な参入規制が行われ、数について若干の変動があったが、昭和50年代まで安定的に推移した。相互銀行についてもほぼ同様だった。その間、信用金庫、信用組合は新規参入をみた後、長期にわたり漸減傾向が続いた。生命保険会社20社、損害保険会社も同じく20社、証券業者は昭和24年で1127社、その後徐々に減り、昭和28年には836社となった。さらに証券会社は昭和30年代の登録制の下で増勢したが、昭和40年危機に直面し、免許制の下で再建が進められることになった。

一方、公的金融機関は、昭和25年11月ドッジの承認を得て、日本輸出銀行が昭和26年2月に発足した。これは復興開発金庫が業務停止（昭和24年4月）となり、見返資金特別会計からの融資が行われても資金が不足するとの声が強く、また日本の経済成長のため輸出が必要と考えられてのことだった。さらに復金改組の覚書でドッジは市中銀行からの短期資金が長期の設備資金融資等に向けられているので、これをリファイナンスすることを認め、日本開発銀行を設ける方向（昭和25年12月）となり、その後新規融資もでき

ることとされて、昭和26年5月から営業を始めた。また戦前の庶民公庫が国民金融公庫に改組されたほか、農林金融公庫、中小企業金融公庫、住宅金融公庫などが昭和26、27年頃までに整備された。

■■「もはや戦後ではない」

　財政面では昭和26年度の補正予算、昭和27年度の当初予算の頃はドッジは引き続き超均衡予算とする考えであったが、講和条約が調印されたことを踏まえ、総司令部は日本側の言い分を通す方向になっていった。独立後の昭和28年度予算は各方面からの要求がさらに強くなった状況で編成されたという。

　昭和28年度の補正後歳出額が1兆円を超えると、今後は1兆円予算を組むべきと声が強まってきたが、当初予算ベースでみると昭和29年度は9996億円と予算膨張を抑えた財政運営が行われた（その後昭和30年度9915億円、昭和31年度1兆349億円と財政拡大を回避する努力が続いた）。これは、①27暦年の国際収支は3億1900万ドルの黒字だったが28暦年はマイナス1億9400万ドルとなったこと、②西ドイツ、イギリスでは昭和27、28年頃から金融引締めに向かったが日本はまだ朝鮮特需依存であったこと、③物価水準をみると、朝鮮戦争前に比べ昭和28年末でアメリカ10％増、イギリス27％増であったのに対し日本は約60％増と、日本の国際競争力が著しく低下し、財政政策を緊縮にすることが朝野をあげての課題となっていたからであった。

　金融政策も昭和29年秋頃より引締めがすすめられ、日本経済はバランスを回復するように動いた。そこで昭和30年度の経済の報告（いわゆる経済白書）は上掲のような日本経済の姿を描くこととなった。行間から昭和20年代の苦しい10年を乗り越えた喜びが感じられる。

　昭和20年代に復興を果たした日本経済は昭和30年代のたくましい成長によって世界の工業国の中で有力国になっていった。昭和30年代には経済成長率が高かった半面、景気変動の波も大きかった。神武景気（昭和31年から昭和32年）、岩戸景気（昭和34年から昭和36年）の二つの好況は昭和30年代の高

	経済成長率（％）	物価上昇率（％）	国際収支（百万ドル）		外貨準備（百万ドル）	M1	残高前年比（％）
	名目	実質	卸売	消費者			
昭和30	10.1	8.8	△1.8	△1.1	494	738	13.5
31	12.8	7.3	4.4	0.4	293	941	19.8
32	14.0	7.5	3.0	3.1	△384	524	4.1
33	4.0	5.6	△6.6	△0.1	511	861	12.0
34	12.2	8.9	1.0	1.0	339	1322	16.6
平均	10.6	7.6	△0.1	0.6			13.2

（出所）　日本銀行

度成長の代名詞であったし、この二つの好況の山が高かったことが、昭和30年代の平均成長率を引き上げたが、昭和32～33年のなべ底不況や昭和37～38年不況のような景気後退局面もあった。

■■神武・岩戸景気

　神武景気と名づけられた好景気は当初、数量景気といわれていた。それまで物価の高騰に悩まされたということもあったであろう。昭和29年末から民間設備投資ブームを基調とする経済成長となっていった。昭和31年の経済成長率は名目12.8％、実質7.3％で、民間投資の対前年比伸び率は名目56.7％、実質38.7％と驚異的なものだった。同年10月末のスエズ紛争の勃発も企業に強気の投資を呼び起こしたという。

　昭和32年はなべ底不況で停滞したが、景気後退の影響をほとんど受けなかった電気機械・精密機械・自動車産業や景気後退からの回復が速かった鉄鋼・化学・石油精製などの成長産業と石炭・海運など景気停滞の強まった産業との差が目立つことになった。投資による経済成長、技術革新による産業構造の変化期に入ったのもこの頃だった。

　昭和33年春頃に景気は底入れし岩戸景気となり、設備投資と輸出、とりわけアメリカ向けの輸出に牽引された好景気となった。輸出は昭和33年の対前年比4.7％減の後、昭和34年13.7％、昭和35年17.2％増となった（対アメリカでは昭和33年13.6％、昭和34年51.3％、昭和35年5.3％増であった）。民間設備投資は昭和33年7.1％減、昭和34年28.1％増、昭和35年42.7％増を記録した。ある企業の設備投資が別の企業の設備投資を招き、「投資が投資を呼ぶ」といわれた。

　石油化学、合成繊維、電気電子工業などの新産業における新製品開発の多様化、鉄鋼・自動車・機械などの産業における生産工程の一貫連続化・スピード化が進み、技術革新投資が盛り上がった。この間に石炭から石油へのエネルギー源の転換がなされ、三井三池炭鉱争議も起きた。一方外国資本の流入が急増し、日本からの流出を大幅に上回り、資本取引の比重も高まった。

　昭和30年代後半に登場した白黒テレビ・洗濯機・冷蔵庫の家電3製品は「三種の神器」といわれた。これらの家電は努力すれば手の届く商品であり、新しい生活の象徴だった。加えて電気釜（炊飯器）、電気掃除機も魅力的な電化製品として普及していった。

　テレビ放送開始は昭和28年で、「三種」の中で白黒のテレビ受信機は昭和33年の東京タワーの竣工、ミッチー・ブーム（皇太子殿下と美智子さま〈現在の上皇と上皇后さま〉のご成婚）により爆発的に各家庭に広まった。

　高度成長によって日本経済は完全雇用を達成しつつ急速に先進国への道を歩んだが、経済社会の構造変化もまた急速であった。歴史的に過剰といわれた労働力は、昭和30年代半ば頃を転機として不足基調となった。従来あまり変化のみられなかった農家戸数は急減し、農業から非農業への人口移動、所得の低い地方から所得の高い都会へ人口流出が進んだ（当時、「金の卵」と呼ばれた中学高校卒業生たちは都会の企業に集団就職した）。また消費者物価の基調もそれまでと様相を異にして、昭和35年頃から騰勢が続いた。旺盛な消費需要に供給が追いつかず、デマンド（需要）・プルの価格上昇が起きた。

【昭和25年〜45年の人口の推移】

	人口増減（千人）				人口増減率（％）			
	昭和25 〜30年	昭和30 〜35年	昭和35 〜40年	昭和40 〜45年	昭和20 〜25年	昭和30 〜35年	昭和35 〜40年	昭和40 〜45年
南関東	2373	2440	3153	3096	18.2	15.8	17.6	14.7
西近畿	1174	1230	1665	1569	13.0	12.1	14.6	11.2
東海	621	597	840	852	7.0	6.3	8.3	7.8
小計	4163	4267	5658	5417	13.5	12.2	14.4	12.0
その他	1908	△124	△750	28	3.6	△0.2	△1.4	0.1
合計	6076	4143	4908	5445	7.3	4.6	5.2	5.5

（出所）　内閣府

■■ 産業資金の供給

　資金循環勘定からみると、法人企業部門は一貫して大幅な資金不足状況が続き、個人部門は高度成長期を通じて所得水準が上昇し、しかも貯蓄率が高水準を維持したため資金余剰を続けた。昭和31年〜昭和35年の間の法人部門の資金不足は4兆8288億円で、個人部門の資金余剰は4兆8879億円だった。

　金融機関は両部門を仲介するうえで大きな役割を果たした。産業資金供給状況をみると、昭和31年〜昭和35年の産業資金供給額は9兆8780億円、株式14.2％、事業債4.7％、貸出81.1％（うち全国銀行48.8％）となっており、銀行のウエートが圧倒的に高かった。一方個人金融資産の昭和31年から昭和35年の間の増加額は7兆3872億円、うち預金の構成比は63.8％（うち定期性預金は47.1％）で、個人の定期性預金が銀行を通じて成長産業に供給されたことがわかる。

　金融機関別の資金量（個人のほか企業の預金を含む）をみると、全国銀行のシェアは昭和30年末で58.0％、昭和35年末で56.0％、昭和40年末で51.1％とシェアが次第に低下し、銀行以外の金融機関のウエートが上昇した。中小金

融機関（相互銀行、信用金庫、信用組合）は昭和30年14.5％、昭和35年末16.3％、昭和40年末で19.3％を占めた。

　高い資金需要に応えるため銀行は貸出を積極化するとともに、個人預金を中心とする資金吸収の営業を強化することとなった。昭和30年代に入って個人預金には従来からの個人事業主、自由業、株主層などと並んで、給与所得者の貯蓄、土地代金、退職金などが注目されるようになった。いわゆる銀行の大衆化路線が開始され、とりわけ都市銀行は「預金増強△年計画」などを競うように実施した。

　高度成長の下での地域経済の変化に対応するため、大蔵省が金融機関の店舗行政を弾力化したことを受け、大都市や大都市周辺の人口増加地域へ店舗の新設が増加した。昭和30年には出張所の新設も認められ、昭和37年には住宅団地等における小規模店舗の設置が認められた。

　それでも不足する資金量を金融機関間の借入れと日本銀行からの借入れに依存する状況がこの時期を通じて続いた。日本銀行から恒常的に多額を借り入れるのは正常ではないので、都市銀行などは資金余力のある地方の金融機関とのコール取引を増加させ、また金融機関間の連携も重要になった（オーバーローンが解消したとする上掲文の指摘は昭和30年だけであり、民間企業の設備投資が強まるにつれオーバーローンは続いた）。

　この頃になると、多くの銀行が系列企業に融資する、あるいは高度成長期に発達した新産業、技術革新の目覚ましかった新産業、企業に融資することが行われた。銀行、商社などのグループごとに数多くの業種の企業を揃えるようになった（ワンセット主義）。もちろん銀行がグループ内で重要な位置を占めるものの、上に述べたように銀行の資金吸収力が長期信用銀行、信託銀行、地方銀行あるいは保険会社に比べ低下しつつあったことは注意しておくべきだろう。またこの時期には同系列の企業集団間での株式持ち合いも系列銀行、系列企業の資金窮迫のため、伸び悩んでいたといわれている。

　中小企業政策も経済政策として進められるようになった。従来、中小企業問題は社会政策あるいは保護的な面に重点が置かれていたが、労働力不足時

代への対処と労働生産性の向上のための中小企業の近代化、合理化が政策の中心に掲げられるようになった。民間銀行でも中小企業貸付が増加し、中小企業金融公庫の近代化貸付も伸長した。

■■証券市場の沸騰

　順調な経済成長を背景に証券市場も活況を呈した。昭和30年代、神武景気と岩戸景気のもとで日本の株式市場は株高に沸いていた。昭和30年初めに300円を割っていた東証平均株価は徐々に上昇し、昭和33年初の475円から昭和36年7月には4倍近くまで急騰し1829円となった（岩戸相場）。

　昭和32年から昭和34年まではすでに述べたようになべ底景気といわれ、不況感が漂っていたが、株式市場は欧米景気の立ち直り、国内の投資、消費の強さを先取りしていたのだろう。東京証券取引所の時価総額は昭和35年には5年前に比べ約5倍の5兆4110億円規模にまで膨れ上がった。翌36年には上場を希望する企業が多数に上ったため東証、大証、名証に第二部が新設された。もっとも当時の証券市場は未熟で、十分な機関投資家は育っていなかった。このため上昇するときは激しく上昇するが、厚みを欠いていたため継続的に市場を支えられず、急な下落もあった。

　投資信託についても触れておこう。昭和26年に始まった株式投信と昭和36年に始まった公社債投信はこの頃に急成長した。日経平均は上に述べたように高騰したので、証券会社は投資信託の大量推奨販売を通じて相場を煽ったという。昭和36年の株式投信と公社債投信の合計残高は1兆円を超し、破竹の勢いだった。投信のキャッチコピー「銀行よさよなら、証券よこんにちは」は流行語になった（日興証券の静岡支店長が生み出したと伝えられている）。

　投資信託の膨大な資金が株式市場に流れ込む状況は「池の中でクジラが泳いでいる」（投信の資金が市場を揺るがしている）と大いに心配された。昭和36年7月、景気過熱のため日銀が金融引締めを実施すると、株価は下がり始め、流れは逆転した。株価が下がると投信会社は換金のため保有株式を売る、するとますます株価は下がり、悪循環を続けることになってしまった。

■■「銀行借入後に増資」の企業金融

　この時期の企業金融には一つのパターンがあった。景気が活況から過熱の時期にかけて企業は銀行からの借り入れを盛んに行い、さらにその他の金融機関、保険会社から借入れ、景気のピークから好景気の後半にかけて株式発行をし、好景気の後半から金融の緩慢期には社債を発行した。

　そのようになった理由は増資が株主割当額面発行だったためである。高度成長の下で大量の資金調達の必要に迫られていた当時の経営者たちは、まず銀行借入に走り、増資は額面で既存株主に新株を与えることを選んだ。そもそも公募時価発行はポピュラーでなく、応募未達になる可能性があり、増資に成功しても公募価格割れすると、次回の公募発行がむずかしくなると考えられていたという。つまり銀行借入により企業はオーバー・ボロウイング（過大借入）となり、自己資本の充実のためとして増資を行ったのであった。

　なお、この当時は、増資のテンポが速かったこともあって、割当を受けた株主が額面で新株を引き受ける資金を稔出するため、前から保有していた株式（親株）を時価で売ることがよくあったので、証券会社は親株を買い、新たな顧客に売捌いていたという。こんなことから増資しそうな企業の株式を前もってディーラー部門や系列の投資信託に保有させ、時期を見計らって大量推奨販売することも行われた。

　一方、低金利政策がとられていた当時の社債の応募者利回りは低位に抑え込まれ、社債の一般消化は難しく、銀行は日銀に担保適格と認められた社債の募集には応じた。昭和30年の（一時的な）金融緩和により日銀の適格担保社債事前審査制度は廃止されたが、昭和32年半ばからの金融引締めののちは、社債受託銀行 8 行（興銀、三井、三菱、富士、住友、三和、第一、勧銀）が起債会を結成し、自主的な起債調整を行うことになった。したがって起債は起債基準にあった大企業などに認められ、社債は規模も役割も限定的だった。社債発行に関してこの時期の証券会社は限定的な役割に甘んじていたわけである。

■■定期付き養老保険、自動車保険の増加

　経済成長の中で保険も大きく変わっていった。戦後から昭和30年頃までは貯蓄性の保険である養老保険が主力であった（保険者が死亡した場合保険金が出るが、満期まで生きていても満期保険金をもらえる）。戦後一貫して予定利率は４％と高かったため満期保険金は総払込保険料の２倍になり喜ばれていた。

　当時の一般的なプランは養老保険期間30年、満期保険金10万円もしくは20万円であった。マイホームを建てるのに100万円必要な頃であったので、十分な保障規模でなく、昭和30年に従来の養老保険と定期保険（決められた期間を保障するもの）を組み合わせ、保障部分が大きくなった定期付き養老保険が発売された。こうして昭和33年末の保険契約高は４兆4640億円となり、国民所得に対する保有契約高は94％となり、戦前の水準にまで回復した。

　一方、損保分野では新たな保険商品が誕生した。戦後の復興に伴って自動車の保有台数は増えつづけ、昭和30年には150万台を超えた。自動車による人身事故も増加していたので、被害者の救済措置が検討され、民間ではリスクが大きすぎるので、国の強制保険として自賠責保険（自動車損害賠償保険）が昭和30年に発足した（ちなみに昭和31年には死者は6,000人、負傷者は10万人を超えた）。

　経済成長に伴うモータリゼーションが進む中で、民間の自動車保険も次第に増加していった。そののち海上保険会社が陸に上がったといわれるほどに自動車保険は損保会社の業務の中心的存在となっていった。

第 **14** 章

所得倍増

日本経済は、いまや歴史的な勃興期にある。国民の創造的能力の解放がこのような歴史的高揚の原動力である。

　昭和三十四年度の経済成長率が一七％に達したという事実、およびこのような急激な経済膨張にもかかわらず、経済はきわめて安定な状態で推移しているという事実は、日本経済の逞しさを実証するものである。（略）

　われわれは、今度十年間に国民総生産を二倍よりも二・五～三倍に近づけうる可能性があるものと判断する。

　このような高速度成長は、経済活動の全領域にわたつて、革命的な変化をもたらすにちがいない。

　⑴　先導的な工業部門とそれを基礎とする第三次産業とのめざましい拡張は、高い生産性を持ち、したがつて高い所得を産み出す力を持つた就業機会を急速に増大する。

　⑵　年々五十～百万人程度と推定される新規労働力は、このような労働需要を充足するのにいちじるしく不十分となる。

　⑶　今日、都市および農村において、潜在失業状態ないしきわめて不満足な就業状態にある多くの人々は、かくして、はじめて、その能力を十分に発揮しうる就業機会を与えられることになる。

　⑷　すなわち、多くの人々はこのような高い所得を産み出す新しい職場あるいは産業に転換することによつて、急速にその所得を増加するであろう。

　中小企業経営者は、この急速な変化に適応して、低賃金を当然のこととして前提した経営から、高能率高賃金の近代的経営に脱皮し、このようにして中小企業従業者の大企業従業者にたいする所得格差は解消に向かうことになる。

　農業部門においても、同様な理由による農村過剰労働力の発展的解消によつて、機械化された農業技術を基礎とした近代的な大規模経営への機運が生み出される。農業部門の他部門にたいする所得格差も、こうして解消に近づく。

　⑸　高い所得水準と高い生活水準が実現されるにつれて、消費形態には衣食住を通じて革命的な変化がおこらざるをえない。高度化された新しい消費生活が新しい経済を支えることになる。

　われわれは、いまや、真の意味における完全雇用と福祉国家を実現するための門口に立っている。ただ単に、職なき者に職を与えるというのではなく、また、ただ単に貧しき者、不幸な者に乏しきを分ち与えるというのではない。働く意志と能力を持った国民のすべてが、その能力を十分に生かし、それによって、西欧諸国民に劣らないような高い所得の機会を持ちうるような社会、貧しき者や不幸な者がうまれなくなるような社会、国民の高い創造力を自由に伸ばすことによって実現された豊かな経済力を国民福祉の充実と文化的な国民生活の建設に充当しうるような社会、このような社会の建設がわれわれの努力次第では夢ではなくなろうとしている。（略）

　このような可能性を現実のものとするためにはわれわれ自身の努力が必要である。民間部門における創意と工夫、決断と自己責任を基礎とする生産性向上の努力とともに、政府部門においては、このような創造的努力を刺激し、これを自由に発揮せしめるに足る条件を整備しなければならない。（略）

　来たるべき十年は、このような意味において、歴史的な時代となろうとしている。しかし、十年後のわれわれの運命を決定するものは、現在におけるわれわれ自身の選択と決意であり、創造的努力の如何である。この可能性を開拓し実現するものは、退嬰的、消極的な事なかれ主義ではなく、意欲的、創造的な逞しさである。日本国民の創造的能力を確信しつつ、自信をもって前進すべき時である。

『成長政策の基本問題』下村治　週刊金融財政事情　昭和35年11月7日号　金融財政事情研究会

■■池田内閣の発足

　新安保条約の批准をめぐる国内の混乱とアイゼンハワー米国大統領訪日取りやめの責任をとる形で岸内閣は昭和35年6月に退陣、池田勇人が内閣を率いることになった。池田内閣は当時の状況を踏まえ、政治的立ち位置として「寛容と忍耐」、「低姿勢」に徹し、経済政策では所得倍増計画を推進した。

　所得倍増（賃金倍増）計画は池田の年来の思想が詰まったものだった。中山伊知郎は吉田茂ブレーンの一人であり、一橋大学の学長、そして昭和25年から10年間にわたって中央労働委員会の会長として有名であった。その中山は「読売新聞」昭和34（1959）年1月3日の朝刊に、賃金はコストでもあるが、消費にまわせる所得であるとの短いエッセイを書いた。新聞社の整理部員は「賃金2倍を提唱」との見出しを付けたところ、閣外に去っていた池田勇人がこれを読み、インスピレーションを得たという。池田は翌2月に地元広島の演説会で「月給倍増論」を初めて口に出した。3月には日本経済新聞に「私の月給二倍論」を掲載するなど、政権をとる1年以上前から新聞や演説などでたびたび言及、大きな反響を呼んだ。そして「月給倍増はいかん。月給というと給料取りばかりが相手だと思われる。"所得倍増"にしよう」と池田が決めたといわれる。

　上掲文のとおり下村治は昭和35（1960）年11月に「週刊金融財政事情」に経済成長政策を発表した。国民を豊かにさせたい、日本に今までにないチャンスが巡ってきたという力強い発信であった。

　池田を囲む宏池会が結成された昭和32年頃から、池田の指示を受けた下村たち池田のブレーンたちが、ケインズ的思想を初めて導入して、日本経済と国民生活がこれからの10年間にどこまで豊かになれるかという潜在成長力の推計を、手回し式のタイガー計算器で模造紙に打ち出す作業を続け、池田とのディスカッションを経て練り上げたものが"大元"であったという。

　そしてこの頃から $g=s/v$（ g は成長率、 s は貯蓄率、 v は資本係数〈資本／所得〉）という方程式はどういう意味であるのか、ケインズ経済学とはどう

いうものか、ケインズの弟子たちのハロッド、ドーマーの数学的理論は何を記述しているものか、新聞や雑誌で大いに取り上げられ、経済学論議が盛んになった。

池田内閣の成立の翌8月には公定歩合を引き下げ（昭和34年12月には伊勢湾台風後の物価上昇に対し公定歩合は引き上げられていた）、買いオペの実施、窓口規制の緩和など一連の金融緩和策を進め、200億円の大型補正予算と昭和36年度の大型予算を組み、金融、財政両面から成長政策を推進した。これによりビジネス・マインドが高揚し、設備投資意欲は高まった。

■■貿易・為替を自由化

先進工業国の中で貿易の自由化の最も遅れていた日本でも自由化の機運は昭和35年に入って盛り上がった。同年6月には貿易自由化大綱が策定された。貿易の自由化比率を昭和35年4月の41％から3年後には約80％に引き上げること、為替面では経常取引を2年以内に自由化し、資本取引も漸次緩和するとの内容だった。対ドル（地域）差別品目の撤廃、自動承認品目の追加、自動割当制の拡充、非居住者自由円の創設、無担保借入枠の撤廃、海外旅行費の制限の緩和、株式取得制限の撤廃、株式、社債等の元本送金期間の短縮などが実行された。

次いで昭和38（1963）年2月、日本はIMF（国際通貨基金）8条国勧告を受け入れ、貿易為替の自由化を進めることとなった。これにより国際収支の悪化を理由にした為替取引制限ができなくなり、円は交換可能通貨になった。民間が行う外国との輸入貿易や資本取引の制限がほぼ30年ぶりに解かれたということになった。本格的な開放経済体制への移行に際して、政府は先進諸国への仲間入りを宣言、国民に協力を求めた。

こうした自由化の動きは、日本経済の国際競争力について新たな議論を引き起こした。量産体制の確立（自動車）、技術開発力の培養（産業機械）、大規模コンビナートの建設（石油化学）などが提起され、いっそうの設備投資意欲が喚起されたのであった。

【昭和30年代後半の経済成長率（昭和34年度〜40年度）】
（単位：％、兆円）

年度	名目成長率	実質成長率	国民総生産
昭和34	12.2	9.2	12.9
35	19.9	14.1	15.5
36	23.4	15.6	19.1
37	10.8	6.4	21.2
38	15.4	10.6	24.5
39	17.9	13.3	28.8
40	10.2	4.4	31.8

（出所）　経済企画庁

【一人当たりGDPの歴史的推移】

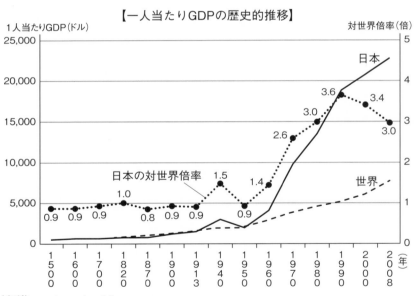

（出所）　ggdc.net／maddison

　一方、オリンピックを東京で昭和39（1964）年に開催することが決定した頃から、交通網の整備や競技施設の新増設などが必要となり、東海道新幹線や首都高速道路などのインフラや国立競技場、日本武道館などの競技施設が整備され、建設需要が高まった。また、オリンピックをみるために当時はまだ贅沢品だったテレビを買ったり、実際にオリンピック会場へ行く移動（旅行）、国際観光ホテルの建設なども影響し、好景気となった。この景気は神武景気や岩戸景気に比べて期間こそ短いが、日本の交通インフラ整備や諸施設の建設等を促進させることに成功したので、のちにオリンピック景気と呼ばれることになった。

　昭和30年代後半（1960年代）、日本経済は所得倍増計画のおかげで持続的に成長するとの期待が高まり、生産能力拡大のための設備投資が増大し、国際競争力強化のための近代化投資が増加し、貿易・為替の自由化を乗り越えた。

■■ オリンピック後の景気後退

　オリンピックが終わり、池田が病気で退陣、昭和39（1964）年11月に佐藤栄作が内閣を組閣した。第二次池田内閣で蔵相に就任した田中角栄は第一次佐藤内閣の蔵相も務めたので、昭和37年7月から昭和40年6月まで約3年間蔵相を続けた。

　オリンピックが終わっても世の中は一見すると、オリンピック景気による華やかさに包まれているようだった。しかしオリンピック関連の企業は好調だったが、多くの企業は昭和36年夏以降の金融引締めにより業績が伸び悩んでいた。株式市場は先行き不透明といわれ、東証平均株価は昭和36（1961）年7月の1829円のピークののち、調整局面に入り、昭和37年10月までほぼ一本調子で下落を続けていた。

　そこに昭和38（1963）年7月、アメリカのケネディ大統領がドル防衛のための対外投資抑制策としての利子平衡税の導入を打ち出すと、アメリカの経済力の下降を意味するものと受け止められ、株価はさらに下落した。これに

追い打ちをかけるように同年11月にはケネディ大統領暗殺事件が発生し、年末にいたって東証平均株価は1200円64銭にまで落ち込んだ。株価が下がると、投資信託は株式を売り越すので、株価をさらに下落させた。

　株価の下落要因には、オリンピック終了後の過剰在庫問題に苦しむ企業の存在に加え、企業の増資が続けられてきたこともあった。金融引締めのため銀行から融資を受けられなくなった企業は駆け込み増資に殺到し、株式の供給超過を招き、さらに株価が落ち込むことになったという。

　証券市場が危機的な状況にあると判断した銀行界は、興銀、三菱、富士の3行がリードをとって、大蔵省・日銀と極秘に対策を練り、昭和39（1964）年1月に株式市況安定のための株式買取機関として日本共同証券株式会社を設立した（興銀、長銀、都銀14行、証券4社が共同して出資した民間の証券会社の位置づけ）。2カ月後の同年3月から買い付けを始めたものの、売り圧力は依然強く、東証株価1200円の攻防といわれる相場展開の中で買い向かった（約1年間で1905億円の買い）が、市場を動かすほどの力はなかった。

　そこで証券界で証券会社65社を組合員とする保有組合構想を練り、昭和39年12月に田中蔵相の了承を得て、翌昭和40年1月民法上の任意組合である日本証券保有組合を設立し、日本証券金融会社を通じた日銀借入により資金調達を行い、投信保有株式の肩代わりによる市況安定化を行った（同年1月から7月まで2327億円の肩代わり）。

　加えて増資等調整懇談会は昭和39年9月に昭和40年2月以降の増資をほぼ全面的に中止することとした。また昭和39年12月にはシステムキッチンのサンウエーブ、昭和40年3月には山陽特殊鋼が倒産し、同年4月には吹原産業事件（三菱銀行から30億円の預金証書をだまし取ろうとした詐欺事件）が表面化し、証券界のみならず経済界には極度の緊張が走った。

■■山一危機と日銀特融

　証券会社全体の営業損益が赤字となり、昭和37年15億円、昭和38年220億円、昭和39年532億円とその幅は大きく拡大した。昭和39年9月期から大手

　４社は配当を無配とする状況であった中、とりわけ山一証券の経営が悪化していた。西日本新聞は昭和40年５月21日朝刊で「山一証券　経営難乗り切りへ／近く再建策発表か」という記事を１面に掲載した。これを受け、他の新聞社も同日付け夕刊トップで一斉に追随した。当日、山一証券は主要取引先である興銀、三菱、富士の３行トップとともに記者会見し、「山一証券再建策」を発表した。

　しかしこのことがかえって世間に山一は危ないというメッセージを与えてしまい、翌22日は土曜日で半日営業であったが、山一各支店には朝から投信、株式、債券の払い戻しを求める客が殺到した。翌週にも騒ぎは続き、28日は割引金融債の償還日であったため、いっそう多数の個人客が払い戻しを求めて山一の支店に行列を作った。

　この事態を受け、５月28日夜、大蔵省、日銀、主力３行のトップが日銀氷川寮に集まった。会合では日銀特融しかないという点では早々に意見が一致したが、細かい点で意見が合わなかった。遅れて参加した田中蔵相は、最初は黙って話を聞いていたが、参加者の一人が「こんなにごたごたするようなら、取引所を２、３日クローズしてはどうですか」と発言したのを受けて、「手遅れになったらどうする！　それでもオマエは頭取か」と一喝したという。この発言に場は凍り付き、日銀特融は一瞬のうちに決まったとされる。日銀が関係主要行を通じて証券会社に対し事実上の無担保・無制限の融資を行うというもので、昭和初期の金融恐慌の再来を招かないための異例の措置だった。日銀特融の決定により証券市場の不安心理は陳静化した。同様に危機的状態だった大井証券にも日銀特融が行われた。

　山一証券は282億円の特別融資を受け、昭和44年９月に完済、大井証券は53億円の特別融資を受け、昭和44年７月に完済した。また日本共同証券は昭和46年１月解散し、日本共同証券財団に、日本証券保有組合は昭和44年１月に解散し、資本市場振興財団となった。

■■所得倍増と生損保

　一方、国民所得の上昇とともに保険会社にはいっそう社会一般の関心が高まっていた。昭和34年から保険審議会の検討が進められ、昭和37（1962）年の生命保険計理に関する答申では、画一主義を改め、保険種類の多様化に努め、資産運用を改善することがうたわれ、責任準備金の積み立て方式を改め（純保険料方式を推奨する）、経営基盤を強化することとなった。また同年には保険募集答申も出され、翌昭和38年から保険協会が外務員試験を行うなどして外務員制度の改善、教育が進められることになった。戦後すすめられた保険の募集と月ごとの集金もこの頃になると別々の支社に行わせるのではなく、世の中の落ち着きに応じ、同一支店で募集、集金を行うようになった。

　資産運用面では、昭和26年に認められた保険会社の銀行保証付き貸付が大きく伸長し、昭和30年代には貸付の構成比は5割を超えることになった。金融逼迫時には多くの企業が保険会社に貸付を申し込むこととなった。また保険会社は地方の不動産への投資（地域還元）も積極的に進めた。

　損保ではこの時期にはリスクの多様化に応じた新商品の開発が重要となってきた。その中でモータリゼーションに合わせ自動車保険が主力商品に成長していくことになった。

　下村によって始められた経済理論を踏まえた政策の展開はその後も踏襲された。それにもかかわらず、昭和30年代後半から財政面は困難なものであって、昭和40年度には年度途中で公債発行を行わざるをえなくなった。

第15章

公債発行

昭和四十年度一般会計予算につきましては、（略）緊急に措置を要する追加財政需要が生じ、歳入歳出の両面から当面の財政処理について特別の措置を必要とするに至りました。（略）

　まず、二千五百九十億円と見込まれます租税収入等の減少につきましては、臨時応急的な特例として、別途提出しております昭和四〇年度における財政処理の特別措置に関する法律案に基づき、公債を発行してこれを補てんすることといたしております。（略）

　政府としては、さらに、経済の現局面にかんがみまして、今回の補正予算の編成にあたっては、租税収入の減収に対し、財政規模の圧縮を行なうことなく、あえて公債を発行する措置をとったのであります。（略）

　公債の発行によって、社会資本の充実等、財政が本来になうべき役割りを積極的に果たしていくことも、国民待望の大幅減税も可能になるのであります。同時に、景気の動向に応じて、公債の発行を弾力的に調節すること等を通じまして、経済の基調を安定的に推移せしめ、もってわが国経済の均衡ある発展をはかる道が開かれていくと存ずるのであります。

　特に、今日のように供給力が超過しておる状態のもとでは、健全な公債政策の活用により需要を拡大してまいりますことは、本格的な安定成長路線への地固めを行なう上において不可欠であると申さねばならないのであります。

　公債の発行につきましては、われわれには戦時中及び終戦直後のインフレの苦い経験があります。しかし、極度に資源と物資の欠乏していた当時と、二十年にわたる経済の発展により、国力が充実し、生産力が飛躍的に拡大しておる今日とでは、基本的にその条件を異にしているのであります。（略）

　政府といたしましては、公債政策の導入がいやしくもインフレに連なるがごときことの断じてないよう、最大かつ細心の注意を払ってまいる決意であります。特に、財政の規模をそのときどきの経済情勢の推移からみて適正な限度に維持し、もって国民経済全体としての均衡を確保してまいる決意であります。

　この意味におきまして、公債の発行にあたりましては、第一に、その対象は公共事業費等に限定し、いわゆる経常歳出は租税その他の普通歳入でまかなう

こと、第二に、その消化はあくまでも市中で行なうこと、という二つの原則を堅持してまいる方針であります。今回の補正予算におきまして、日本銀行引受けの方式をとらなかったのも、この際こうした慣行を確立することが重要であると考えたからであります。（略）

昭和四十一年度の予算につきましては、（略）本格的な公債政策の活用により、一方では、国民負担の軽減をはかるため、画期的な大幅減税を実施するとともに、他方では、社会資本の充実等の重要施策について重点的にこれを配慮していく方針であります。

同時に、いやしくも公債政策の導入に伴い財政が乱に流れることのないよう心するとともに、予算の効率的な活用をはかるよう、財政支出の内容と効果の徹底的な再検討を行なってまいる所存であります。（略）

「第51回国会における昭和40年度補正予算に関する福田大蔵大臣の演説」昭和40年12月20日

　昭和40（1965）年初より景気は停滞し、1、2月頃には税収不足が明らかとなった。また、昭和39年度の税収不足を昭和40年度税収の一部で補ったことから、昭和40年度予算は4月段階で、1000億円程度の税収不足が見込まれることになった。

　このため、第一に政府支出の抑制、第二に財政投融資による政府支出の肩代わり、第三に財政投融資の財源を確保するための資金運用部保有の金融債の日銀への売却などが検討されていた。

■■ 公債発行への転換

　昭和40年6月には政府支出の1割留保が閣議決定され、かつてない高い比率の支出抑制が始まっていた。佐藤内閣は昭和40年6月に内閣改造し、福田赳夫が蔵相に就任した。就任直後の記者会見で福田は「時期としてはいずれ公債発行に踏み切らねばならないと思う」と述べ、半月後には政府支出の1割留保をやめ、公共事業の支出促進を閣議決定し、7月には公債発行の準備をすることを表明した。経済の動向をみつつ財政運営するフィスカル・ポリシーが打ち出された。

　昭和30年代後半に日銀法の改正が金融制度調査会などで検討されたものの、明確な方向性が出されないままであった。ようやく昭和39年に入り進捗を見せ、日銀が日銀の「国債ノ応募又ハ引受ヲ為スコトヲ得」を改正したいとする方向に対し、大蔵省は日銀法ではなく財政法で改正するとの考えから1年を超える対政府信用の禁止の素案ができていたという。昭和40年夏の財

【昭和40年代の公債金の状況】

	歳入総額（A） （億円）	公債金（B） （億円）	B/A （%）
昭和40年度	37731	1972	5.2
41	45521	6656	14.6
42	52994	7094	13.4
43	60599	4621	7.6
44	71093	4126	5.8
45	84592	3472	4.0
46	99709	11877	11.9
47	127939	19500	15.2
48	167620	17662	10.5
49	203791	21600	10.6

（出所）　昭和財政史（昭和20〜48年度）

政制度審議会で、福田は「私は日銀引受というような形は避ける考えでおります」と発言し、日銀引受は早い段階で回避が明らかにされた。

　上掲文にみられるように福田は公債発行について確たる信念を持っていた。昭和40年度の補正予算の歳入補填公債と41年度以降の建設国債（公共事業費を賄う国債）の区別をはっきりとつけた。この原則はその後堅持された重要な区別だった。そののち昭和50（1975）年度から税収不足のため特例公債を発行することになった。平成10（1998）年以降は恒常的に特例公債額が建設公債発行額を上回るようになり、残高ベースでも平成15年度以降、特例公債残高が建設公債残高を上回る事態となっている。昭和40年の福田の考え方にもう一度、立ち返る必要がある。

　昭和40年度の補正予算は同年11月に編成され、税収の不足見込み額2590億円を公債発行で賄うことになった。補正予算の閣議決定の前日には国債発行等懇談会が開催された。これは大蔵大臣が国債、政府保証債の発行規模に関し、参考として民間の意見を聞く場として設けられたものであった。財政制度審議会、金融制度審議会、証券取引審議会の会長や全国銀行協会、証券業協会の会長らが出席した。以後公債の発行、増額の際に懇談会を開くことが慣例となった。

■■民間シ団による引受

　実際の国債引受はシンジケート団によることとなった。どう組成するか業界間で意見の対立があったが、国債が継続して発行されていくとの見通しから、政府保証債シ団（都長銀、地銀、信託と証券）より広げ、相互銀行、信用金庫、生命保険、農中などを加えることとなった。また分担率は資金量や資金コスト等を勘案したものとなった（当初は都長銀51.5％、地銀20％、信託、相銀、信金、農中、生保各3.6％のシェアだった）。

　証券会社については、そもそも募集の取扱いを証券会社に限るのか、それとも銀行にも認めるのかという根本問題があった。当時、証券取引法65条は銀行の国債販売を認めていたが、銀行は預金との競合からそう熱心ではな

く、証券界は銀行の窓口販売には猛反対であったため、募集の取扱いは証券会社のみが行うことになった。証券界は10％を個人等に消化することになった。前年の証券不況で多くの証券会社が傷ついており、10％はかなり重荷だったという。

　昭和40年に組織されたシ団は挙国一致型シ団と酷評された。一方、資金運用部の原資は郵貯資金や年金資金であり、個人消化に類するので、引受けが期待されていた。昭和40年度の場合、シ団は昭和41年１月700億円、２月250億円、３月150億円、合計1100億円引き受けた。資金運用部は900億円引き受けたのち、税収が確保できたため追加引受けはしなくてよくなった。この事態に民間シ団側は「多く引き受けさせられた」との不満をもったという。当時民間側には国債は引受けざるをえない「厄介もの」という認識が強かったからである。

　昭和40年度の公債依存度（国債発行額／歳出額）は5.3％となり、国債を建設国債として発行する初年度の昭和41年度は14.9％と跳ね上がったが、税収

【国債引受シ団と分担率（昭和40年度）】

業態区分	シ団メンバー一覧	代　表	分担率（％）
都市銀行、長期信用銀行	16	全行シ団メンバー	51.5
地方銀行	5	静岡、埼玉、横浜、北陸、足利銀行	20.5
信託銀行	1	東洋信託銀行	3.6
相互銀行	1	東京相互銀行	3.6
信用金庫	1	全国信用金庫連合会	3.6
農村中央金庫	1	農村中央金庫	3.6
生命保険	1	朝日生命保険	3.6
証券	4	野村、日興、山一、大和証券	10.0
	30		100.0

（出所）　昭和財政史（昭和27〜48年度）

も確保される状況で昭和43年度の公債依存度は7.8％にまで低下した。財政の規模と国民経済の関係に腐心していた様子がうかがえる。

この頃から租税政策が変わったとの指摘がある。それまでの経済成長期には名目所得の増大により所得税の実効税率が上がってしまうことに対応するためいわゆる物価調整減税を毎年行ってきたが、国債を発行する状況では減税をどう位置づけるかという問題に変わったからである。ちなみに昭和43年度では所得税の減税1050億円に対し、酒税450億円、たばこの定価引上げで550億円の増収するという組み合わせが考えられた。

■■いざなき景気に向かう

昭和40年10月頃には景気の谷を迎え、いざなぎ景気が始まろうとしていた。人々が景気がよくなってきたという実感をもったのは昭和41年もだいぶ進んでからであった。いざなぎ景気という名称は、神武景気や岩戸景気を上回る好況だったからである。

財政支出と輸出の寄与もあったが、景気押上げの主役はやはり民間設備投資だった。昭和30年代の設備投資が近代化のための投資だったとすると、昭和40年代の設備投資は国内、海外の市場拡大を背景にいわゆる規模の経済を追求する大型投資だった。また労働力不足に対応するための省力化投資も増大した。鉱工業生産指数は昭和40年11月から昭和45年7月まで連続して上昇した。企業収益は昭和41年3月期から昭和45年9月期まで10期連続増収増益となった。実質国民総生産の対前年比増加率は昭和41年度から昭和45年度まで常に二桁だった。

所得水準の向上によって消費の大幅な伸びもみられた。新・三種の神器、エアコン（cooler）、車（Car）、カラーテレビ（Color TV）の3Cの購入が進んだ。トヨタ・カローラ、日産・サニーといった低価格の大衆車が発売され、マイカーブームがおこり、東京オリンピック（昭和39年）を機にカラーテレビの普及率も急速に高まった。

いざなぎ景気は昭和40（1965）年11月から昭和45年7月まで57カ月続いた

（当時最長記録）。この間に日本経済は大きく拡大し、世界第二位の経済大国となった。また昭和35年に約40億ドルだった輸出は、昭和45年には約200億ドルとなり、アメリカ、西ドイツに次いで世界第3位の輸出国となった。

昭和41（1966）年2月には経済開発協力機構（OECD）の貿易外取引委員会が開催され、資本移動に関する日本審査が行われると、産業界から自由化を望む声が上がり、昭和42年7月には資本自由化（第一次）が実施された。また昭和40年代に入り欧米金利が上昇し、ドル・ユーザンス金利も上昇したため、輸入金融は外銀ユーザンスから円金融に代わった（円シフト）。

これまでは経済成長の過程で景気過熱、国際収支悪化、引締め政策発動というパターンを繰り返してきたが、昭和40年代に入り国際収支の黒字が定着し、金融政策の自由度は格段に増すこととなった。昭和44年には国際収支の黒字のもとでの金融引締めが初めて行われた。

貿易や資本自由化に対応するため、昭和45年には八幡製鐵と富士製鐵が合併し新日本製鉄（新日鉄）となるなど、国際競争力の強化をめざした規模拡大のための大型合併が多数実現した（八幡、富士については小宮隆太郎教授ら経済学者30人の反対もあった）。

■■銀行が日常生活で身近な存在に

銀行は預金の吸収に努め、成長産業、企業に融資することに注力し続け、大衆化路線も強力に推し進められた。昭和38年に始まったマル優制度（少額貯蓄優遇制度）は昭和40年4月に非課税限度額が50万円から100万円に引上げられた。電話料金、電気料金、NHK受信料、水道料金、ガス料金などの五大公共料金の銀行での口座振替は昭和40年代に入り全国的に広まった。また、給与は現金払いが原則だったが、企業と従業員の合意が得られたところから給与振り込みサービスが始められ、銀行が今まで以上に人々の日常生活にとって身近な存在となっていった。都市部での人口急増を反映して、新築住宅需要や建て替え需要が増し、個人向けクレジットカードが普及し始めた。開発経済学の言葉でいえば、Social Inclusionが進行したといえるだろう。

　一方、産業界からの資金需要は非常に強く、これに応えていく必要があった。民間設備投資はすでに述べたように旺盛で、昭和41年度から昭和44年度まで毎年2割を超える大幅な伸びとなり、都市銀行の新規貸出に占める設備資金貸出は2割を超える年が続いた。また設備資金貸出により銀行は企業との長期的な取引関係を保っていくことに注力するようになった。

　貿易の自由化から資本取引の自由化へと進んでくると、銀行にとっては外国為替取扱の営業店を増やしていくことや外国為替の担当者の教育が課題となっていった。また商社が仲介する取引だけでなく、メーカーが直接貿易取引や資本提携を始めると、それを支援する銀行側の体制づくりも進められた。

■■ 銀行行政の弾力化

　銀行行政も時代に応じ変化していった。それまでは競争制限的だったが、昭和38年以降弾力化に転じ、銀行の自己責任が強調されるようになった。昭和42年発表の経済社会発展計画では経済社会の質を重視することになり、貿易の自由化から資本取引の自由化、海外からの資本の受入、海外への投資の自由化を展望することになった。

　金融の分野でも他の業種と並んで効率化行政が推進されたが、その柱の一つは店舗行政であった。配置転換による新増設を認める（昭和42年）、新設の制限は継続するが、配置転換は自由とする（昭和44年）などと漸進的な弾力化が進められた。

　もう一つの柱は銀行の統一経理基準を設け、各銀行の経理を相互比較できるようにしたことである。そして、統一基準ができたことにより各銀行の配当の自由化が行われることになった。銀行の配当率は、昭和24（1949）年以前は無配、昭和24年度上期から8％、昭和25年度下期から10％、昭和34年度下期から9％という推移をたどっていたが、昭和45年下期から10％までは自由、10％から15％までは配当性向40％の範囲内で決めるなどとなり、銀行の資本政策も自由化された。

また、相互銀行・信用金庫法の改正により、最低資本金（または出資金）を大幅に引き上げ、融資限度額も引き上げ、融資対象企業を拡大した。金融機関の合併転換法により異種業種金融機関同士の合併、異種金融機関への転換が認められることになった。実際、当時最大の相互銀行であった日本相互銀行は昭和43年10月太陽銀行となり、都市銀行に加わった。翌昭和44年には地方銀行であった埼玉銀行が都市銀行に加わった。

　さらに、金利機能の活用の方向に踏み出し、預金金利の改定方法を改善し、昭和45年4月には9年ぶりに1年定期預金金利を5.5％から5.9％に引上げ、昭和46年2月から年6％の1年半定期預金が新設された。

■■ 息を吹き返す証券業界

　証券業界が証券不況に見舞われたのは前章で述べたとおりである。証券業者に対しては昭和36年（株価が高騰していた頃）以降、資本金を2～3倍（非会員業者は3倍）に引き上げることや正味資産の保有など厳しい指導が行われ、昭和38（1963）年6月には証券取引審議会が証券会社の免許制への移行を提言する報告を取りまとめた。早速、法案化する作業が行われ、昭和40年10月に改正法は施行された。免許への切り替え期限は昭和43年4月とされたので、2年半の間に各社は経営改善指導を受けたうえで、免許審査が行われることとなった。

　改正法施行前の昭和40年9月末には483社あった登録業者数は免許申請直前の昭和42年9月末には357社に減っていた。このうち免許を与えられたのは255社であった。再建された山一と和光は新規免許を得たので、改正証取法の免許会社は発足当初257社だった。

　田中蔵相は銀行と証券は車の両輪であり、証券会社も銀行も同じ免許制、大蔵省の証券部を証券局に格上げることを持論としていたという（証券局は昭和39年6月発足）。

　日本経済は昭和40年に深刻な不況に見舞われたが、同年7月以降の政策転換で景気は回復し、不況乗り切りのため実施されてきたカルテルなどの生産

調整は昭和41年になると解除されていった。昭和40年10月から株価は上昇基調をたどるようになり、（昭和40年2月から増資停止だった）民間会社の増資も同10月から一定の基準を満たしたものから再開された。株式を大量に買い集めた日本証券保有組合の凍結株も昭和41年3月から放出が始まった。前章にみたように山一も大井も特別融資は早々に返済した。

　証券会社は証券不況の影響を受け、立て直しにたいへんな苦労を強いられたが、株価の上昇とともに息を吹き返し始めた。

■■ 生損保の大衆化が進行

　保険は国民総生産の急増、国民所得の大幅な上昇に対応していくことが課題だった。昭和37（1962）年の保険審議会では「国民一人あたりの所得水準はすでに戦前水準を超え、また、かつては社会保障的機能を代行してきた家族制度が戦後崩壊したことに伴い、将来の生活保障を確保するため、生命保険に対する潜在的需要が高い」ので、平均保険金額を引き上げる方向が打ち出されていた。昭和30年代後半から昭和40年代に入って保障機能の大きな商品の開発が進められた。昭和36年当時一人当たり50万円台だった保障金額は逐年上昇し、昭和48（1973）年頃には400万円に達した。

　昭和44年には昭和35年から昭和38年までの全保険会社20社のデータをもと

【損保会社の正味保険料の構成比の推移】

(単位：％)

	昭和35年	40年	45年	47年
火災	52.7	44.5	28.2	27.8
海上	23.5	16.4	12.5	12.5
運送	2.5	1.9	1.1	1.1
自動車	12.4	20.6	30.3	30.4
自賠責	6.8	11.8	19.3	18.4
その他	2.1	4.8	8.6	10.2

（出所）　保険審議会資料、損保協会資料から作成

にした戦後初の経験生命保険表（日本全会社生命保険表）が作成、発表され、昭和44年6月以降発売の商品に適用された。これまでの生命保険表に比べ、死亡率が大きく改善され、これを反映して保険料率の引き下げが実現した。

　このほか保有資産のキャピタル・ゲインを契約者配当に回すことが認められ、契約者配当が充実するなど保険の保障内容、保険料、配当還元など、幅広く保険の効能が高まり、高度成長時代にふさわしいものとなった。

　損害保険も正味保険料の構成比をみると、昭和40年に太宗を占めていた火災、海上、運送がシェアを落とし、自動車（任意）、自賠責保険のウエートが増した。加えて住宅総合保険、店舗総合保険、長期保険、傷害保険などが伸び、銀行、生命保険と並び、損保の大衆化が進んだ。

第 **16** 章

ニクソン・ショック

ただいま、私は十か国蔵相会議を終えて、ワシントンにおりますが、太平洋を越えて、皆様に直接お話しいたし、ご理解と協力を得たいと思います。

　本日（昭和46年12月19日）、ワシントンで十か国蔵相会議が行なわれましたが、円の対米ドル基準レートは１ドル308円に改められることなりました。（略）

　今回の国際通貨危機は、去る８月15日に米国がドルの金への兌換を停止し、その他一連の措置を実施に移したことに始まりました。IMFを中心とする国際通貨体制や自由貿易を原則とするガット体制は、このため根底から揺り動かされたわけであります。（略）今回のワシントン会議において、米国は自ら金価格に対してドルを7.89％切り下げること及び輸入課徴金を即時撤廃することを約束いたしました。また、日本、ドイツ、オランダ、ベルギー等は、それぞれ、金に対して自国通貨を切り上げることに同意いたしました。（略）日本は、世界最大の黒字国として、円を金に対しては7.66％切り上げることといたしました。

　この切上げ率は、各国の中で最大のものであります。（略）

　国民の皆様、今までの１ドル360円の円のレートは、昭和24年４月に決定されました。当時わが国経済は、戦後の荒廃の中で打ちひしがれ、国民の多くが、その日その日の糧に心を痛め、忍び寄るインフレの脅威に悩まされていた時代でありました。（略）われわれは、円の平価を指標とし、たゆみない勤勉と努力をもって経済復興への道をひたすらに歩んでまいりました。（略）わが国経済は、その体質が鍛えられ、昭和45年度には、ついに国民総生産が２千億ドルを超える経済規模に達し、対外的にも強い国際競争力を有するに至ったのであります。（略）わが国の国際収支の黒字が、異常といえるほどの幅となり、対外的にも国内的にも問題を起こしてきていることもまた事実であります。このような大幅黒字を調整するため円の実力を追認する意味において、この際円の切上げを行なうことは必要欠くべからざる措置になるに至ったのであります。

　（略）今回の円の切上げは、まず第１に、（略）円の国際的購買力をそれだけ増加させるものであります。（略）海外から食料品や原材料を（略）今回の切上げにより、従来よりも割安で（略）入手できることになります。（略）

　第２に、円の切上げによって輸入品の価格はそれだけ安くなる（略）、消費

者物価の安定に役立つ面が大きいと思います。

　第3に、円の切上げにより、わが国が輸出する商品やサービスは、海外において それだけ高く評価されることになります。（略）

　しかし、他面、円の切上げが（略）、わが国の産業のうち輸出関連産業や中 小企業の中には、とくに大きな影響を受けるものがあると思います。（略）また、円の切上げが、国内にデフレ的影響を及ぼす可能性があると思います。しかし、円の新レートが設定された今日、わが国の企業は、しっかりとした見通しに立って、経済活動を行ない得ることとなった訳であり、政府の積極的施策と相まって、日本経済が再び上昇に転ずることはまちがいありません。（略）

　明治4年（1871年）に、「円」がわが国の通貨単位として初めて採用されて以来、本年は、ちょうど満百年に当たります。満百年を迎えた今日、円は世界最強の通貨となり、国際通貨調整の一環として、主要通貨の中で最も高い切上げが行なわれることになりました。円の新しい世紀は、円の新しい為替レートによってスタートしようとしております。（略）国民の皆様とともに力を合わせ、「新しい通貨」のもと「新しい国づくり」に向かって邁進してまいりたいと思います。

「円切り上げに際しての大蔵大臣談話」水田三喜男　昭和46年12月19日

　昭和40年代後半は国内的にも、国際的にも激動の時期であった。昭和46 （1971）年8月15日、ニクソンアメリカ大統領はアメリカドルとアメリカ保有金との交換の一時停止、10％の輸入課徴金賦課、減税（自動車消費税の廃止など）、インフレ対策などからなる新経済政策を発表、金と米ドルとの交換停止は即日実施された（ニューヨーク株価（ダウ）は8月16日32.99ドル上昇し888.95ドルへ上昇、一方日本の株価（東証）は同月210円50銭下がって2530円08

銭となった）。

■■固定相場制の限界が露呈

　それから数カ月かけて主要国の通貨当局の間の交渉が進み、上掲文にあるように昭和46年12月18日、ワシントンのスミソニアン博物館での10カ国蔵相会議で新レート、スミソニアン・レートが決められた。激しい議論の応酬の末、日欧の要求によりドルを金に対し切り下げることを前提に、同日午後、日本が歩み寄ると、西ドイツ・マルク、フランス・フランなどの諸通貨も切り上げを決断したという。円は金に対し7.66％切上げ、ドルは金に対して7.89％切下げ、円はドルに対して16.88％の切上げとなった（１ドル＝308円）。水田三喜男蔵相は厳しい交渉の翌日、国民に新レートの意味、意義を説明したいと談話を発表した。

　戦後各国が定めた通貨の固定為替レートは、アメリカを除いて、第二次世界大戦の主要な交戦国が戦争で著しく疲弊していた当時の世界の経済状況を前提に定めたレートであり、大戦直後に世界の金保有額の三分の二がアメリカに集中して、ドルが金と交換できる固定相場制（IMF体制）であった。

　もともとIMF体制は大きな基礎的不均衡が生じたら調整可能（アジャスタブル・ペッグ）とされていたが、ドルについては1950年代にアメリカの海外への軍事支出、政府援助、政府借款供与が貿易黒字の半分以上を占める状況となり、60年頃にはドル危機が懸念されるようになった。各国からのドルとの交換要求に応じるアメリカの金保有の割合は1948年の3.8倍から1960（昭和35）年には1.6倍へ減少していた。50年代を通じて各国の経済が発展するにつれて、固定為替レートは次第に各国の経済力・競争力から乖離した状況になり、1961年３月には西ドイツマルクがそれまでの１ドル＝４マルクから５％切り上げられた。

　1960年代後半に入るとドルをめぐる状況はいっそう難しくなった。アメリカは65（昭和40）年にベトナム戦争へ本格的に介入し、戦費負担にあえぐこととなった。アメリカでは財政赤字とインフレの下で失業が増大するスタグ

フレーションが発生した。国際収支の赤字幅は拡大し、66（昭和41）年に初めて外国のドル準備高がアメリカの保有する金保有額を上回る事態となった。海外に流出したドルは、貿易黒字国の対外準備として蓄積されたため、各国のインフレは加速した。

その頃日本と西ドイツは戦後復興の後も成長を続け、貿易黒字の拡大が続いた。特に日本の経済成長は目覚ましく、1968（昭和43）年、日本のGDPは西ドイツを抜いて世界第2位となった。

1967（昭和42）年、イギリスの貿易収支の悪化、エジプトのスエズ運河の閉鎖（第三次中東戦争）などによりポンドは同年11月14%切下げ、次はドルだという思惑からゴールド・ラッシュが起き、翌68年3月には金プール協定が破棄され、民間取引の（非貨幣用の）金価格は市場に任されるようになった。フランスは着々とドルを金と交換していたものの、69年にはフランが動揺し、同年9月フランス・フランは11.1%切り下げられ、西ドイツ・マルクは9.3%切り上げられた。

アジャスタブルといっても頻繁な調整が続き、国際通貨制度は脆弱性を見せていた。国際流動性を供給するためSDR（特別引出権、Special Drawing Right）の議論がようやくまとまったものの、事態を急速に改善するものではなかった。

■■■ スミソニアン合意

1969（昭和44）年に大統領に就任したニクソンは国内問題を優先したため、国際通貨制度議論は進まなかった。ところが、1971年4月にアメリカの貿易収支が初めて赤字となり、8月に入るとフランス、次いでイギリスがアメリカに対し30億ドルの金交換を要求した。これが金・ドル交換の停止を決定する引き金になったといわれる。上述のとおり、同年8月ニクソンの緊急経済対策が発表された。

ニクソンの発表の後も日本では外国為替市場を閉鎖せず、1ドル360円を堅持する方針を立てたものの、8月24日には変動相場制に移行し（この間、

政府・日銀は12日間で40億ドルのドルを買った)、昭和24年以来22間年続いた固定為替レートが崩れた。円高によって輸出に依存する大企業だけでなく、中小企業にも悲壮感が広まり、停滞気味であった実態経済は一気に冷え込み、混乱が続いた。円の為替レートは前日までの360円から変動相場となった初日8月28日に342円となり、その後340円前後を推移し、年末までには320円前後となった。

　円の新レート、1ドル＝308円の決定は新聞の号外が出されるなど大きく報道された。翌12月20日の東京証券取引所ではニクソン・ショック時と異なり、総じて堅調な動き（造船等の輸出関連は値下げ）を見せ、日経平均は2487円05銭と若干の上昇で、比較的冷静な反応を見せたが、大方の人々は予想外に大幅な切り上げという深刻な受け止めだった。そうした中で水田蔵相は上掲文のように、昭和24年来の1ドル＝360円が崩れたこと、新レートで新しい国造りに向かうと説明したわけである。

【スミソニアン合意後の新交換レート（対米ドル）】

(昭和46年12月19日　大蔵省新聞発表)

	新レート （1ドル当たり各国通貨）	金価格の変更幅	対ドル切り上げ率 （％）
ベルギー	44.815フラン	2.76	11.57
フランス	5.1157フラン	0.00	8.57
西ドイツ	3.2225マルク	4.61	13.57
イタリア	581.5リラ	△1.00	7.48
日　本	308.0円	7.66	16.88
オランダ	3.2447ギルダー	2.76	11.57
スイス	3.840フラン	4.88	13.87
スエーデン	4.8129クローネ	△1.00	7.48
イギリス	0.383774ポンド	0.00	8.57
アメリカ	―	7.89	―

■■ 変動相場制の時代に突入

スミソニアン合意によって事態は沈静化すると期待された。1971（昭和46）年中にアメリカから流出したと推定された270億ドルの半分は投機性のもので、還流が期待されていた。しかし、アメリカの財政赤字が空前の規模にのぼるとみられたことやアメリカの金利が非常に低く推移したので、還流は進まなかった。翌昭和47年１月以降ドルは軟化の一途をたどり、一方、日本円、西ドイツ・マルク、オランダ・ギルダー、ベルギー・フランなどが投資筋にアタックをかけられていた。

翌72（昭和47）年３月にEU６カ国は域内通貨相互は固定為替とするが、対外的には共同フロートにするなどの政策がとられたのち、同年６月にはイギリスポンドのフロート移行、翌年にはスイス・フランのフロート移行などヨーロッパ各国の通貨に安定はみられなかった。

【戦後の円・ドルレートの推移】

（円/ドル）

（出所）　wikipedia

日本円も73（昭和48）年２月にフロートとなり、同年３月には先進国通貨はなし崩し的にすべてフロートすることとなり、変動相場制の時代に突入した。

　愛知蔵相（昭和47年12月第二次田中内閣で就任）は昭和48年２月10日に各国に先がけて為替市場の閉鎖に踏み切り、欧州諸国は週明け12日に為替市場を閉鎖し、再開の際にはアメリカはドルの金価格を10％切下げ、一方西ドイツ、フランス等は対金価格を維持（対ドル11.8％の切上げ）、イタリアは新たにフロート、イギリス、スイスはフロート継続となった。愛知蔵相は再開にあたり為替の変動幅の制限を停止するとしたので、日本円はフロート制に移行することになった（各国間の折衝の中で日本円は対金でアメリカとほぼ同率の切上げが考えられていたという）。

　ドルが二度目の対金切下げを行ったことは投機筋が国際的な資本移動を行うきっかけとなり、国際金融市場が３月２日に閉鎖されたのち、再開するときにはEUは西ドイツが３％切り上げたうえで、フランス、ベルギー、オランダ、デンマーク各国と共同フロートすることとし、日本、イギリス、イタリア、スイスはフロートをそれぞれ継続することとなった。

　こうして先進各国の通貨はすべてフロート制となり、固定相場制から変動相場制へと移行した。

■■円高対策で政策総動員

　国内では昭和46年に入っても景気後退が続いた。そこにニクソン・ショックに伴う動揺が加わり、円切上げになって輸出はもはや伸びなくなる、実質経済成長率は５〜７％程度に落ち込む、という極度の悲観一色となった。昭和46年度は当初から公共事業の施工を早めるなどの対応を行い、合計6500億円余の財政投融資計画も追加された。11月には補正予算が成立し、公共事業の追加、年内所得税減税、公債の追加発行などが行われた。

　金融面では公定歩合が昭和45年10月、昭和46年１月、同５月、同７月に引き下げられていたが、スミソニアン合意成立後の12月28日には0.5％の第５

次引下げが行われ、昭和23年以来最低の4.75％となった。また政策金融機関はもっぱらドル・ショック関連中小企業対策を数次にわたり実施した。

政財界、日銀はともに308円レートは著しく円高である、輸入増、輸出減により、国際収支は減少し、赤字に転じるとみていたためにこうした対策が矢継ぎ早にとられた。「財政史（昭和27年～48年度）」は当時のそうした政策運営を「財政の大幅な拡大、思い切った金融緩和政策」と表現している。

金融機関（全国銀行、相互銀行、信用金庫）の貸出は全国銀行を中心に昭和46年中、増加額ベースで前年比47％、残高ベースで22％の著増となった。特に都市銀行の場合、大手商社、輸出関連メーカーとの取引が大きかったため、ニクソン・ショック時の多額の輸出前受金流入による資金ポジションの改善により、日銀借入金の返済が進み、昭和31年以来のオーバーローンが解消され、貸出を積極化させることになった。

この時期、大企業製造業の資金需要は依然沈滞していたので、都市銀行は条件を緩和して中小・中堅企業向け貸出と事業者ローン、住宅ローンなど個人向け貸出を積極的に拡大した。他方、地方銀行、相互銀行、信用金庫は貸出先細り懸念や都市銀行に対する防衛のために同じように中小企業金融の積極化を進めた（昭和46年12月以降貸出増加額のうち不動産関連貸出は3～5割に上った）。

■■流動性高まる中での金融緩和続行

このため昭和46年半ば以降、企業の手元流動性は高まり、昭和47年夏頃までにはきわめて高水準となった。企業は流動性預金から定期性預金への資金シフトや売戻し条件付き債券売買（その後現先売買と呼ばれる）により短期債の保有に向かった。

非金融部門では土地及び株式の購入も進んだ。昭和41年から昭和46年にかけて株価は年平均12％、地価は同13％に上昇したが、株価は年央の大暴落、その後の一進一退の後、スミソニアン合意後10日間連騰し、昭和47年に入ると年間通じて騰勢を続けた（旧ダウで昭和47年2月最高3000円台、8月4000円

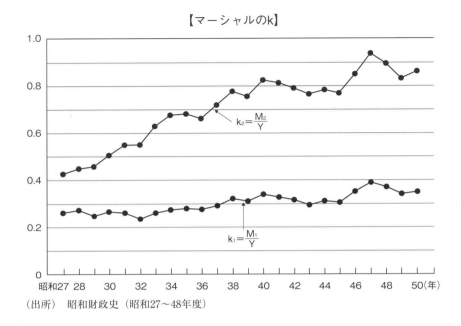

【マーシャルのk】

$k_2 = \dfrac{M_2}{Y}$

$k_1 = \dfrac{M_1}{Y}$

（出所）　昭和財政史（昭和27〜48年度）

台、12月5000円台乗せした）。非金融部門の土地購入は昭和46年中に前年を72％上回り、昭和47年はさらに42％上回ったという。土地や株式を売ったのは個人が中心で、個人部門の流動性上昇は消費を活発化させた。

　円高対策、景気対策を求める声（とりわけ大手製造業を中心に）は非常に強く、昭和47年度予算は前年度当初予算比21.8％増と著しく大型化し、財政投融資も前年度比31.6％と記録的な伸びとなった。昭和47年2月、外貨準備が160億ドルを超えると、黒字減らし、外貨準備減らしを行う必要があるとの声が強まり、大手製造業を中心に再切上げ防止対策、景気対策を求める声が強まり、全般的な金利の引下げのためには預金、貯金金利を引き下げたうえで、公定歩合も引き下げることが模索された。

　昭和47年5月には7項目（預貯金金利の引下げ、輸出抑制、輸入促進、外貨の有効活用など）の対外経済緊急対策が決定され、預貯金金利を引き下げる

方向となったが、郵政側は郵便貯金の預金者に対する貸付制度（預金担保貸付）を創設する法案が6月中旬に国会で成立するまで郵便貯金金利の引下げを行わず、同月23日にようやく預金金利の引下げ、貯金金利の引下げ、公定歩合の4.75％から4.25％への引下げが実現した。

日銀が公定歩合引下げを決断してから実現までに1カ月半かかったこと、この間に景気回復の動きがより明確になっていたこと、政策変更後金融機関の貸出は顕著な騰勢を続けたこと、マネーサプライの伸び率が加速したこと、昭和47年夏以降卸売物価が急激な騰勢に転じたことなどから、当時の政策変更が正しかったかどうかは今日でも議論が分かれている。

■■ 金融システムは堅固に

この期間、金融機関数は、都市銀行は太陽銀行と埼玉銀行が加わり一時、15行となったが、昭和46年第一・勧業の合併、昭和48年太陽・神戸の合併により13行に戻った。長信銀（3行）、信託（7行）は変わらず、相互銀行も72行で同じだった。一方信用金庫は昭和45年502金庫から昭和50年には471金庫へ減少した。生命保険は20社、損害保険は22社で変わらず、証券会社は昭和45年270社、50年259社と減少した。

資金量シェアは、都市銀行は昭和45年26.7％、昭和46年26.7％、昭和47年26.9％だったが、昭和50年には22.5％へ、地方銀行は昭和45年15.1％、昭和46年14.6％、昭和47年14.5％、昭和50年14.0％と推移した。もっとも1銀行当たり店舗数は都市銀行で昭和45年158店舗、昭和47年171店舗、昭和50年191店舗と増加し、地方銀行も68、68、75店舗と増加し、企業体としての規模が拡大したことがみてとれる。

証券会社は昭和40年代後半には時価発行増資にアンダーライターとして加わり、事業債にも発行条件の改定にかかわっていく態勢となり、免許制の下での経営安定と相まってその地位を上げていった。

保険業は資本自由化が進められると、第二次資本自由化業種（昭和44年3月）とされ、銀行、証券業より先に自由化され、外国保険会社ではアメリカ

ンファミリー社（昭和29年免許）が変額保険を日本人向けに発売することを
認められた（47年12月）。

　銀行業、証券業は第三次資本自由化業種（昭和45年9月）となったが、国
内銀行について新設を認めていないので、外国銀行については支店を認める
こととし、昭和46〜49年には37店舗（昭和40〜45年には6店舗）と認可が著増
した。なお外国証券会社は昭和47年に外国証券会社に関する法律によりメリ
ルリンチ社が営業を認められた。

　国際通貨制度の大変革、公定歩合や預貯金金利の変更など大波に次ぐ大波
を受けたものの、金融システムは全体としては堅固で、低い預貯金金利の下
で貸出を積極化させ、マネーサプライが急増したことがこの時期の特徴で
あった。

第 **17** 章

日本列島改造論

『日本列島改造論』といえば、これは田中角栄の"代名詞"だ。（略）

　日本の戦後復興と再建、繁栄は、農山漁村の犠牲の上に成り立つものであってはならない。大都市と地方が共存共栄できる均衡のとれた国土の再編成、再利用を実現すべきだ。政治は、そのための総合的な政策を展開しなくてはならない。これが雪国新潟から出た政治家・田中角栄の終生変わらざるメインテーマである。そして、彼は二十八歳で代議士になって以来、みずから提案者となった法案は四十六件であり、うち三十三件が成立した。前例がない。その実績の上に花開いた国土総合開発政策が『日本列島改造論』である。改造論は政治家・田中にとってのライトモチーフであった。（略）「都市政策大綱」は、彼が四十一年十二月の"黒い霧"解散で佐藤栄作に詰め腹を切らされ、佐藤体制下で初めて味わう失意のときにつくられる。（略）そうした経緯から生まれた「都市政策大綱」と、これを具体的に肉づけした「日本列島改造論」の底に流れる田中構想について、おやじは次のように語っている。

　新しい国土利用というものが何から始まるかといえば、それは交通網の整備と公共投資だ。そこのところを政策として体系的に述べているのが、昭和四十三年五月に発表された「都市政策大綱」だ。これはわたしが自民党の都市政策調査会長として一年二ヵ月かけてまとめたものでね、わたしの「日本列島改造論」の原点であると同時に、その後の歴代政権にとって国土政策の基本憲章となったものだ。

　　新幹線、高速自動車道の全国的な展開、本州四国連絡橋の三橋架設、工業港や空港の整備など、日本列島の一日生活圏、一日経済圏を実現し、工業再配置を支える高速交通体系の推進を謳い上げた点が改めて党内外の注目を浴びた。（略）

　　多くの国民、とくに、低開発地域の住民はエネルギッシュな新宰相の"決断と実行"に強い期待を寄せ、当然のことながら、将来にバラ色の夢を描

く。こうして田中内閣の"目玉商品"になった「日本列島改造論」構想は、鳴りもの入りで船出したが、結局、大シケに見舞われ、田中と多くの国民にとって"見果てぬ夢"に終わる。それまで放置されていた過剰流動性、四十八年十月のオイルショックと田中式の積極財政が結びついてマイナスのトリプル効果を発揮し、地価や一般物価の急騰が"狂乱物価"を現出させ、さすがの田中も断腸の思いで"一時退却"するしかなかった。（略）

　田中は総理の椅子を降り、ロッキード事件にまき込まれる。しかし、その間も自らの列島改造論を常に再生させる努力を怠らなかった。（略）以下はおやじの改造論にたいする自己批判と将来を展望した五十八年当時のカルテの一端である。

　実をいえば、わたしもあの本を出したとき、「列島改造」などと気負わずに、「日本を極楽にする方法」とでも書けば、国民にもっと素直にわかってもらえてよかったんじゃないかと思っているんだ。（略）「みなさんは月給も上がったし、社会環境や社会保障もよくなったが、今いるところより、もっといいところにご案内したい」というのが、わたしの本当の狙いであったんだよ。

　これは列島改造論についての、わたしの反省だ。

『早坂茂三の『田中角栄』回想録』早坂茂三　昭和62年　小学館

■■列島改造ブームと日中国交正常化

　沖縄返還でノーベル平和賞を得た佐藤栄作が自民党総裁に４選されたのち、昭和47（1972）年７月に総裁選となり、田中角栄と福田赳夫の決選投票の結果、田中が佐藤の後継となった。総理に上りつめた田中は列島改造と日

中国交回復を手掛けた。

　田中角栄の名を全国民にとどろかせたのは「日本列島改造論」である。上掲文にあるように新幹線や高速道路を日本中に整備し、日本列島を便利な社会に造り替えよう、という発想である。10年前の池田首相の所得倍増計画は産業構造の面から日本を近代工業社会にしようとしたのに対し、田中はインフラストラクチャーの整備によって近代工業社会を築くことを目指したといわれている。

　それだけに日本中が大いに沸いた。その表れが地価高騰である。列島改造ブームでの地価高騰の特徴は値上がりの範囲が広かったことであった。日本列島の1割、3万7000平方メートルの土地が急騰した。これは当時の宅地面積の2倍以上にあたり、宅地化していない山林、原野まで値上がりした。ちなみに、昭和60年代のバブル景気の時は、目立って値上がりした土地はせいぜい全国で4千万平方メートル、国土全体の100分の1だったという。

　田中は就任直後に列島改造懇談会を設け、10月には追い出し税をかけられる工場移転促進税、工場を誘致すれば優遇措置を受けられる誘導地域などを指定する政令を決めるなど、積極的だった。昭和48年度予算は列島改造と福祉元年（老人医療無料化、年金制度の拡充）を盛り込んだ、前年度比25％増の大型予算となった。列島改造ブームは勢いを増した。

　当時、過剰流動性という言葉がはやった。一般的に経済活動に必要な量以上に流動性がある状態、あるいはマネーサプライが経済成長率を上回って拡大した状態であるという。地価、株価、一般物価が上がると、当時マスコミは判で押したように「過剰流動性が原因」と指摘した。

　ニクソン・ショック後、企業は収益が減少し、設備投資意欲は鈍っていた。一方、貿易黒字、外貨準備の増加に伴って円資金は膨らんでおり、その資金は設備投資には向かわず、土地や株式購入に流れ、一般物価まで急上昇した。企業は自己資金だけでなく、銀行からの借入金でも投機を行ったといわれている。そこに列島改造ブーム、大型予算となり、地価、株価がさらに急上昇した。一方で多くの分野で企業活動が積極化すると供給力の限界にぶちあた

り、印刷用紙、セメント、鉄材に始まり多くの分野でモノ不足が広がった。

　もう一つの日中国交正常化は大事業だった。これまでは台湾に撤退した国民党政府を中国の正統政府とみなす姿勢だった。ところが、1972（昭和47）年2月、アメリカのニクソン大統領が中国を訪問するに及び、共産党政権を中国国家代表として認めざるをえなくなった。日本と中国の国交回復、正常化は次の内閣、田中にとって避けては通れぬ道だった。当時中国は文化大革命の最終段階で、前年には毛沢東主席の後継者とされていた林彪国防相がソ連に亡命する途中で事故死する事件が起きるなど難しい時期でもあった。

　昭和47年9月、田中が現職の首相として初めて中華人民共和国を訪問し首脳会談を行い、「日本国政府と中華人民共和国政府との共同声明」が調印された。戦後27年、中華人民共和国建国23年を経て、懸案となっていた日中間の不正常な状態が解決された。

　このように田中内閣の前半1年はきわめて順調で、佐藤政権を上回る長期政権になるだろうとさえいわれた。しかし、発足1年3カ月目に生じた石油ショックで様相は一変する。

■■■ オイルショック

　1973（昭和48）年10月6日イスラエルにおけるユダヤ暦で最も神聖な日、ヨム・キプール（贖罪の日）に第四次中東戦争が勃発し、日本も世界も多大な影響を受けた。エジプト・シリア両軍がそれぞれスエズ運河、ゴラン高原に展開するイスラエル軍に対して攻撃を仕掛け、始まった。10日後の10月16日に石油輸出国機構（OPEC）加盟産油国のうちペルシャ湾岸の6ヵ国が、原油公示価格を1バレル3.01ドルから5.12ドルへ引き上げることを発表した。翌日の10月17日にはアラブ石油輸出国機構（OAPEC）諸国が原油生産の段階的削減（石油戦略）を決定し、10月20日以降イスラエル支持国（アメリカやオランダなど）へ石油禁輸を行うことを決めた。さらに12月23日には、OPEC加盟の湾岸6ヵ国が、昭和48（1974）年1月より原油価格を5.12ドルから11.65ドルへ引き上げると決定した。

第四次中東戦争自体は10月末頃までに停戦の方向に向かっていたが、OPEC、OAPECの石油戦略は世界経済に大きな影響を与えることになった。

　軍事的にはイスラエル軍が逆転勝利をおさめたが、戦端が開かれた当初はアラブ側がイスラエルを圧倒したという事実はイスラエル不敗神話を崩壊させた。また対戦車ミサイル、対艦ミサイルなど新しい精密誘導兵器が大規模に投入され、その後の各国の兵器開発に少なからぬ影響を与えたという。

　石油価格の上昇（オイルショック）は、エネルギー源を中東の石油に依存してきた先進工業国の経済を脅かした。アメリカのキッシンジャー国務長官はオイルショックから先進民主主義国の経済を守るため、先進国首脳会議（G5）を提案し、第一回会議は1975年（昭和50年）11月にフランスのランブイエで開催された（以降毎年開催されることになった）。

■■物価高騰で田中人気急落

　昭和30年代以降にエネルギー革命を迎え、エネルギー源を石炭から石油に置き換えていた日本にとっても危機的なことであり、政府は昭和48年12月10日、三木武夫副総理を特使としてアラブ諸国を訪問させ、高値の石油を輸入した。それ以降、さまざまな政治家や商社マンが中東・アフリカ諸国に飛び、高値の石油を買い集めざるをえなくなった。

　ニクソン・ショック（ドル・ショック）から立ち直りかけていた日本経済は石油危機の直撃を受けた。すでに列島改造ブームによる地価急騰（六大都市平均で、46年3月の1965ポイントから48年3月には3321へ1.7倍の上昇：昭和30年3月＝1000）で急速なインフレが発生していたが、原油や各種原材料（輸入物価）の値上がり、さらには便乗値上げが相次ぎ、インフレは一気に加速した。

　卸売物価は昭和48年に入ってから上昇が進み、3月から9月にかけて10ポイントも上昇し、その後も上昇した（卸売物価は48年12月には前月比7.1％上昇した）。消費者物価指数も昭和48年3月から1年間で28.4ポイントも上がった。買い占め・売り惜しみが起き、トイレット・ペーパーや日用品が店頭から消えていった。便乗値上げする商社、そこに融資する銀行を批判する声が

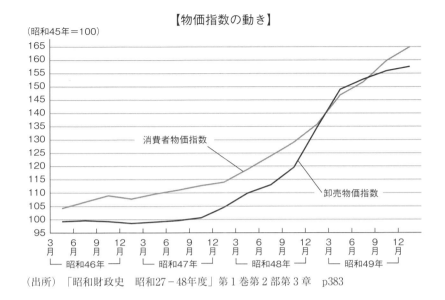

【物価指数の動き】

（昭和45年＝100）

（出所）「昭和財政史　昭和27−48年度」第1巻第2部第3章　p383

相次いだ。

　昭和46年3月頃から上昇傾向にあった株価は昭和46年末に2500円強だったものが、昭和48年1月24日には5359円を記録、約2年間で2.5倍以上の値上がりとなった。

　急速なインフレで田中人気は急落し、さまざまな批判が噴出した。その中には「田中首相は新幹線や高速道路に血道を上げ原子力発電をおろそかにした」という批判もあった。昭和49年7月三木副総理、福田蔵相の二人が辞任した。そして文芸春秋が同年11月号で田中の金脈や女性関係を暴く記事を特集し、世間は騒然となった。日本列島改造論で燃え上がった田中人気は急落し、同年12月田中は辞任に追い込まれた。

■■引締め政策の実行

　このような動きに対して全般的な引締め政策が実行された。日銀の（民間

銀行に対する）窓口指導は昭和48（1973）年に入ると強化され、1月には預金準備率が引き上げられ、2月には大商社向け貸出の抑制指導も加わり、3月に預金準備率の第三次引上げが行われた。公定歩合も4月に4.25％から0.75％引き上げて5.0％とし、5月5.5％、7月6.0％、8月7.0％と毎月、引き上げられた。それでもインフレは収まらなかった。

金融引締め政策の発動前には個別対策も進められていた。昭和47年11月には金融機関の土地取得関連融資について銀行局長通達が出され、昭和48年1月には土地取得関連融資の増加率を総融資増加率以下に抑えるとの通達も発出された。しかし、地価は高止まったままで下落しなかった。

株式市場対策も頻繁に実施された。（ニクソン・ショック後の昭和46年9月以降信用取引規制が緩和されていたが）昭和47年1月、3月には信用取引委託保証金率の引上げが行われ（30％→40％→60％）、同年12月には同保証金の20％を現金で徴収することや時価発行増資の親引けを50％以下とするなどの施策が講じられた（親引けは発行会社が増資引受先を特定するので、証券会社の増資引受をしやすくしていた）。これらの施策の直後には一時的に株価は軟化したが、再び上昇した。投機的動きが依然として強かったため昭和48年1月

【株価指数と地価指数の推移】

年月	東証株式 第1部・株価指数	全国市街地価格指数 （昭和30年3月＝100）	
		全国	六大都市平均
昭和46年3月	170.63	1614	1965
46. 9	180.24	1718	2088
47. 3	227.42	1827	2213
47. 9	318.31	1976	2441
48. 3	385.51	2286	2914
48. 9	353.44	2621	3321
49. 3	322.03	2812	3444

（出所）「昭和財政史　昭和27－48年度」第1巻第2部第3章　p398

の第二次株価対策で同保証金率は70％（現金30％）にまで引き上げられた。それにもかかわらず、株価は新高値をつけた。

　その後株価は昭和48年2、3月の国際金融の動揺（すでに述べたドル10％の切下げ、円フロート）、4月以降の累次の公定歩合の引き上げなどから、同年9月末には4667円（1月のピーク比12.3％減）へとじりじり下げ続けた。同年10月6日の第四次中東戦争勃発後は2.7％のわずかな下げにとどまった。同月11日に信用取引保証金率が70％から50％に引き下げられたこともあってか、アラブ諸国による石油戦略発動後も市場は不思議と無反応だった。当時の投資家、証券会社には遠い国での戦争という意識があったのではないかとの解説もある。

■■ スタグフレーションによるマイナス成長

　昭和48（1973）年11月、愛知揆一蔵相が急逝すると、福田赳夫は田中首相から蔵相就任を請われ、列島改造計画の棚上げ、本四架橋の見直し、2兆円減税の再検討などの条件を付けて、蔵相に就任した。経済政策は引締め強化にドラスティックに向かうことになった。

　まず、融資規制が強化された。同年12月には土地取得、買い占め・売り惜しみ等の投機的使途への融資を抑制する、国民生活安定緊急措置に係る融資、医療・教育・住宅融資などは優先的に扱うなどとした融資のあり方通達が発出された。戦時・戦後の資金統制とは異なるものの、融資に質的（選別）規制が入ることになったわけである。さらに翌年2月には選別を強化するとともに実態調査（検査）を行うことになった。

　株式市場では、アラブ諸国の石油戦略の深刻な影響が懸念され、昭和48年12月14日に信用取引の保証金率を50％から40％に引下げたにもかかわらず、18日には3958円に暴落した。その後、大納会にかけて反転したものの、年明け以降、長期にわたり低落していくことになった。

　そうした中、福田は昭和49年度予算について抑制的編成を行い、その規模は物価上昇を大幅に下回る前年比19.7％増とした。予算編成と同時に日銀は

公定歩合の9.0％への引き上げを決定した。過去に例を見ない高い水準となった。

こうして49（1974）年の日本経済はスタグフレーション（物価上昇と生産活動の縮小が同時に起きること）の状況に落ち込んだ。物価は49年2月まで異常な高騰を続け、同月の卸売物価の前年比上昇率は37.0％を示し、昭和49年平均の前年比は31.3％増（年初から年末までの年間上昇率は17.0％）を記録した。消費者物価指数の年平均の前年比も24.5％増（年間上昇率は21.9％）と終戦後の混乱状態以来の暴騰だった。

一方、鉱工業生産指数（前年比）は49年第Ⅰ四半期から50年第Ⅰ四半期までマイナスが続いた。マネーサプライの伸び率は49年第Ⅰ四半期15.1％から50年第Ⅰ四半期の11.3％へと徐々に落ち着いてきた。こうして昭和49年度の経済成長率は名目で19.1％であったが、実質では△1.4％と戦後初めてマイナスを記録した。

窓口指導は期を追うにつれ強化され、49（1974）年末から50年にかけてはいずれの銀行も貸出残高の伸びを前年比で10〜11％程度に抑えられた。選別融資通達も続けられ、在庫積み増しなどの投機的資金、土地取得関連融資、当面緊急とは認められない資金、卸・小売り、消費者信用・割賦販売に係る資金などに関する融資は抑制的に取り扱うことになった。買い占め・売り惜しみ等をめぐる大企業批判が高まる中、これら投機を支えているとみられる銀行の大口融資の規制が求められるようになり、昭和49年12月には一債務者向け貸出は普通銀行の場合自己資本の20％までとするなどの規制が行われることになった。

■■特例公債の発行

インフレ対応のため引締め政策が継続されたが、財政面・金融面では大激変が待ちうけていた。

昭和49年7月、外相だった大平正芳が蔵相に就いた（その後の三木内閣でも大蔵大臣を続け、大平は約2年半財政金融の責任者となった）。大平のもとで

昭和50年度予算は対前年度比24.5％と高い伸びになったが、そのうち公共事業費は2.4％と引き続き抑制され、景気には中立的とされた。ところが、昭和50年に入る頃から不況対策が必要との声が高まり、昭和50年2月、3月、6月には公共事業の前倒し執行が行われ、融資についても昭和50年4月には民間設備投資、建設融資について緩和の通達が出され、徐々に政策運営のモードが変わり始めた。

　これに対し日銀は金融政策の転換に慎重だった。日銀百年史によると、スタグフレーションを激化させた昭和49年の大幅賃上げ（春闘のベースアップ32.0％、夏季給与の前年比47％増）に次いで昭和50年春闘がどう決着するか見守っていたからという。昭和50年春闘が全体としてモデレートな形で終結する方向となったことから同年4月中旬、9.0％の公定歩合を0.5％引き下げて8.5％とした。それでも引締めの基調は変えない、賃金と物価の悪循環を断ち切るとの姿勢を示していたが、物価の落ち着き状況をみて、同年6月、8月に公定歩合をそれぞれ0.5％下げ、7.5％とした。

　財政面ではさらに憂慮する事態が起き始めていた。昭和49年度の税制改正で田中の唱えた2兆円減税（列島改造が地方向けであり、減税は都市対策という解説もあった）について、減税に否定的だった蔵相の福田は「これだけは何とかならないか」と病床の田中に懇願され、「田中さんの構想をみんなつぶしてしまうのもどうかと考え」減税に踏み切ったという（福田は後年少し譲りすぎたと後悔していたようだ）。

　昭和49年度税収は7700億円の減収となり、昭和50年度の税収について3兆8790億円の減額補正が必要となった。そうした経緯があって、昭和50年度の補正予算では2兆2900億円の特例公債（赤字公債）を発行せざるをえなくなった。次いで昭和51年度予算では3兆7500億円の公債発行に追い込まれ、以降毎年財政赤字を埋める特例公債は発行され続け、国債残高は急速に累増していくことになった。大平は特例公債を大量発行することに心を痛め、一般消費税の導入を構想したという。

■■銀行法改正に着手

　日本の金融機関には銀行法改正という制度面の変革が待っていた。銀行法改正の背景には、狂乱物価を引き起こした企業の投機的な行動をめぐって社会的批判が高まり、そのような企業に融資した銀行のあり方を問う声の高まりがあった。またニクソン・ショック、石油危機以降、わが国の金融、経済情勢が大きく変化し、マネーフローが変わってきたという大きな時代の流れもあった。さらに日本が世界的なインフレ、資源や労働力の制約、環境の汚染、国民の価値観の変化などに直面し、政策運営においても量より質、成長より福祉という視点が重視されるようになったことも指摘できる。

　昭和49年末から昭和50年春にかけて野党各党は銀行法改正案を発表していた。それらはいずれも銀行の公共性、社会的責任を明記、強調し、公共的目的に沿った資金運用、独占禁止の観点を盛り込んでいた（また野党各党は週休２日制の普及の突破口を銀行に求め、銀行の営業日、営業時間の規定にたいへん強い関心を向けていた）。

　一方で、銀行に対する政策的保護が強い、すでにいろいろな規制が通達を含め多数ある、適正な価格競争が欠けているとさまざまな意見があり、これらをまとめ、50年ぶりの改正に持ち込むのは至難のことと見込まれていた。

　ちなみに企業部門はオイルショックによる需要の落ち込みに対し減量経営を行い、設備投資を抑制し、外部資金調達を減らしただけでなく、銀行借入一辺倒でなく、社債や増資等市場からの資金調達のウエートを高めていた。例えば、資本金10億円以上の上場企業（金融保険業を除く）の全資金調達額に占める市場調達の割合は、昭和48〜49（1978〜79）年度7.3％から昭和50〜53（75〜78）年度には18.7％に上昇している。企業の外債発行額も昭和49年度までの10年間で3000億円だったものが、昭和50年度は１年で4750億円に達していた。昭和50年代に入り日本は国債の大量発行時代に突入したが、このような大きなマネーフローの変化が起きつつある中で銀行法の改正作業が始まったのである。

第18章

二つのコクサイ化

国債窓口ぐんとふえる

銀行も来年4月から販売　蔵相決定
銀行・証券の垣根　一段と低く

　渡辺蔵相は十一日夕、来月から施行される新銀行法の大きな争点になっていた銀行による長期国債の窓口販売について、同日の三人委員会（蔵相の私的諮問機関）の報告を受けて、五十八年四月から認可することを決め、金融、証券両業界に通告した。これにより、銀行の窓口でも預金、金（きん）と並んで、国債が買えるようになる。また、銀行のディーリング（既発債の売買）については「今後の検討課題」と結論を避けたが、関係筋は、これは"凍結"ではなく、五十八年度中にも都銀上位行を中心に、認可していく含みを示したものとしている。銀行による国債の窓販、ディーリングの実現に伴い、国債の個人消化が進むとともに、同じ店頭で、預金と競合する国債を扱うことで、預金を含めた金利の自由化が促進されることになる。また、銀行、証券の競争が一段と激化するのは必至で、両業界の刺激剤にもなろう。

　この大臣見解は、昨年十月に、森永貞一郎前日銀総裁、河野通一・証券取引審会長、佐々木直・金融制度調査会長をメンバーに設立した「三人委員会」が九回にわたって審議した結果を渡辺蔵相に報告したのをほぼ全面的にとり入れて、作成した。

　これによると、新発国債の窓口販売については、対象を長期国債、政府保証債、地方債とし、実施時期は五十八年四月とした。時期の面では、五十七年実施を主張した銀行側の意見が退けられ、やや証券寄りだが、これは、対象金融機関を普通銀行のほか、相銀、信用金庫などにも広めたため、対応体制の準備に今後一年程度かかると判断したからとしている。

　五十七年度で長期国債四兆九千八百億円を、シンジケート団で引き受けることになっているが、このうち、直接個人に販売できるのは、証券引き受け分の一〇％程度に過ぎない。しかし、店舗網を誇る銀行による窓販の実施で、個人消化が大幅に進めば、金融機関の保有国債売り急ぎや国債市況の構造的な低

迷を解消するのに役立ち、国債金利にしばられた金融政策に機動性を回復させる材料にもなる。また、特別マル優の対象になる国債を店頭で扱うことは銀行にとって大きなメリットで、大蔵省では、金融機関による窓販額は初年度で、五、六千億円程度にのぼると推定している。

一方、新発債の窓販を一歩進めた既発債のディーリングについて時期の明示を避けたのは、証券業界の強い抵抗を考慮したものだが、渡辺蔵相は見解発表後の記者会見で、「ディーリングもいつかはやらせるつもりだ」と語り、近い将来に認可する意向。

また、関係筋は、五十八年度中にも、リスクの大きい既発債売買に対応できる長期信用銀行と都銀、信託銀行の一部からディーリングを認可していく含みのあることを明らかにした。これは、残存二年未満の期近（きぢか）国債は今年度末四兆三千億円から五十八年度八兆六千億円、五十九年度十三兆四千億円と急増。定期預金と競合する期近国債の販売を、いつまでも証券会社だけに限定しておけば銀行が重大な苦境に立つと判断しているためである。ディーリングの五十八年度認可には証券界の抵抗は必至で、曲折が予想されるものの、遅くても五十九年度中には実現するのはほぼ確実。

大蔵省では、三人のメンバーが業界の対立で傷つくのを避けるため、三人委の公式の意見書は出さず、窓販の実施時期も明示しない形で蔵相へ口頭報告、渡辺蔵相がこれを参考に"独自"に決断するという形をとった。

村本全銀協会長　全国銀行協会連合会の村本周三会長（第一勧業銀行頭取）は、十一日、「中期国債や割引国債の窓販、それにディーリング（既発債の売買）が認められなかったことはきわめて残念である」と強い不満の意を表明した。

植谷証券業協会会長　植谷久三・日本証券業協会会長（山一証券会長）は十一日、「バンク・ディーリングなどで今後に含みを持たせたのは残念。反対を主張してゆく」と語った。

読売新聞　昭和58年3月12日　朝刊

■■国債流通市場拡大とロクイチ国債大暴落

　昭和50年代以降、わが国では金融の自由化が急速に進んだ。それを語るうえで欠かせないキーワードは「二つのコクサイ化」である。

　一つ目のコクサイ化は昭和50年から大量に発行された国債のことである。昭和40年代のように日銀が国債を買いオペで吸収していれば、国債売却の制限があっても問題はなかった。しかし日銀の買いオペ実施率（日銀の国債買いオペ額／発行額）は、昭和50（1975）年の74.7％から昭和53（1978）年には34.2％に低下した。その結果、金融機関は大量の国債を抱えることになったのである。そこで金融界は国債売却制限を緩和するよう大蔵省に対して求め、昭和52年4月に発行後1年を経過した赤字国債の市場売却が認められた。同年10月には建設国債の売却も認められた。

　こうして金融機関は国債の市場売却を開始し、国債流通市場は急拡大することになった。そのような中で「ロクイチ国債」の大暴落が起きた。昭和53年4月から折からの低金利に対応して国債金利も6.1％となり、翌昭和54年2月まで約8.8兆円が発行された。当初は預金金利も引き下げられていたので引き受けた金融機関からも喜ばれていた。

　ところが昭和54（1979）年4月にこのロクイチ国債（と他の国債）は大暴落した。都銀の国債引き受け状況は昭和53年度は実質預金増加額の42％、昭和54年度では91％に上ったので、マーケットは常に売り圧力を抱えていた。昭和54年4月金融政策が引締めに向かうと、各種金利は急上昇し、国債価格は70円台前半まで下げ、利回りで12％台という水準にまで上昇した。金融機関の保有する国債の売却損、評価損が多額に発生することになり、ロクイチ国債は悪名高いものの代表になった。この事件は貴重な経験となり、その後、国債の種類多様化やシ団の負担軽減策、中期国債ファンドの創設や個人消化促進策に取り組む契機となった。

　一方、金融界は昭和53年頃市場動向を反映し自由に金融機関が金利を決定できるCD（譲渡可能定期性預金）の導入を要求した。昭和50年から毎年大量

に発行された国債は10年物が大部分であるので、昭和60年に近づくにつれ大量の自由金利の期近国債（償還が間近な国債）が国債流通市場に登場してくる。償還1年前の期近国債の金利は、一般的に高いので、償還1年前の期近国債は、投資家にとって有利な商品になる。そのような事態を見越して金融界は、自由金利商品であるCDの導入を大蔵省に強く要求した。銀行のあり方を審議中だった金融制度調査会はCD問題を急きょ取り上げ、銀行のCDの発行を認める報告を堤出し、昭和54年5月、銀行に単位5億円以上、期間3～6カ月のCDの導入が認められた。

■■国債の銀行窓販解禁めぐる大論争

　当時金融界は国債の窓販（銀行の窓口で販売すること）、国債のディーリング（売買）も要求していたが、これには政府、銀行界、証券界を巻き込む大論争、長い交渉が必要だった。

　金融界は金融制度調査会（大蔵省銀行局）に賛成の答申を求め、証券界は証券取引審議会（同証券局）に反対の答申を求め、昭和54年6月に賛成、反対それぞれの答申が提出された。「大蔵省の一つのまとまった見解はあるのか」とマスコミや世間から揶揄されたが、両答申は、最終的には発行者であり、金融、証券の監督者である大蔵省に判断をゆだねると書かれていた。

　その後、大蔵省内での検討が進み、昭和55年秋には三原則、つまり銀行法に公共債の証券業務の明文の規定を設ける、銀行等の証券業務は証券取引法の許可を要する、実施は今後検討するとの原則を明らかにした。金融界では付随業務（銀行業を営むために必要な業務）である証券業務を認可制にすることに大いに不満が残り、証券界は少しでも実施時期を遅らせるよう各方面に働きかけた。

　銀行法を国会に提出するにあたり、昭和56（1981）年2月から自由民主党の金融問題調査会と財政部会が合同で長らく検討を行うと、金融界、証券界は大挙して国会議員に陳情して回り、騒ぎはさらに大きくなった。同年4月になり渡辺美智雄蔵相、安部晋太郎自由民主党政調会長、全国銀行協会会長、

証券業協会会長の会談が行われ、銀行の証券業務を新銀行法に明記する、実施は三人の中立的有識者の委員会の結論に従うという決着をみた。（新銀行法案は5月末までに国会を通過、成立した。営業日は月曜日から金曜日とされ、その後日本社会は急速に週休二日となった）。

■■銀行窓販が国債安定消化に寄与

昭和56年10月、三人委員会が発足し、森永貞一郎元日銀総裁、河野通一証券取引審議会会長、佐々木直金融制度調査会会長が就任し、審議を始めた。金融界は昭和57年4月からの実施を、証券界は国債の大量償還の始まる昭和60年以降の実施を求めた。三人委員会の結論は昭和58（1983）年4月から国債の窓販を認めることとなり、渡辺蔵相はそのとおり実施することとした。

昭和58年1月31日に都市銀行、地方銀行、長期信用銀行、信託銀行、相互銀行の全行と農林中金（合計158機関、1万3521店舗）に対し、次いで3月15日に全信連、信用金庫に対して窓販の認可がなされ、4月から一斉に国債の窓販がスタートした。全国で一気に1万5000店舗が新たな窓口となったが、これは全証券会社の窓口の約8倍だった。

【長期国債の窓販状況（昭和58年度〜63年度）**】**

（単位：百万円、％）

	昭和58年度	59年度	60年度	61年度	62年度	63年度
発 行 額	55,300	60,278	84,172	86,331	80,420	76,063
銀行等引受額	44,650	44,606	62,287	63,885	57,555	50,750
内 窓販額	14,958	24,626	39,391	28,893	28,024	21,538
同シェア	33.5	55.2	63.2	45.2	48.7	42.4
証券会社引受額	10,650	15,672	21,885	22,446	22685	25,313
窓販額 合計	25,608	40,298	61,276	51,339	50,889	46,851
窓販額／発行額	46.3	66.9	72.8	59.5	66.3	61.6

（出所） 昭和財政史（昭和48〜65年度）

　窓販の実績は昭和58年4、5月で銀行等引受額の約2割となり、昭和58年度全体では33.5％に上った。証券会社引受、販売分を含めると、発行額の46.3％は窓販されるという好成績を収めた。発行した国債の消化がスムーズに行くこととなり望ましい方向であったが、証券界が金融界の実力に恐怖を抱いていたのもうなずける結果だった。

　証券界にとって銀行が窓販のために証券取引法上の認可が必要となり、証券取引について銀行と証券会社が同じ法律に服することはメリットであったうえ、①外国で発行されたCD、CPの売買、売買の媒介、②金地金の売買、売買の媒介、③証券会社の兼業に累積投資の代理業務と貸付業務（保護預かり公共債担保）が加わるなど、これまで銀行と証券の業際問題として争っていた業務が認められ、証券会社の営む業務も銀行業に少しずつ近づいていったわけである（CPは短期性の事業会社の発行するコマーシャル・ペーパー）。

　なお、郵便局の窓口における国債販売は昭和62年10月から、生命保険会社の窓販は昭和63年4月から、損害保険会社は平成元年4月から始まった。

■■金融商品として魅力を増す国債

　ディーリングについて三人委員会は昭和58年5月に意見を報告し、昭和59年3月には都市銀行、長期信用銀行、信託銀行と地方銀行10行と農林中金に認可がなされ、昭和59（1984）年6月から実施されることとなった。業務開始後1年間は残存期間1年未満の国債のディーリングのみが認められたが、昭和60（1985）年6月には残存期間の制限なしのディーリング（フルディーリング）が認められた。そして、昭和64（1989）年にはすべての地方銀行、相互銀行、希望する外国銀行に広がっていった。

　ディーリングは急速に取引量を増し、昭和60年5月13兆6000億円、フルディーリングが認められた同年6月には35兆円へと増加し、昭和63年5月には66兆6000億円にまで達した。年間を通してみると、銀行等の公共債ディーリング実績は昭和61年度918兆円（総店頭売買高の27％）、昭和62年度1472兆円（同29％）、昭和63年度1239兆円（同30％）に上った。

昭和60年度の国債発行（当初計画）は前年度より１兆円減らし、資金運用部引き受けを前年と同額に据え置いたので、民間金融機関引受は軽くなり、さらに窓販（３兆9000億円）、ディーリングの開始で国債は品薄となり、人気が出るようになった。

　国債金利（10年債）の金利設定にも改善があった。従来国債の信用を考え国債金利は金融債（５年債）より低く設定されていたことを改め、昭和59年８月から国債金利を高くした（これを金国逆転と呼ぶ）。この結果、国債の金融商品としての魅力が増した。

　これらの努力により市場参加者が増え、債券市場の厚みが増し、価格形成能力が一段と強化された。形成される市場レートを参考に発行条件が決められていくようになった。

■■銀行の国際業務が原則自由に

　もう一つのコクサイ化、すなわち円の国際化を見よう。少し遡るが、昭和45、6年以降、銀行は国際業務を推進してきた。国内における企業の資金需要の減退、国債の大量発行という状況の中で国際業務に活路を見出そうとしたわけである。昭和53（1978）年１月になると福田首相は外為法などの銀行の国際業務を規制していた一連の法体系を原則禁止から原則自由に全面的に改め、これを開放体制のシンボルとする考えを示した。早速、同年８月蔵相と通産相の共同の諮問機関として外国為替・貿易法制懇談会が設けられたが、産業界と金融界の意見の隔たりが大きく、膠着状態となってしまった。

　次いで同年12月に就任した大平首相は外為法改正作業を急ぐよう指示を出し（翌年６月に東京サミット（先進国首脳会議）が予定されていた）、ようやく外為法改正案がまとめられ、昭和54（1979）年５月には国会で可決、同年12月から施行された。これで諸外国から非難されることが少なくなると思われた。

　しかし、貿易黒字の拡大などを背景に対日批判は収まらなかった。さらに昭和56（1981）年１月にレーガンが米国大統領に就任し、レーガノミクスと

呼ばれるインフレ抑制のための高金利政策を始めると、世界中の資金がアメリカに流れ込み、円ドル相場は大幅なドル高・円安となってしまった。

　このような中、世界の農業機械マーケットで日本企業に苦杯をなめ続けていたキャタピラー社のリー・モーガン会長はソロモンとマーチンの両者に円レートが不当に安いことを研究するよう依頼した。昭和58年9月にまとまったレポートは円レートが安いのは日本政府が円の国際化に積極的でないため、日本の金利が安いのは政府によって低く抑えられているためであり、円相場は政府によって押し下げられているとの内容だった。

■ ■ 日米円ドル委員会の設置

　レーガンはアメリカ中西部を大事な票田としていたため、この主張を取り入れ、アメリカ金融界も自らの活躍の場を広げるためには日本市場の自由化が欠かせないと要求を強めた。昭和58（1983）年11月には日米首脳会談が開かれることとなり、レーガンは「日本の金融市場への参入、円ドル問題、日本の資本市場の開放、円の国際化などを話し合いたい」と述べ、中曽根首相（昭和57年に首相就任）は「協議機関を作ろう」と応じ、竹下・リーガン蔵相間で日米円ドル委員会の設置と為替取引の実需原則の撤廃、CDの発行単位の引下げと発行限度額の拡大、居住者ユーロ円債の発行制限の緩和などが合意、発表された。

　銀行業界では円ドル委員会の設置に驚き、大蔵省はアメリカの圧力に弱すぎると批判した。とりわけユーロ円債発行に深くかかわってきた日本興業銀行等はユーロ円債と国内債券の発行基準とには歴史的背景が異なると反発し、議論がスタートする前から大荒れの様相だった。

　第1回円ドル委員会は昭和59（1984）年2月に開かれ、ここではアメリカ側の主張が経済学的には成り立たないと日本側は応じたが、それ以来アメリカ側はユーロ円債の発行制限の緩和など個別の要求を繰り返すようになった。第5回会合は同年5月下旬ローマで開かれ、日本側は居住者、非居住者の発行するユーロ円債の発行基準の緩和、ユーロ円中長期貸付の自由化、ア

メリカの金融機関の信託業務への参入などを認めるところとなった。昭和59年6月にロンドンで開かれたサミット直前に日米金融摩擦は決着を見たわけである。

　報告書発表と同時に日本政府は独自に「金融の自由化と円の国際化の現状と展望」を発表、前後して金融自由化措置が次々に実行に移されていった。昭和59年4月には先物為替の実需原則の撤廃、居住者によるユーロ円債の発行解禁、同6月には円転規制の撤廃、同7月には円建外債の事実上の全面的解禁などが実施された。

　それまでの自由化・国際化は、わが国の金融・資本市場の動向をにらみつつ、一歩ずつ（漸進的・段階的に）措置を講じる形だったが、円ドル委員会による報告以降はあらかじめ決めたスケジュールに沿って大きく自由化を進めるということになった。

　実際、大蔵省銀行局は昭和56年以降毎年自由化、弾力化を発表し、第五次、第六次（昭和60、昭和61年）では円ドル委員会で決まった諸項目を反映した大幅な自由化を行っていくことになった。また、昭和59年に行われた円転規制の撤廃は、円に対する投機を目的とする外国資本の多額の流入が可能となり内外市場がつながってしまうという意味で、新たな時代の扉を開く政策転換であった。

■■二つのコクサイ化から金融の自由化へ

　二つのコクサイ化が重なり、わが国の金融自由化は一気に進んだ。預金金利について具体的にみると、昭和60年頃から平成5、6年頃にかけて、定期性預金、流動性預金の順で金利の自由化が段階的に進められた。定期性預金は昭和60（1985）年3月の大口MMC（市場金利連動型預金、当初は預入額5000万円以上）導入から始まり、平成元（1989）年までに大口預金金利の自由化が完了した。1000万円未満の小口預金についても平成2年以降順次自由化がすすめられ、平成6（1994）年6月には定期性預金金利の自由化は完了した。他方、流動性預金金利の自由化は平成3（1991）年6月に市場金利連動

型の貯蓄預金が導入されたのち、平成 6（1994）年10月に完了した（当座預金は引き続き無利子が維持された）。昭和60年 3 月以降進められてきた預金金利の自由化は 9 年半の時間をかけて実現したわけである。

　業務の自由化は国債窓販が解禁されたのち、金融制度調査会や証券取引審議会で検討が進められたが、議論が百出し時間がかかった。昭和60年代に入

【円ドル委員会報告と実施状況】

◆ユーロ円市場	
1　非居住者ユーロ円債	
適債基準の緩和	昭和60年 4 月
外国民間企業認可	59年12月
2　居住者ユーロ円債緩和	59年 4 月
3　ユーロ円債引受幹事開放	59年12月
4　ユーロ円CDの発行認可	59年12月
5　ユーロ円貸付	
非居住者向け短期の自由化	58年 6 月
居住者向け短期の自由化	59年 6 月
中長期貸付　非居住者向け	60年 4 月
居住者向け	平成元年 7 月
◆金融資本市場	
1　定期預金金利の上限撤廃	
CD発行単位引下げ	昭和63年 4 月
CD発行期間の短縮	62年10月
市場連動型預金の導入	60年 3 月
大口預金金利規制の緩和	60年10月
小口預金金利自由化	平成 6 年10月
2　外銀の国債ディーリング	昭和59年10月
3　円建銀行引受手形市場創設	60年 6 月
4　外貨の円転規制の撤廃	59年 6 月
5　円建外債の弾力化	59年 7 月
6　円貨建貸付の規制撤廃	59年 4 月
◆外国金融機関の参入	
1　信託業務への参入	60年 6 月（ 9 行）
2　東京証券取引所会員権	60年12月（ 6 社）

（出所）　大蔵省

るとユニバーサルバンク構想や投資銀行子会社を設けたいなどといった多くの意見、希望が主に都銀から出されていた。そうした中で舘竜一郎東大名誉教授（金融制度調査会の最有力メンバー）が金融における分業制を残しつつ、銀行、証券など参入したい業務の子会社を作らせ、実質的に業務を自由化させれば、ソフトランディングできるのではないかと審議会の議論をリードし、平成3年にようやく金融制度調査会、証券取引審議会から相互参入などを盛り込んだ報告書が出された。報告書の提言を踏まえた金融制度改革法は平成4（1992）年6月成立し、業態別子会社による相互参入、すなわち銀行による証券・信託業務への参入、証券会社による銀行・信託業務への参入の道が開けた。金融界において戦後40年間続いてきた専門性、分業制の壁が著しく低くなり、わが国の銀行、証券界は新たな競争時代に突入することとなった。

なお、相互参入の時期や取り扱える業務の範囲には激変緩和措置が講じられ、さらに預金者保護、利益相反行為の防止、公正な競争の確保あるいはファイアーウオールなどが十分に措置された。

国債管理政策も大きく変化した。昭和52（1977）年割引国債（5年）、53年3年債（利付）、2年債（利付）、昭和54年4年債（利付）、昭和56年6年債（利付）が発行され、多様化した。昭和50年代後半発行当局とシ団の折衝が折り合えずに休債したこともあり、昭和57年には15年変動利付債、昭和58年には20年利付債が発行され、シ団引受けではない、公募引受あるいは直接発行なども行われるようになった。また昭和60年からの大量償還を踏まえ、短期国債の発行により借り換えをスムーズに行うことが検討され（円ドル委員会でも政府短期証券が議論された）、国債整理基金特別会計法を改正のうえ、昭和61（1986）年2月に5174億円の短期国債（6カ月物）が初めて発行された。その後、短期国債はわが国の短期金融市場の中核商品に育っていった。売買高も昭和60年度の10兆円から始まり、10年後の平成7（1995）年には1800兆円にまで増加している（平成11年には政府短期証券の公募化が実現し、さらに平成12年には短期国債と政府短期証券の統合発行が可能となった）。

第19章

プラザ合意

田中　直毅　八五年六月、米上院で、G5（先進五カ国蔵相・中央銀行総裁会議）を使ってドル安・円高の誘導をすべきだという決議案が通ってるんですね。（略）

　竹下　登　一月にG5出席のため訪米した時、ペール・ドイツ連銀総裁から協調介入の話が出ている。しかし、米国はそういう環境にないという答えだった。まだ強いドル、強い米国だと。ベーカー財務長官は六月、東京でのG10（先進十カ国蔵相会議）出席のため来日している。議長の私がベーカー長官と二時間半ぐらい大蔵省で会談した時の印象では、強いドル、強い米国という雰囲気が消えていた。下手な英語で本当に何よりも政策協調が重要だ、為替調整にまで進んでいくべきだと一生懸命話したわけです。その際、ベーカー長官は一つひとつうなずいて、時にはメモしていた。（略）

　竹下　米国は完全に理解を示したな、というところまでいったんですよ。それから二カ月かかって、ベーカー長官らはレーガン大統領周辺を本気で口説いたと思う。それで、九月二十二日にG5を開きたいと言ってきたわけですから。僕が二週間後のソウルで開かれるIMF世銀総会の時でもいいじゃないかと言ったら、レーガン大統領の気が変わらないうちにという答えでした。（略）

　竹下　それでG5とG10がありました。あのころ、サーベイランス（政策監視）を盛んにやっていた。（略）

　竹下　先進国が世界経済をリードしているという自負があった。（略）同じ舟に乗った人間同士が共に助け合うということです。そういう雰囲気ができておったから、僕は結果としてプラザ合意ができたと思うんですよ。

　竹下　それからもう一つは、マンスフィールド駐日大使の存在です。あの人は為替は分かっていなかったと思うが、ホワイトハウスに「この問題は竹下とベーカーが話せばいい」と意見を伝えていた。

　竹下　マンスフィールドさんの仕切りは見事なものだった。（略）

　竹下　大平内閣時代に一般消費税導入問題で自民党が総選挙に敗北しました。（略）

竹下　第二次大平内閣で僕が大蔵大臣になりましたが、要するにもう消費税は入れるなという空気なんですよね。で、一般消費税導入反対に関する国会決議の提案がこの夜あった。七九年十一月四日です。決議案の作成に関わった山中貞則さん（自民党衆院議員）、社会党の堀昌雄さん（元衆院議員）、武藤山治さん（同）、公明党の正木良明さん（同）、民社党の竹本孫一さん（同）らは、消費一般にかかる税制を否定できない、税は資産か所得か消費しか着目できるものはないという共通の認識を持っていた。

竹下　そこで練りに練って、この財政再建に関する決議案を書いたわけですよ。（略）要するに当時考えられていた一般消費税は導入しない。しかし、国民の福祉充実には安定した財源が必要であり、将来福祉目的税的な考え方で改めてこの問題を議論しようということだった。（略）それから三代にわたる内閣で行財政改革、歳出削減の努力が続けられ、中曽根内閣の売上税が挫折した後、竹下内閣で消費税となって世に出たわけです。

竹下　八九年ですからね、消費税ができたのが。とにかく、付加価値税だけはやらなきゃいかんと。だから比較的爽やかだったのは、辞めることについて、一仕事やったんだという感じがあったわけです。内閣を短期間で投げ出すのは残念だったという気持ちが、全くなかったんですよ。消費税と、言ってみれば首取っ換えかっこしたと。（略）

「日経ビジネス」1995年10月23日号「スペシャル対談/プラザ合意10年を語る/いま明かす合意までの舞台裏　税制改革, 行革をもう一遍やろう」より抜粋

■ ■ ドル高政策の転換

　アメリカはレーガノミクスを実行していたが、財政赤字（対GDP比）が1983（昭和58）年6.3％、84年5.0％、85年5.4％と推移し、経常赤字（対GDP比）も1984年2.8％、85年2.8％と高止まりしていた。こうした中、1984年頃にはアメリカの大幅な経常収支赤字と日欧の経常収支黒字（ハイテク商品の輸出が進んだことから「ハイテク黒字」といわれた）が世界経済の大きな問題となっていた。

　わが国では上掲の竹下発言にあるように、赤字国債の累積に対処するため財政再建に向けた努力がすすめられた。一般会計予算の国債依存度は昭和57（1982）年度29.7％から昭和60年度の23.2％と少しずつ低下していった。これを受けて日米の実質金利差は開き始め、同時にアメリカ経済の景気拡大に伴って日本からの輸出が増加、日本の経常収支黒字は拡大した。その結果、外貨保有高が増加し、アメリカ国債などへの対外証券投資が急速に拡大、昭和58年央に1ドル220〜230円で推移していた為替レートは、昭和59年央から円安ドル高傾向が強まった。

　アメリカの好景気と円安はアメリカの経常収支赤字と日本の経常収支黒字をさらに拡大させ、日米通商摩擦の深刻度が増していった。経常収支問題は本来は貯蓄投資バランスの問題であるにもかかわらず、アメリカ側は経常収支赤字を日本市場の閉鎖性のためととらえていた。昭和60（1985）年1月に中曽根首相とレーガン大統領の会談が行われ、日米間で懸案となっていた通商4分野（通信機器、木材、エレクトロニクス、医療機器・医薬品）の解決を目指すこととし、同年7月には関税引き下げや輸入手続きの改善などの市場開放を3年以内に行うとするアクション・プログラムを策定、実施することになった。中曽根首相はテレビで国民に対し「外国製品を一人100ドル購入する」ことを求める異例の呼びかけを行った。

　一方、為替市場についてはアメリカの経済学者にはドル・バブルとする見解もあったが、アメリカ政府はドル高は有益だとの立場を維持していたため

ドル高政策の転換は徐々に進められていくことになった。昭和60年1月のG5会合の頃は上掲文にあるようにまだアメリカ側の態度は変わっていなかったが、それまで秘密会だったG5会合が通貨不安に対処するため合意文書を公表し、その中には「必要に応じ通貨市場協調介入を行う」ことが盛り込まれた。

同年2月に入り財務長官がジェームス・ベーカーに代わり、ドル高が一段と進んだタイミングでドル高に歯止めをかけるため介入に踏み切り、それを公表した。介入額自体は少なかったが、一貫して反対してきたアメリカが介入に踏み切ったことのアナウンスメント効果は大きく、円ドルレートは2月13日に東京市場でつけた1ドル263円をピークにドル安に動き始めた。こうした中、為替レートを安定させる必要性が先進諸国間の共通認識となり、同年6月に東京で開かれた先進10カ国か国蔵相会議では「大きな変動を防ぐには為替、金融市場を一層安定させることが望ましい。このため健全な国内政策と主要国間の緊密な協力を続ける必要がある」との声明を発表した。中曽根首相もベーカー財務長官と会い、政策協調への折衝が進んだ。

■■ プラザ合意

1985（昭和60）年9月22日ニューヨークのプラザ・ホテルで5カ国蔵相・中央銀行総裁会議が開かれた。事務レベルで事前に十分に詰められてきたものの、会議は延々5時間に及んだ。声明文には「ドル切り下げ」ではなく、ドルに対する「他通貨の切り上げ」が「望ましい」こと、「黒字国日本」の後に「より小さな黒字国西ドイツ」との文言を挿入するよう日本が主張し、アメリカが嫌がる西ドイツを説得して、盛り込まれることになった。またイギリス蔵相の主張で、「保護主義措置に抵抗する」との言葉も加えられた。

当初、ドルは10〜15％切り下げと考えられていたが、会議で竹下蔵相が円について10％以上（1ドル220円まで）を覚悟していると発言すると、欧州諸国の参加者は驚きつつも歩み寄ったという。

プラザ合意を踏まえて、早速各国はドル売り自国通貨買いの為替操作を行

い、行き過ぎたドル高は急速に修正されていった。円ドルレートはプラザ合意直前の9月23日の1ドル244円から10月4日に212円、翌61年2月27日に178円と短期間に急激な円高ドル安となった（その後、昭和63年1月4日には121円となり、2年半で半分の水準にまで達した）。

　プラザ合意後の円高による景気の落ち込みや輸出依存型の中小企業の苦境が報道で伝えられ、また、円高差益の還元も叫ばれ、政府は昭和60年10月に過去最大の事業規模3兆1200億円の経済対策を打った。日銀も翌61年1月には公定歩合を0.5%引き下げ、4.5%とし、さらに3月にも0.5%引き下げ、4.0%とした。3月の引き下げはアメリカ、西ドイツ、フランス、イタリア

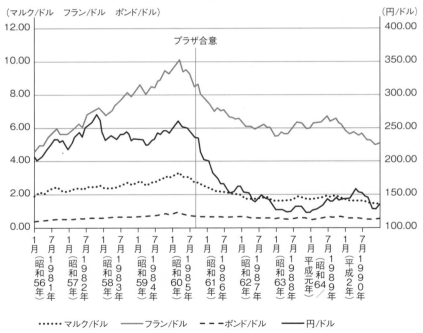

【プラザ合意前後の各国為替レートの推移】

（出所）　各種資料をもとに筆者作成

との協調利下げだった。日銀は円ドルレートが1ドル180円前後に落ちつき
はじめていた4月にも公定歩合を0.5%引き下げ、戦後最低（当時）の3.5%
にした。

■■ 前川レポート

　円高になると輸出数量が減るが、輸出数量の減少以上に円高が急激であっ
たため、ドルベースの経常黒字は急増（Jカーブ効果）し、諸外国からの批
判は続いた。経済構造を改革し、輸出主導型から内需主導型へ転換を図るべ
きとの論調が高まり、中曽根首相の私的諮問機関として、前川春雄前日銀総
裁を座長とする国際協調のための経済構造調整研究会が設置され、約5カ月
の集中審議を経て、昭和61年4月にいわゆる前川レポートが提出された。

　前川レポートでは内需拡大、産業構造の転換、市場アクセスの改善、製品
輸入の促進、国際通貨価値の安定と金融の自由化、国際化、国際貢献、財政
金融政策の機動的運営などを柱にして、内需主導型への転換が打ち出され
た。金融の規制緩和、産業構造の転換に加え、昭和61年9月の総合経済対
策、昭和62年5月の緊急経済対策、5次にわたる公定歩合の引き下げはこの
ような流れの中で行われた。

　株式、債券市場には昭和61年1月の公定歩合引き下げ以降、猛烈な勢いで
資金が流入し始めていた。東京都心部の地価の上昇も顕著となってきた。同
年4月には国債の流通利回りが戦後最低（当時）の4.46%を記録した。銀行
の不動産向け融資が増加し、企業の財テク（外債、特定金銭信託への投資）志
向も一段と高まった。マネーサプライの伸びも昭和60年11月に9%台に達
し、さらに上昇しつづけた。昭和61年4月になると日銀は公定歩合を引き下
げつつも、都市銀行に対する貸出抑制を行うようになった。

■■ ルーブル合意

　昭和61年当時、中曽根首相は在任4年目に突入していた。党内基盤が盤石
ではないものの、世論調査では高い内閣支持率を得ていた。議員定数を改正

する公職選挙法の改正が5月に成立し、新定数の周知期間（30日）を経た5月末に衆議院が解散され、7月の参議院議員選挙と併せ衆議院議員選挙も行われ（衆参同時選挙、「死んだふり解散」）、外交実績をアピールした与党自民党が衆参両院で圧勝、第三次中曽根内閣が発足し、竹下に代わり宮澤喜一が大蔵大臣に就任した。

　早速、宮澤はベーカー財務長官と会談をもち、通訳なしで3時間半話したという。そこでは、円高が経済成長率にマイナスに働いている、9月には新しい経済対策を打つつもりと率直な意見を述べた。帰国後の昭和61年9月中旬には円高対策として事業費3兆6360億円の経済対策が打たれ、同年10月には追加予算（建設国債5490億円増発）が編成された。10月末には会談に沿った形で日米蔵相共同声明がまとめられ、円とドルのレート調整はもうこの辺で十分あるとの雰囲気が打ち出された。日銀も10月末に公定歩合を0.5％下げ3.0％とした。株価は9月下旬から低下し始め、10月下旬には一時1万6000円割れとなっていた。こうした努力にもかかわらず、円は翌昭和62年1月に1ドル150円を割り、円高に歯止めはかからなかった。

　昭和62（1987）年2月、為替レートはもはや安定が望ましいとの日米の合意をG7全体で共有するルーブル合意が行われた。多国間となるためルーブル宮（フランス大蔵省がかつて置かれていたルーブル美術館のこと）での議論は紛糾したが、円は1ドル153.5円を基準とし上下2.5％で介入するなどの点で意見が一致したという（もちろん発表されなかった）。日銀が会合直前に公定歩合をさらに0.5％引き下げ、2.5％としたこともあり、多国間での為替レートに関する紛糾は打ち止めの雰囲気が出された。

　国内では歓迎のムードが強く、東証1部株価指数は昭和62年2月26日には2万453円、1カ月後の3月27日には2万2026円へと過去最高値を更新していった。また地価は前年比で53.9％（東京）と異常な値上がりを見せ、金融緩和が資産価格の上昇を支えていることも明らかになりつつあった。

■■ 平成元年に消費税始まる

　竹下が力を入れた消費税について触れておこう。昭和53年11月に首相となった大平正芳が構想を打ち出して以降、税制を大きく変えるには長い時間が必要だった。

　竹下は蔵相として、自民党幹部として、首相として消費税にかかわってきた。竹下は昭和62年11月に内閣を発足させると、税制改革に立ち向かった。売上税の反省から政府税制調査会は参考人意見聴取や地方公聴会を重ね、一般消費税に対する理解を広めるための広報活動が積極的に行われた。昭和63（1988）年4月、政府税制調査会は抜本改革案を公表し、政府は同7月消費税新設を含む税制改革6法案を国会に提出した。

　消費税法案は、リクルート問題（リクルート社の未公開株贈与による贈収賄）や海上自衛隊の潜水艦なだしおの衝突事故などの影響を受け、なかなか審議に入ることができず、また審議入り後も与野党の激突した状況が続いた。同年11月、ようやく自民党、公明党、民社党の間で転嫁にかかる義務の明確化、中小企業者の負担の軽減などの合意が成立し、同11月16日衆議院を通過し、参議院では野党が牛歩戦術（議員が、ゆっくり歩き、投票を長引かせること）をとる中で、同月24日ようやく成立した。翌年初、昭和天皇の崩御に伴い改元された平成元（1989）年4月消費税法が施行され、さらに2カ月後の同年6月竹下内閣は総辞職した。

　以上、竹下の述べるところに沿ってみてきたことからもわかるように昭和60年前後は重要なエポックの時期である。前章でみたように金融、国際・国債面では大きな変化がもたらされ、さらにプラザ合意、ルーブル合意と大波が押し寄せ、消費税も導入された。昭和60年をはさむ10年間で日本の財政、金融の姿は大きく変わり、自由で円滑に資金が流れる金融マーケットとヨーロッパ諸国流の付加価値税の導入が実現した。

　竹下登は大平内閣（第二次、昭和54年11月）の大蔵大臣を務め、その後中曽根内閣（第一次、昭和57年11月；第二次、昭和58年12月）でも大蔵大臣を務

めた（通算４年半となる）。竹下内閣は昭和62年11月から平成元年６月まで、約２年半であった。

証券監視委員会の発足

　平成３（1991）年夏、証券業界では大手証券会社による大口顧客への損失補てん、一部の証券会社と暴力団関係者の不適切な取引など、不祥事が相次いだ。世間の批判は、違法行為を行った証券会社に向けられたが、証券行政を主管していた証券局、さらには大蔵省に対しても厳しい目が向けられた。

　それを契機に事前チェック型の裁量行政が批判され、その反省から裁量を排した透明な市場ルールに基づく事後監視型の行政への転換や、証券会社などの監督と市場ルールの遵守を監視する役割の分離が求められるようになり、平成４年７月、証券取引等監視委員会が発足した。

第 **20** 章

平成バブル

一行の銀行が抱える何兆円という不良債権の額も、見慣れてしまって新たな驚きは正直なところ半沢にはない。

　半沢だけではなく、ほかの東京中央銀行の行員たちも、他行の銀行員たちも、果ては銀行とのつながりはあっても銀行業の内実など知らない国民でさえ、いまやなんの驚きも感慨もないのではないか。

「不良債権が何兆円あるって？　だからなによ」

　というふうに。

　たしかに、最初は誰もが、銀行が潰れたらどうなるんだろう、という不安を抱いた。

　（略）

　実際に巨大銀行が潰れてみて、国民の生活がそれでどうなるわけでもなく、結局はなにも変わらないということに、みんなが気づき始めたのだ。

　（略）　だから公的資金で銀行を守らなければならないという理屈には誰もが疑問を抱くのは当然である。

　（略）

　日債銀が吹っ飛び、長銀がコケたところで、なんにも変わらなかった。これらは、倒産すべくして倒産したわけで、つまりは資本主義社会なら当然にあり得る淘汰だった。

　半沢が東京中央銀行の前身である産業中央銀行に入行した一九八八年は、まさにバブルのさなかだった。

　（略）

　あれから十余年。銀行はまさに凋落の一途を辿った。

　かつて──護送船団方式で守られていた銀行は、困ってもお上が助けてくれた。だから、義理人情優先モードで中小零細企業に融資し、貸し倒れの山を築いたとしても安心していられたのだ。

　だが、いまは違う。

　銀行不倒神話は過去のものとなり、赤字になれば銀行もまた淘汰される時代

になったのである。

　だから、銀行は中小企業を助けることができなくなったのだ。取引先会社を守ってきた日本的金融慣行であるメーンバンク制が崩壊したのは、同じく金融慣行であった護送船団方式が崩壊したことに起因しているといっていいのではないか。

　市場から淘汰されないために、いま銀行で大切なのは、取引先を守ることではなく、自らを守ることである。

　銀行はもはや特別な組織ではなく、儲からなければ当然のように潰れるフツーの会社になった。銀行が頼りになったのはせいぜいバブルまで。困ったときに助けてくれない銀行は、とっくに実体的な地位を低下させ、企業にとって数ある周辺企業のひとつに過ぎなくなっている。

『オレたちバブル入行組』池井戸潤　平成19年12月　文春文庫

　半沢直樹シリーズや「下町ロケット」など数々の大ヒット作品を世に送り出している作家・池井戸潤氏は、エンターテイメント性に溢れ、フィクションである「小説」という枠の中で、難しい時代環境、経済状況の中で正義を貫いて生きる人々の姿を見事に描き出している。

　テレビドラマとしても大人気を博した「半沢直樹」の原作の一つとされる上掲の「オレたちバブル入行組」の中では、銀行、企業、人々の心理がバブルと後で全く変わってしまったことをわずか数ページの紙幅の中で鋭く、わかりやすく活写し、そこからエンターテイメントの世界へと導く。以下は同氏が描いているように時代の雰囲気、空気が変わっていったことを踏まえて、平成金融危機で何が起きたのか、その事実を追っていきたい。

■■ユーフォリアから不良債権問題へ

　昭和60年のプラザ合意による円高ドル安、財政拡大、金融緩和政策により株価と地価は一本調子で上昇した。ブームに沸く日本に、とりわけ東京に、オフィスや生産拠点をもとうとする外国企業、金融機関が殺到した。昭和62年秋のブラック・マンデー後もアメリカが金融を緩和した影響で日本の株価は再び上昇に転じた。平成元（1989）年のベルリンの壁の崩壊も市場経済の勝利であり日本にとっても大きなチャンスと受け止められ、株価も地価もさらに上昇した。人々はすべてうまくいくとユーフォリア（陶酔感）に浸り、株価は平成元（1989）年12月、地価は平成３年にそれぞれピークをつけた。ピークを打ってから値が下がり始めても人々はまたリバウンドすると思っていた。

　しかし財・サービスの価格が上昇し、株価も地価も急激に値上がりし、平均的なサラリーマンの年収の何十年分もつぎ込まないと標準的な家も買えないという状況はさすがにおかしいのではないか、本当に人々の生活は豊かになったのだろうか、バブルは退治したほうがよいのではないかとの世論が広がりだし、日銀は公定歩合を平成元年５月に3.25％に引き上げたのを皮切りに、10月、12月、平成２年３月、８月と引上げ、6.00％とした。

　度重なる公定歩合の引き上げによって景気が変調を来していることに国民が気づき、日銀に利下げを求める声が強まったが、実際に公定歩合が0.5％引き下げられたのは株価のピークから14カ月後、地価のピークから４カ月後の平成３年７月だった。その後、平成５年２月まで立て続けに５回利下げが行われ、金融は緩和されていった。

　日銀が公定歩合を引き下げるということは資金の借り手である企業の業績が悪化しているわけで、企業に資金を融通している金融機関もいずれ厳しい状況に直面するとみられた。しかも、バーゼル合意（昭和63年、1988年）により、金融機関は貸付債権の査定と不良債権の償却、株価下落による株式評価損の計上などを厳格に行う必要に迫られ、内部留保を取り崩すような状況

にあった。

　宮澤喜一首相（平成3（1991）年就任）は事態の推移を冷静にみていた。平成4年夏、宮澤首相は銀行の不良債権が増加していくならば、公的資金による手助けが必要になるかもしれないと発言した。このニュースは直ちに広まり、公的資金の投入などとんでもない、不良債権を積み上げた銀行と銀行を監督している政府、大蔵省が悪いと国民の間に大合唱が起きた。与野党を問わず反対の声が上がり、金融機関に対する公的資金投入をめぐる議論は封印されてしまった。一方で国民の関心は銀行に向けられ、銀行の不良債権額を公表せよとの声が大きくなり、平成5年3月期に不良債権額が初めて公表され、以後、年を追うごとに詳しく公表されるようになった。

　この頃から規模の小さい、地域金融機関の中には経営内容が不安視されるところが出てきた。預金は預金保険制度の下で元本1000万円まで保護されていたが、政府は国民の不安を解消するため平成6（1994）年に銀行預金を全額保護することとした。

　こうした中、平成6年12月に東京協和信用組合、安全信用組合、平成7年7月にコスモ信用組合、8月に兵庫銀行、木津信用組合が破綻した。

■■ 住専問題の浮上

　また、かねて問題視されていた住専問題が浮上してきた。住専（住宅金融専門会社）は多くの金融機関が出資・融資をしてできたノンバンクで、当初は専ら住宅ローンを行っていた。しかし、銀行自身が住宅ローンを積極的に行うようになったため住専は競争に劣後し、大口の不動産融資に傾斜、それがバブル崩壊によって一気に焦げ付いた。

　住専が抱える巨額の不良債権を処理した後の損失は住専の株主が負担すべきなのか、住専に資金融通をした金融機関が負担すべきなのかを巡り延々議論され、国会でもとりあげられた。結局、平成7年末になって、株主と貸し手金融機関ともに負担し、それでも補えない損失部分には公的資金を6850億円投入する（平成8年度予算による）との結論となった。

住専問題は金融のプロでないと分かりにくいといわれている。宮澤の明瞭な解説がある。「6850億円というものを、政府が年末の予算編成で突然計上しました。内閣としては村山内閣の予算であったんですが、これが世間では何のことだかわからなくて、たいへん不評でした。結局、見方がいろいろありますが、住専問題の処理で、系統金融機関（農林中金、県信連、農協）がある程度以上の負担が持てない、それを持とうとすると、地方の農協の金融に直接影響があるということから、農協への預金者である農民を守るために国が6850億円を出したというのが——誰もそう説明しませんでしたが——実態だと思います。（略）これは一種の、何ともいえない不明瞭な問題として、その後の公的関与ということを非常に難しくいたしました」（「聞き書き　宮澤喜一回顧録」）。

　村山富市内閣は自民党、社会党、さきがけの連立で、平成6年6月から成立していたが、平成8年度予算編成後の平成8年1月に退陣した。その後、同じ連立の枠組みで橋本龍太郎が首相となり、当時の困難な状況の中での説明ぶりを宮澤が指摘しているようだ。この時、野党の追及を受けて、橋本は「住専以外は大丈夫、一般金融機関は安全」と国会答弁したため、その後、その呪縛から公的資金の投入という必要な対応が遅れてしまった。

■■三洋、拓銀、山一の破綻

　国民の多くはほとんどの金融機関はきっと大丈夫だろう、大丈夫に違いないと思っていたが、海外のマネー・マーケットの見方は違っていた。大手の金融機関は海外マーケットで資金調達をしていたが、健全な金融機関も通常の金利に上乗せをしないと資金が調達できない状況になっていた（ジャパン・プレミアム）。そして平成9（1997）年11月、三洋証券、北海道拓殖銀行、山一証券が相次ぎ破綻、日本は金融危機に見舞われた。

　三洋証券は11月3日、会社更生法の適用を申請した。裁判所はメインバンク3行の資金繰り支援を確認し、申請を受理、大蔵省証券局は業務停止命令を発した。翌朝一番に裁判所が三洋に対し資産保全命令を出すと、三洋は

コール・マーケットと債券貸借市場で戦後初の債務不履行を発生させてしまった。

マネー・マーケットはその直後こそ平穏だったが、デフォルトの衝撃はじわじわ広がり、資金の出し手の金融機関は信用不安のある金融機関への資金の放出を急速に絞り、それが拓銀の破綻を誘発させた。

北海道銀行との合併が9月に延期されて以降、北海道拓殖銀行は資金繰りの急速な悪化に直面し、日銀に準備預金を積み上げる最終日であった11月14日には金利を引き上げても必要な額を得ることができない状況に追い込まれた。11月16日午後、都内で臨時取締役会が開かれ、同じ北海道の第二地銀である北洋銀行に営業譲渡されることが決まった。都市銀行の一角が破綻したことで、「Too big to fail」（大銀行は潰さない）政策が終えんしたことが明らかとなった。

山一証券にはかねて（損失の）飛ばしについてのうわさが流布されていたが、三洋証券破綻後、マーケットで債券の貸借が絞られたため、資金繰りがつかなくなった。山一証券の場合、ヨーロッパで銀行子会社をもっていたため、会社更生法では対応できず、11月24日、自主廃業を選択し、デリバティブマーケットや海外への影響も考慮し日銀特融も得たうえで、破綻処理された。

多くの金融機関が不良債権問題を抱えていた中で大手銀行、証券の破綻が相次いだため、事情のよくわからない多くの国民はいっそう不安を募らせた。山一証券が破綻した翌25日には和歌山県の紀陽銀行に関する経営不安の風評が流布され、和歌山市内の複数の店舗で取付け騒ぎが発生した。数日で約3000億円の預金が流失したという。一方、宮城県の徳陽シティ銀行はすでに合併話が破談になっていたが、11月26日、マネー・マーケットで資金をとることができず、経営破綻した。このような展開から宇都宮、富山、札幌、東京、名古屋、大阪、福岡などで取付け騒ぎが続き、三塚博蔵相と松下康雄日銀総裁が「いたずらな風評に惑わされることなく、冷静な行動をとるよう」と異例の呼びかけを行う展開となった。

こうした状況のなか、宮澤が橋本に働きかけて、公的資金枠を30兆円（出資国債を預金保険機構に交付する）用意するとの政策提言がまとめられ、金融システムを安定化させるため、まず大手銀行に資本を注入する法案が国会に上程され、成立した。通称・佐々波委員会（慶応大学佐々波楊子教授が委員長）が審査したうえで、東京三菱など主要行18行と地銀３行に資本注入されることになった（平成10（1998）年３月）。だが、少ない金額を各行横並び（1000億円程度、全体で１兆8000億円）で注入したため、効果は薄かったと批判されてしまい、金融システムの動揺はその後も続いた。

　平成の金融危機の第一期は以上のとおりであった。国民は事態が深刻であることを少しずつ理解し始めていたが、危機を鎮静化させるための対策は遅れ、ようやく対策を実行しても次の大きな問題にまた取り組まないといけないことの連続だった。認識のラグ、政策実行までのラグ、そして効果の出てくるまでのラグがそれぞれ相当に長いことに注意を払う必要があることがわかる。

■■日本版金融ビッグバン

　一方、この時期にも前向きの努力が行われていたことは記憶しておくべきであろう。バブルの生成と崩壊、金融機関の不良債権問題などを目の当たりにし、金融界、経済界、政界、マスコミ、学界でさまざまな議論がなされる中で、中央銀行に関する議論も活発化した。平成９年２月に金融制度調査会が日本銀行法の改正に関する答申を提出、中央銀行の独立性と政策運営の透明性確保を主眼とする改正法が同年６月に成立した。

　また橋本首相は平成８（1996）年11月、「フリー、フェア、グローバル」を理念とする日本版金融ビッグバンを検討するよう指示した。金融制度調査会、証券取引審議会、保険審議会などで一斉に検討が行われ、平成10年夏までに金融自由化の流れを加速させる金融システム改革法が成立した。同法は、銀行法、証券取引法、保険業法など26の法律を改正する、包括的なものであり、まさにビッグバンと呼ぶにふさわしい内容であった（その嚆矢とな

【日本版金融ビッグバン構想】

- ・変動金利定期預金、CDの預入期間撤廃
- ・銀行等による投資信託の窓口販売、保険の窓口販売
- ・株式取引の市場集中義務の撤廃
- ・店頭登録市場の位置づけの見直し
- ・株式売買手数料の完全自由化（99年10月）
- ・証券会社の免許制から登録制への移行
- ・証券総合口座、ラップアカウント導入
- ・証券デリバティブの全面解禁（有価証券店頭デリバティブの導入）
- ・新しい投資信託商品（いわゆる会社型投信や私募投信）の導入
- ・私設取引システム（電子的取引システム）の導入
- ・火災保険、自動車保険等について算定会料率の使用義務の廃止（98年7月）
- ・銀行、証券、保険間の相互参入の促進
- ・金融機関の持株会社規定の整備
- ・企業財務の開示制度の整備・拡充（連結ベースの開示へ転換）
- ・インサイダー取引規制ルールの整備
- ・証券投資者保護基金、保険契約者保護機構の整備（98年12月）

（出所）　大蔵省

る外為法改正は平成9年5月に成立し、平成10年4月から実施された）。

　これにより、わが国の金融市場は、規制面ではニューヨーク、ロンドンに匹敵する自由で、開かれたものになった。

■■ 金融監督庁の発足

　金融危機の第2期は監督体制を立て直し、より強力な対策が講じられた時期である。平成10（1998）年7月の参議院議員選挙で自民党が惨敗、橋本内閣は退陣し小渕恵三が内閣を率いることになった（蔵相に首相経験者の宮澤が就き、昭和初年の高橋是清以来のことと評価が高まった）。7月30日に開会した国会では金融関係の議論が最重要課題となり、マスコミは「金融国会」と名づけた。

危機への対応を行う破綻処理の権限（一時国有化など）を政府に与える法案が政府提案され、10月に金融再生法として成立した。同時に自民党提案の金融機関に資本注入するための早期健全化法も成立した。再生法には小渕が金融問題の解決のため野党の提案を飲んだ内容が加わっていた。なぜ野党案を飲むと決断をしたかは十分に明らかにされていないが、小渕は国民のため早く金融システムを安定化すべきと考えたとも、昭和金融恐慌時の政党間の争いを平成の時代に再現させてはいけないと考えたともいわれている（小渕は平成12年4月、病に倒れた）。

　一方、監督体制の立て直しのため大蔵省から分離して金融監督庁が発足した（平成10年6月）。発足後間もない同庁は自民党の政調会長らと徹底的な議論を行い、すべての金融機関の検査を行い、その結果を公表するとの方針を打ち出した。検査は銀行だけで150行、信用金庫、信用組合、農協組織（県単位のもの）で数百に及んだため、平成10年夏から1年以上をかけて行われた。日銀法改正で独立性を強化された日銀の考査局も歩調を合わせ、すべての金融機関の財務内容を厳しく点検した。もちろん規模の大きい、重要な金融機関の検査はすぐに着手され、結果が公表された。

　多くの銀行でリスク資産の評価を厳しくする必要があったが、存続は可能と判断された。しかし、検査を始めた夏から半年もたたない10月には日本長期信用銀行が、12月には日本債券信用銀行がそれぞれ金融再生法により、一時国有化（特別公的管理）され、政府により任命された役員が経営を行うことになった（数年後に民間化された）。

　上掲「オレたちバブル入行組」で描かれているバブル後の雰囲気が醸成されたのは長銀、日債銀が破綻したこのころのことであろう。借り手企業も新しい事態に対応していかなければならなくなった。

■■大規模な公的資金注入

　政府は検査結果をもとに11年春以降、早期健全化法により金融機関への資本注入に踏み切った。新たに設立された金融再生委員会が金融監督庁の行っ

た検査結果を踏まえ、必要とされる資本注入額を決定した。資本注入額は大手行15行に対し７兆5000億円と平成10年春の注入額の数倍の規模となり、日本の金融機関が立ち直るきっかけとなった。また公的資金注入と併せて各行が自助努力で２兆5000億円の資本増強を行ったことから、合計10兆円の資本増強となった。

　公的資金注入には従来以上の厳しい条件が付けられた。資産のうち不良債権化しつつあるⅡ分類、Ⅲ分類には高い引当率を適用し必要引当額を決めるなどした。また、中小企業への融資態度も審査されたが、そこには最終的に国民負担となる可能性がある公的資金は、規模が大きく、市場で資金調達できる大企業より、銀行依存度の高い中小企業への融資に向けられるべきという考えがあった。混乱が収まり、資本不足が解消されると忘れられがちだ

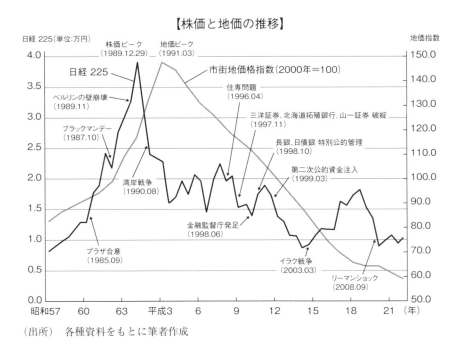

【株価と地価の推移】

日経 225（単位:万円）

地価指数

株価ピーク（1989.12.29）
地価ピーク（1991.03）

日経 225

市街地価格指数（2000年＝100）

ベルリンの壁崩壊（1989.11）

住専問題（1996.04）

ブラックマンデー（1987.10）

三洋証券、北海道拓殖銀行、山一証券 破綻（1997.11）

長銀、日債銀 特別公的管理（1998.10）

湾岸戦争（1990.08）

第二次公的資金注入（1999.03）

金融監督庁発足（1998.06）

プラザ合意（1985.09）

イラク戦争（2003.03）

リーマンショック（2008.09）

昭和57　60　63　平成3　6　9　12　15　18　21　（年）

（出所）　各種資料をもとに筆者作成

が、一つの重要なポイントである。

　金融機関に対して大規模な公的資金注入が行われるとの方向性が明らかになると、実際の資本注入はまだにもかかわらず株式市場が反応し、金融株、ひいては株価水準全体が安定を見せた。もちろん資本注入が実際に行われると金融株は堅調な推移をたどった。

　平成12年頃から、東京や大阪などで不動産融資を積極的に行ってきた地域金融機関の中に破綻するところが出てきた。東京などの大都市の地価は他地域よりも急激に下落し、不動産投資をした企業も、融資した金融機関も行き詰まったためである。このような状況で債権の整理・回収を専ら行う整理回収機構（住専処理のための住専管理機構と信組等の受け皿の整理回収銀行を統合した組織）が設立され、地方の中小規模の金融機関の破綻後の処理が迅速に行われることとなった。

■■ 大手行再編と生保破綻

　平成12（2000）年夏頃からは金融再編の動きも加速した。第一勧業銀行、富士銀行、日本興業銀行の経営統合（みずほ）、住友銀行とさくら銀行の合併（三井住友）、あさひ銀行（協和埼玉）と大和銀行の経営統合（りそな）、東海銀行、三和銀行、東洋信託銀行の経営統合（UFJ）など、大手行の再編が一気に進んだ。いずれも公的資金返済に向け収益力を強化することを狙っていた。

　また、情報通信技術を駆使し、店舗をもたない銀行、具体的にはジャパネット銀行、ソニーバンク、IYバンク、イーバンクといった新しいタイプの銀行が平成12、13年に営業を開始した。これらの新銀行の登場は、既存の銀行にビジネスモデルの変革を迫り、顧客サービスのあり方を見直すきっかけとなった。日本の金融機関は真の競争の時代に突入し、シュンペーターのいう創造的破壊のプロセスが始まったのである。

　さらに地方銀行の検査が進められ、その結果、平成12年4月には国民銀行が破綻し八千代銀行に営業譲渡され、6月には幸福銀行、東京相和銀行が、

8月にはなみはや銀行（福徳銀行となにわ銀行の合併行）が破綻、10月には首都圏で積極的な不動産融資を展開していた新潟中央銀行が破綻した。

保険会社では平成9年から12年にかけて日産生命、東邦生命、第一火災海上、第百生命、大正生命、千代田生命、協栄生命が破綻した（次章参照）。将来の生活設計のベースとなるはずの生命保険が減額されるなど、国民の間には不安が広がった。後年、橋本は、「保険会社の破綻を本当に多くの人々が不安を持って見守っていたんだ」と述懐している。

この時期には（金融監督庁のイニシアチブで）外国銀行、外国証券会社に対する検査が進められ、不正行為、不法行為のあったものには厳正な対応がとられ、東京マーケットの信認は増し、金融ビックバンの方向への努力が進められた。

■■ 金融再生プログラム

金融危機の第三期は平成13（2001）年以降である。平成13年に成立した小泉内閣のもと、竹中平蔵経済財政担当相は就任直後から金融機関ごとにリスク資産査定をさらに厳格化し、必要な資本を調達する計画を策定するよう求めた（金融再生プログラム）。

平成15年、金融再生プログラムの象徴ともいうべき、りそな銀行（5月）や足利銀行（11月）への公的資金の注入（実質国有化）が行われた。いずれのケースも監査法人が金融再生プログラムに則り繰延税金資産の圧縮を求めたため、りそなは自己資本比率が大幅に低下し、足利は債務超過に陥った。企業のクライアントという立場にある監査法人が時代の要請や当局の強い姿勢に押され、経営破綻のトリガーを引いたという点もそれまでにはみられないパターンであった。

一方、平成14年に三和銀行と東海銀行が合併し誕生したUFJ銀行は、金融庁の特別検査により巨額の引当不足が明らかとなり、どう対応するか混乱が続いたが、最終的には東京三菱銀行と合併することになり、平成17（2005）年10月三菱UFJフィナンシャル・グループが形成されることになった。これ

によりいわゆる「3メガグループ」が出そろった。

　日本銀行は平成13（2005）年3月から平成18年3月まで量的金融政策を続け、民間銀行が日本銀行に積む当座預金（支払準備額を超えるもの）の残高を平成16年頃には最大35兆円とした。このため金融は非常に緩和され、その間に事業法人も金融機関も次のステップに進む態勢を整えることができた。

　こうした紆余曲折を経て、平成17（2005）年にペイオフが解禁され、預金は全額保護から元本1000万円とその利息までを保護するという本来の政策に戻った。預金の全額保護政策は平成6年から平成17年まで続いたわけで、日本の金融システムが平時に戻るのには足かけ12年間もの歳月がかかったわけである。

■■繰り返されるバブル生成と崩壊

　西野智彦氏著の『平成金融史』によれば、平成期では銀行の破綻が22、信用金庫27、信用組合133で、合計182件であった。平成元年頃の金融機関数が990であったので、18％が破綻したことになる。昭和金融恐慌の際の金融機関破綻の比率は16％程度といわれており、昭和でも平成でも日本は金融危機で深い傷を負ったことがわかる。生命保険会社8社、損保会社1社、証券会社7社も破綻した。もちろんこれらの破綻を見つつ、多くの金融機関が合併したり、子会社化されたり、業界の構造が大きく変わったのは周知のとおりである。

　なお、バブルの生成、崩壊を数字で追うと、平成2（1990）年に2400兆円だった日本の地価総額は、平成17年には1200兆円に半減した。株式時価総額は平成元（1989）年末の610兆円から平成15年春の230兆円へと約3分の1に減った。土地と株式合わせて1600兆円の富が失われ、不良資産が積みあがってしまった。

　平成金融危機後メガバンクに預金が集中し、ゼロ金利の下で融資が思うように進まないことも、かつて高橋亀吉が観察した大銀行に預金が集中し、優良貸付先の確保に悩む昭和金融恐慌後の状況とよく似ている（一方で、郵貯

は第22章で述べるように民営化されることとなったので、昭和金融恐慌の頃とは違う）。

◇　　　◇　　　◇

　宮澤喜一はサンフランシスコ講和会議に全権随員として参加している。昭和28年に参議院議員となり、第二次池田内閣経済企画庁長官を務めるなどののち、昭和42年には衆議院議員となり、昭和61年には大蔵大臣に就き、平成３年に首相となった。その後小渕内閣、森内閣で総理を経験した大蔵大臣になり、省庁再編後の初代財務大臣も務めたので通算で５年４カ月財政金融の責任者であった。

　池井戸潤は元都市銀行員、退職後文筆家に転身した。「オレたちバブル入行組」は「半沢直樹」のタイトルで平成25年にテレビドラマ化された。

第 21 章

日米保険協議

日米保険協議が決着　損保料率を自由化

　日米保険協議は十四日夜、三塚博蔵相とバシェフスキー米通商代表部（USTR）代表代行による電話協議で決着した。日本の損害保険料率を九八年七月までに完全自由化するとともに、傷害保険などいわゆる第三分野への国内生損保子会社による参入は外資系に配慮して九七年一月以降も制限し、二〇〇一年一月から完全自由化する。日米合意により自動車保険料などは地域や年齢で自由な設定が可能になり、損保業界は厳しい価格競争にさらされることになる。

第3分野　2000年まで参入制限

　傷害保険や火災保険など損害保険料率の完全自由化は九八年七月までに実施する。現在の保険料率は画一的だが、自由化により損害保険各社は年齢や地域、性別、車種などの用途別に契約者のリスクに応じた料率設定が可能になる。

　最も自由化の影響を受けるのが自動車保険で、大手損保の試算によると、優良ドライバーの多い三十歳以上は一割程度下がる。一方、事故率の高い十八歳の保険料は現行より二―三倍高くなる計算だ。

　一方、第三分野については①傷害保険は九七年一月から外資系の得意商品を保護するなどの規制を設けたうえで、国内生保の損保子会社に販売開始を認め、二〇〇一年一月に外資系への保護を撤廃する②国内損保の生保子会社と大手生保による医療・がん保険への新規参入は九七年一月以降も禁止し、二〇〇一年一月から解禁する――という内容。

　生損保の子会社はそれぞれ十月から営業を開始しているが、第三分野には条件が付いており、参入していない。大蔵省は協議決着を受けて参入時期を盛り込んだ免許条件を、年末にも生損保の子会社に提示する予定だ。（後略）

協議、実態は縄張り争い

　日米保険協議は日本が「日本版ビッグバン」に沿って二〇〇一年には規制を撤廃するいう基本を守り、米国はそれまでは米系保険会社が保護されるという

実を取る形で決着した。しかし、協議は日本を舞台にした両国保険会社の「縄張り争い」に終始したのが実態だった。

米側が求めたのは損保料率などの自由化が進むまでは第三分野への参入を制限することだが、最大の狙いは第三分野の得意な米系保険会社の保護。だが日本側は自由化に反する参入制限は取れないし、損保自由化も業界の反対で動けず、袋小路に入っていた。

それを打破したのがビッグバンで、大蔵省は首相の意向を盾に業界を説得、損保料率自由化に踏み切った。（中略）

ただ米国が第三分野にこだわったのはもともと米系の大手保険会社一社の保護のためという色彩が濃い。（中略）消費者のための自由化という視点は二の次だったといえる。

日本経済新聞　1996年12月15日　朝刊

昭和50年代後半に入ると、平均寿命が延びてきたことにより、一定の期間ののち保障が切れる定期付養老保険から、一生涯保障が継続する定期付終身保険への関心が高まってきた。また民間の保険会社は郵便局の簡易保険に対抗して予定利率を5.0～6.0％まで引き上げ、商品の魅力を増す努力をしていた（昭和27年から51年までは4.0％）。さらに、運用の結果によって保険金額を変動させる（市場金利が高ければ保険金額が増える）変額保険を発売し、バブル期にはたいへんな人気を呼んだ。

■■バブルの後始末

バブルが崩壊するとさまざまな対応が必要となった。まず平成2（1990）

年には変額保険の販売が停止された。バブルの時期、地価高騰で相続税負担が重くなる資産家層に節税対策として銀行融資をつけて一時払い保険料を払わせていた。しかし、変額保険の運用成績がバブル後落ち込み、借金を返済できず資産家層が土地、建物を手放すようなケースが起こり、社会問題化したからだった。

　また予定利率もバブル後の金利低下に比べ高すぎる水準だったため、平成2年（5.75％）以降断続的に引き下げられたが、国民の大半が生命保険に加入している状況の中、これも社会問題化した（予定利率は平成13年には1.5％となった）。

　そして平成9（1997）年に日産生命、平成11年に東邦生命、12年に第百、大正、千代田、協栄生命が相次いで破綻し、13年には東京生命が破綻の憂目に遭った。ただ、いずれの破綻の際も救済保険会社が現れたので、破綻保険会社の保険契約は救済保険会社で継続された（条件の変更などは行われた）。こうしたなか平成10年には生命保険契約者保護機構が設立され、国内で営業するすべての生命保険会社が加入した。

　一方、損保業界はバブル経済のもとで多様な損保ニーズを引き受け、資産の運用も順調だった。新商品として保険期間が5～10年の積立火災、傷害保険が開発された。損害保険であるにもかかわらず掛け金が戻ってくる保険商品ということで、個人、法人を問わず資産の確実、有利な運用先を求めていた顧客から人気が高まった（生保の一時払い養老保険と並んで人気があった）。

　バブルが崩壊し多くの金融機関が経営危機にさらされた中で、損保業界へのダメージはそれほどではなかったといわれているが、積立保険に力を入れていた第一火災海上が平成12年5月破綻した（戦後初めての損保会社の破綻、第一火災海上は戦後設立された会社）。顧客に約束した予定利率よりも運用利益が下回るという逆ザヤが原因による破綻だった。

■■新保険業法の制定、保険業の自由化

　保険業界にとって平成最初の10年は、新保険業法の制定と日米保険協議と

いう大きな波が押し寄せてきた時期であった。少子高齢化、多様化する保険リスク、保険マーケットの変容（医療分野のニーズ、自動車保険の飽和）、金融自由化・グローバル化など環境の変化は著しく、昭和14（1939）年施行の保険業法を早急に改め、保険業界の新たな方向を探る必要があった。

行政監督上の新しい指針としてソルベンシー・マージン（支払い余力）基準を導入すること、保険料率と新商品開発の自由化・弾力化を行うこと、生保、損保会社は相互に子会社で乗り入れること、保険契約者保護基金を設けること、保険仲立人であるブローカー制度を導入することなどを盛り込んだ新保険業法は平成7年6月に公布され、翌平成8年4月に施行された。

平成6年には日米保険協議により、免許や商品の認可基準を明確化すること、商品・保険料率の自由化をすることなどについては合意した。ところが、新保険業法の下で、生保、損保相互の子会社開業が迫り、国内保険会社の第三分野への乗り入れが近づくと、日米保険協議が再燃した（保険の第一分野は生命保険、第二分野は損害保険で、第三分野は第一分野と第二分野の中間にあたる外資系保険会社の得意分野で、がん保険、医療保険、傷害保険など）。

そのため生保会社は損保子会社を、損保会社は生保子会社を設立し、平成8年10月から営業を開始したものの、日米保険交渉が未決着のため、損保子会社は傷害保険の取扱いを、生保子会社はがん・医療保険の取扱いを制限されてのスタートとなった。

■ ■ 難航した日米協議

アメリカ側は国内保険会社が第三分野に参入するには第一分野、第二分野の規制緩和が条件である、つまり第一分野と第二分野の商品と保険料率の完全自由化を要求すると同時に、第三分野については規制の維持を求めていた（識者によると、アメリカ側の要求はガッツ〈GATS・サービスの貿易に関する一般協定〉上では外資の内国民待遇以上のもの、モア・ザン・ナショナル・トリートメントだったという）。平成7年の秋以降、日米で交渉がもたれたがなかなか進展せず、平成8年秋に入り精力的に折衝が行われるようになり、同年12

月にようやく、一応の決着が図られた。

橋本首相から平成8年11月に日本版金融ビッグバンが打ち出され、日本の金融マーケットの規制緩和、自由化を首相自らが内外にコミットしたことが日米保険協議の決着にも寄与した。

合意についてアメリカ側は、①年齢、性別、運転歴、地域、車両の使用状況など各種のリスク基準によって保険料の異なる自動車保険の申請を認可すること、②自動車及び火災保険の業界一律の料金を設定する料金算定会の権限を廃止すること、③届出制度の対象となる商品の範囲を拡大し、企業向け火災保険に弾力的な料率を適用することを認められている契約額の下限を、平成10年4月までに70億円まで段階的に引き下げること、④第三分野に関して外国企業が規制緩和後の生保・損保分野でプレゼンスを確立するために十分な期間が経過するまで、日本の保険会社の新規子会社が、がん保険、医療保険、傷害保険などの商品を販売することを禁止または大幅に制限する（具体的には2年半後に激変緩和措置を終了する）ことを日本が約束したと理解していた。

ところが、ガッツ・ウルグアイ・ラウンドでは金融サービス（GATSのサービス貿易の金融部分、Financial Services）について1995（平成7）年に合意（暫定合意）していたが、アメリカはなぜか最終段階で脱落してしまった。アメリカを取り込むための交渉が行われ、1997（平成9）年12月にようやく日本、EU、アメリカなどを含む合意がまとまった。その際アメリカ側は二国間の日米保険合意を金融サービスの約束表上の約束（すべての国に対する約束）とするよう要求し、最後は日本がこれを受け入れることとなった。その後もアメリカ側は合意項目について日本の履行状況をチェックする態度をとり続けた。

■■算定会廃止で自由競争に突入

日米保険協議で合意した算定会料率の遵守義務の全廃は大きなインパクトを与えた。戦後長らくすべての損保会社は同じ料率で営業してきたが、平成

【保険の第三分野の規制緩和の推移】

昭和49年11月	アメリカンファミリー（現アフラック）が初のがん保険発売（第三分野が当時なく、他社参入なし）
平成5年4月	クリントン・宮澤会談で日米包括経済協議開始を合意（保険分野の規制緩和を目的とした日米保険協議を設置）
平成6年10月	日本国及びアメリカ合衆国による保険に関する措置（アメリカは第一分野と第二分野の商品や保険料の完全自由化と第三分野での規制の維持を要求〈アメリカンファミリーの独占〉）
平成7年12月	日米保険協議再開（アメリカ財務長官が第三分野への国内保険大手の参入反対）
平成8年11月	金融ビッグバン構想を橋本首相が表明（2001年（平成13年）までに金融システムを改革し、市場開放を行う）
12月	新保険業法施行、日米保険協議が補足的措置で合意（実質的に第三分野の外資系の独占状態を2001年（平成13年）まで延長）
平成11年	アメリカンファミリーのがん　保険でのシェアが85％を上回る
平成13年7月	国内生保・損保の子会社による第三分野への参入が解禁
平成15年7月	第三分野への参入の全面解禁
平成20年10月	アメリカ政府の年次改革要望書でかんぽ生命の新商品認可を牽制
平成25年3月	安倍首相がTPP交渉参加表明
7月	日本郵政がアフラックとの業務提携発表（かんぽ生命の第三分野参入認可の凍結）
平成30年12月	日本郵政がアフラックと資本・業務提携の強化を発表

（出所）　各種資料をもとに筆者作成

10年7月に料団法（損害保険料率算出団体に関する法律）が改正され、算定会はデータベース機関として会員損保会社に料率のアドバイザリー・レートを提供する役割のみを担うこととなった。会員損保会社は各社ごとに付加保険料を加えた保険商品を開発、販売することとなり、消費者の選択が広がった。最近の損保商品の多様化、業界の発展にかんがみると、平成10年の算定会廃止はその分水嶺だったといえる。

　破綻したり競争力が弱かった国内生保が外資系企業の傘下に入るケースが多かった生保業界と違い、損保業界では国内企業同士の合併が主流となり、2000年代（平成12年以降）に入るとほとんどの損保の社名が変わった。国内の主要損保は、あいおい損害保険（大東京と千代田が合併）、ニッセイ同和損害保険（同和とニッセイ損保が合併）、三井住友海上火災保険（三井と住友が合併）、損害保険ジャパン（安田と日産が合併）、東京海上日動火災保険（東京海上と日動が合併）、日本興亜損害保険（日本と興亜が合併）を中核とする六つ

【株主数の多い会社】

順　位	会社名	株主数
第1位	みずほフィナンシャルグループ	99万9,139
第2位	ソフトバンク	82万2,811
第3位	第一生命ホールディングス	76万629
第4位	イオン	73万2,420
第5位	三菱UFJ	67万948
第6位	日本電信電話（NTT）	63万7,155
第7位	日本郵政	62万2,647
第8位	トヨタ自動車	61万3,379
第9位	日産自動車	55万8,085
第10位	ANAホールディングス	46万818

（出所）　2019年6月21日　StockWeatherの調査

のグループに再編された。

その後平成22年にはさらに再編が進み、東京海上日動火災を中心とする東京海上ホールディングス、三井住友海上、あいおい、ニッセイ同和損保の3社が経営統合したMS＆ADホールディングス、損保ジャパンと日本興亜損保が統合したNKSJホールディングスの3グループに集約された。再編・統合の背景には主力商品であった自動車保険が若者の自動車離れ、長引く不況に伴う新車販売の激減などにより減収となるなど国内損保市場の縮小と収益力の低下による危機感があった。

なお、平成22年4月、日本最古の相互会社である第一生命が東京証券取引所に上場し、株式会社へ転換した。株主数は株式会社への転換時には137万人とNTTの103万人を超え、国内最多の株主を抱える企業となった。平成12年の保険業法改正により相互会社の株式会社化が可能となっていたが、第一生命は株式市場からの資金調達を可能にしたいという考えに加え、国内生保市場の成長に多くを望めない状況で海外へ進出することも展望し株式会社化に踏み切ったという。

■■民営かんぽが加わる

平成19年10月には郵政民営化（次章参照）によりかんぽ生命が発足した。同社は平成22年3月末で保有保険契約127兆円、総資産101兆円の民間保険会社に匹敵する業容を誇ったが、民間保険会社や外資系保険会社からさらなる規模拡大について批判の目が向けられた。

その中で、かんぽ生命はアフラックが取り扱うがん保険の店頭販売を平成20年に始め、平成25年には正式の業務提携に踏み切った。

第三分野は日米保険協議で激突した分野であるが、環太平洋経済連携協定（Trans-Pacific Partnership Agreement：TPP）交渉のテーブルに日本が遅れて臨んだ平成25年にかんぽとアフラックが業務提携を行ったことは保険業界、経済界に大きなインパクトを与えた。両社はさらに平成30年、資本・業務提携を結び、日本郵政がアフラック・インコーポレッドに2700億円を出資し、

約７％の株主となり、関係を深めた。全国の郵便局でアフラックの保険商品の販売に力を入れ、さらに新商品の開発や国内外での事業展開に協力することとなった。

　日本はアメリカに次ぐ保険大国といわれるほど保険が普及し、保険商品の販売チャネルも多様化してきた。平成19年1月からはすべての銀行窓口での保険商品の取扱いが解禁となった。保険業界では銀行窓販に反対する声もあったが、今日では保険業界からみても重要な販売チャネルに発展している。

　保険ブローカーも現在40社程度が営業している。保険会社の代理店ではなく、契約者のために誠実に保険契約締結の媒介を行う義務（ベスト・アドバイス義務）を負っている。平成26年にはブローカー開業に必要な保証金額を4000万円から半分に引き下げ、個人の保険分野にまでブローカーが進出できるようになった。

　さらに保険商品のインターネット販売が急速に拡大してきている。若年層の保険離れが進む中で、テレビ、ラジオ、新聞、雑誌などの媒体に加え、パソコンや携帯電話、スマホを活用して、保険会社側が直接顧客に情報を発信し、顧客はインターネットで保険を購入することが日常的になりつつある。ネット専業の保険会社も次々に開業している。

　かつて保険の販売と言えば生保レディーや自動車ディーラーに頼っていたが、全く違う新しい販売スタイルが台頭している。ネットによる保険商品のダイレクト販売は保険業界にコスト構造の見直しというインパクトを与えている。

第 **22** 章

郵政民営化

本日、衆議院を解散いたしました。（略）

　私は、今年の通常国会冒頭におきましても、施政方針演説で郵政民営化の必要性を説いてまいりました。そして、今国会でこの郵政民営化法案を成立させると言ってまいりました。しかし、残念ながらこの法案は否決され廃案となりました。国会の結論が、郵政民営化は必要ないという判断を下された。私は本当に国民の皆さんが、この郵政民営化は必要ないのか、国民の皆さんに聞いてみたいと思います。言わば、今回の解散は郵政解散であります。郵政民営化に賛成してくれるのか、反対するのか、これをはっきりと国民の皆様に問いたいと思います。

　私は、４年前の自民党総裁選挙において、自民党を変える、変わらなければぶっ壊すと言ったんです。その変えるという趣旨は、今まで全政党が郵政民営化に反対してまいりました。なぜ民間にできることは民間にと言いながら、この郵政三事業だけは民営化してはならないと、私はこれが不思議でなりませんでした。（略）いまだにその主張、考え方に変わりはありません。

　だれでも民間にできることは民間にと主張していながら、なぜこの郵政三事業だけは公務員でなければだめだと、大事な仕事だから公務員でなければだめだというんでしょうか。私は改革を推進しようという民主党（略）までが民営化反対、民営化の対案も出してくれない。そして自民党の郵政民営化反対、抵抗勢力と一緒になってこの法案を廃案にした。本当にこのままで行政改革できるのか、財政改革できるのか、理解に苦しんでおります。

　私は、この郵政民営化よりももっと大事なことがあると言う人がたくさんいるのも知っています。しかし、この郵政事業を民営化できないでどんな大改革ができるんですか。役人でなければできない、公務員でなければ公共的な大事なサービスは維持できない、それこそまさに官尊民卑の思想です。（略）国民全体のことを考えれば、民間にできることは民間に、官業は民間の補完であると。役所の仕事は民間にできないことをやるべきだということから、今は公共的な仕事でも民間人にできるものは民間人に任せなさいという時代ではないでしょうか。民間人は公共的な仕事はできない。大事な仕事は公務員がやるんだ

　と、そういう考えはもう古いと思います。

　（略）

　私は、そういう意味において、本当に行財政改革をやるんだったらば、公務員を減らしなさいということはみんな賛成でしょう。郵政事業に携わる国家公務員、約二十六万人、短時間の公務員を入れると約十二万人、併せて約三十八万人が郵政事業に携わっている。（略）

　今、確かに残念ながら、参議院で今日この法案が否決され、廃案になりました。言わば国会は郵政民営化は必要ないという結論を下したわけですが、私はいまだに郵政民営化は、本当に行財政改革をするんだったらば、将来、簡素で効率的な、余り政府が関与しない、役所の仕事を民間に開放しようという主張を展開するならば、この郵政民営化はしなければならないものだと思っております。（略）

　この郵政民営化に賛成する、自由民主党、公明党が国民の支持を得て、過半数の勢力を得ることができれば、再度、選挙終了後国会を開いて、これを成立させるよう努力していきたいと思います。

「小泉純一郎総理大臣記者会見〈衆議院解散を受けて〉」平成17年8月8日

■■改革の本丸としての郵政改革

　橋本内閣（平成8（1996）年1月に発足）は橋本龍太郎の年来の考えにもとづき中央省庁の改編、金融ビッグバンなどの政策の実現に努力した。その中には郵政省を廃止して郵政公社を設立することが含まれていた。ところが、その後自由民主党の中の議論で郵政は民営化はしないが、公社とする、ただ

し職員は公務員の身分をそのまま維持することとなってしまった。郵政公社は平成15（2003）年に発足したものの、その業容は郵政省時代とほとんど変わらなかった。

　小泉純一郎は昭和54年に大蔵政務次官に就任し、すでにこのときから郵政民営化を主張していた。宮澤内閣の郵政大臣時も、橋本内閣の厚生大臣時も持論を曲げなかった。平成13年第一次小泉内閣が発足し、「郵政改革を改革の本丸」と位置づけ、抵抗勢力には断固立ち向かうことを明らかにして、平成15年以降の第二次小泉内閣で年来の郵政民営化に取り組むことになった。

　日本郵政公社を民営化するための法案は平成17年7月に衆議院本会議をわずか5票差で可決され、法案は参議院に送られた。ところが、多数の自民党議員が造反したため、同年8月8日参議院本会議で否決されてしまった。そこで小泉は上掲文にあるように「郵政民営化について国民の皆さんに聞いてみたい」と衆議院を解散した。小泉と同意見の候補者を、郵政民営化に反対する自民党議員の選挙区に「刺客」として送り込んだのはこの時である。

　同年9月11日投開票の衆議院議員選挙では与党が圧勝し、選挙後に開かれた特別国会で郵政民営化法案が可決成立した（この時の成立した民営化の形態は持株会社の日本郵政の下に郵便局会社、日本郵便、ゆうちょ銀行、かんぽ生命保険を置くものだった）。平成19（2007）年10月、民営化した日本郵政が発足した。

　当初の計画では名実ともに民営とするため、郵政株式の売却を進めるはずだった。しかし、すんなりとは進まなかった。平成21（2009）年8月に衆議院議員選挙が行われると、民主党が圧勝し、国民新党、社民党との連合政権が発足し、同年12月には郵政株売却凍結法案が成立した。加えて郵政民営化を後戻りさせるような内容の郵政改革関連法案の提出が翌平成22年以降も続いた（廃案または継続審議となった）。政府が郵政株全株を保有する状態が続き、民営化は中断し、方向が定まらなくなっていった。

　こうしたなかで平成23（2011）年3月に東日本大震災が発生し、復興財源として政府保有の日本郵政株式の売却益への期待が高まった。そこで、民主

【政府保有株式の新規公開状況】

会社名	上場時期	売却金額	売却割合
NTT	昭和62年 2 月	2 兆3746億円	12.5%
JR東日本	平成 5 年10月	1 兆759億円	62.5%
JT	6 年10月	5670億円	19.7%
JR西日本	8 年10月	4678億円	68.3%
JR東海	9 年10月	4859億円	60.4%
日本郵政グループ	27年11月	1 兆3876億円	11%

（資料）　各社の発表資料等をもとに筆者作成

　党、自民党、公明党の間で話し合いが進められ、平成24年 3 月には 3 党で合意した郵政民営化等改正法案が国会に提出され成立し、併せて郵政株売却凍結法も廃止されることになった。

　結局、郵政民営化は、持株会社である日本郵政の下に 3 社（日本郵便〈郵便局会社が郵便事業会社を吸収合併する〉、ゆうちょ銀行、かんぽ生命保険）を置く、郵便事業に加え貯金、保険の基本的サービスも郵便局で一体的に提供する（ユニバーサル・サービス）、金融 2 社の株式の売却はできる限り早く行うなどといった形でひとまず決着した。

　平成25年末に政権に復帰した自民党、公明党は、翌平成26年末の予算編成で日本郵政、ゆうちょ銀行、かんぽ生命保険 3 社の株式同時売却と上場の方針を発表し、平成27（2015）年11月にようやく売却、上場が実現した。日本郵政、金融 2 社はそれぞれ発行株式の 1 割程度を売り出すことになったが、その背景にはNTT株の場合、売却後株価が乱高下し全株売り切るのに約20年かかってしまったことの反省、日本郵政株等を安定配当株として広く個人に保有してほしいという政府の狙いがあったようだ。

　平成29年 9 月には第二次売却も行われ、今後も市場動向や郵政 3 社の収益状況を見ながら売却が続くことになる。

■ ■ 繰り返した郵貯への資金シフト

　郵貯問題はなぜ大きな問題となったのであろうか。時代をかなり遡るが、第二次オイルショックの後昭和55（1980）年4月から11月にかけ、金利が8.0％（当時公定歩合は9.0％）となった定額貯金に約32兆円（うち新規30兆円）が預け入れられ、郵便貯金残高（昭和55年3月末郵貯残高520兆円〈通常貯金を含む〉）の中で大きな塊となってしまい、その後、10年周期で巨大な資金移動が発生することになった。

　昭和60年代（1980年代後半）にはバブル経済が進み、株価は高騰を続け、企業の資金調達は間接金融から直接金融への移行が進んだ。個人金融資産の構成も、株式、株式以外の有価証券（国債、金融債、投資信託、信託受益権など）が約2割を占めるまで高まった。銀行や郵貯が守勢に回る中、10年前に8％という高い金利で預け入れられた定額貯金の満期が到来し、平成2年4

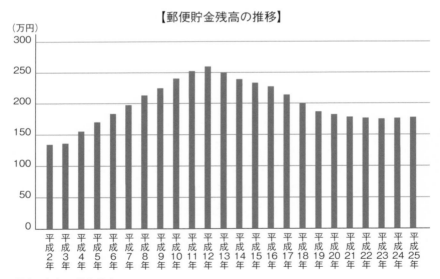

【郵便貯金残高の推移】

（注）　各年3月末残高
（出所）　郵政省、総務省資料をもとに筆者作成

月から11月にかけて定額貯金の払戻額は59.0兆円、流出額は42.6兆円に及び、定額貯金残高は減少した。その資金の多くは証券会社に流入した。しかしバブルがはじけ、株価が平成元年末をピークに下落に転じると、資金は証券市場から逃げ、郵便貯金と銀行預金に逆流した。とりわけ郵貯へ戻った資金量は多く、再び郵貯への資金シフトが起きたと騒がれた。定額貯金金利も昭和55年当時の8％には及ばないものの、平成3年には6.33％と十分に高かった。また、預入限度額も63（1988）年4月には300万円から500万円に、平成2（1990）年1月には700万円に、3年11月には1000万円に引き上げられていた。平成2年12月から平成4年3月までの間の定額貯金への流入額は29.3兆円、預入額は73.5兆円に達した。

　郵貯残高は平成2年に100兆円、平成7年に200兆円を突破した。通常貯金も証券市場からの逃避資金が滞留したことで増加したが、この間の残高増加の大半は定額貯金の元加利子（複利の利子が元本に組み入れられること、例えば平成3年度の元加利子は7兆2000億円、平成6年度は9兆3000億円など）だった。郵貯残高は増え続けるものの、長期金利が平成に入ってから継続的に低下し、郵貯の資金運用部への預託金利も下がり続けたため、平成2年頃に預入された高金利の定額貯金との間では逆ザヤが生じるようになった。実際、郵貯特別会計は平成10（1998）年以降、赤字化し、大量の定額貯金を引き受け続けることの限界も意識されるようになった。

■■ 財投改革で逆ザヤ発生

　郵貯への大規模な資金シフトが起き混乱する中、行政改革の一環として、郵政3事業の公社化と合わせ財政投融資の抜本的見直しが行われることとなり、平成12（2000）年5月、財政投融資改革法が成立し、施行された。新たな財投システムでは必要な資金を国債で調達することになった。この国債を財投債と呼んだ。財投債は償還財源を租税に依存する国債とは違うため、「一般政府」の債務とはならない。また、特殊法人などは財投債で得た資金の一部を配分してもらうほか、政府保証債、特殊法人債（政府保証のない財

投機関債）などで資金調達することになった。このような改革の中で郵貯資
金は平成13（2001）年度から資金運用部への預託を止め、自主運用に移行す
ることになった。

　郵貯は平成12年3月末に残高ベースで260兆円のピークに達した。そして
平成13年から自主運用となると、郵貯資金が運用リスクを持つことになるの
で、これを軽減するため、流動性・決済性資金の通常貯金への預け入れの強
化を図るようになっていった。平成15年に発足した郵政公社では貯金規模、
とりわけ定額貯金規模を適正化する方針がとられることになった。民営化後
も郵貯資金は漸減し、最近では180兆円程度で推移している。

【資金量上位の全国金融機関】

（単位：億円）

順　位	金融機関名	資金量
第1位	ゆうちょ銀	1,830,047
第2位	三菱UFJ銀	1,582,485
第3位	みずほ銀	1,263,370
第4位	三井住友銀	1,226,347
第5位	三井住友信託銀	769,955
第6位	農林中央金庫	664,474
第7位	三菱UFJ信託銀	485,540
第8位	りそな銀	426,940
第9位	信金中央金庫	333,500
第10位	みずほ信託銀	303,506
第11位	横浜銀	146,340
第12位	埼玉りそな銀	141,756
第13位	千葉銀	127,889
第14位	福岡銀	109,277
第150位	静岡銀	100,551

（注）　資金量には預金、債券、信託勘定、オフショア勘定を含む
（出所）　ニッキン2020年7月10日号

■■■ゆうちょ銀行は現代版貯蓄銀行

　一方、郵貯は現在に至るまで自主資金運用のもとで国債、財投債に圧倒的な資金を振り向け続けている。一時は郵貯が国債流通市場の巨鯨となるとも懸念されたが、民間金融機関側の国債保有も巨額となり、両者とも国債市場の重要なプレーヤーとなっている。

　ゆうちょ銀行の与信業務は郵貯担保貸付、国債担保貸付など限られたもの（平成29年には50万円を限度とする無担保貸付が認められた）にとどまっている。

　受信面では前述したように流動性貯金を増やすほか、投資信託の販売による手数料収入の強化を図るなどしている。民営化されたゆうちょ銀行が民間金融機関の経営を圧迫しないよう配慮しつつも、ゆうちょ銀行のサービス内容や手数料は民間金融機関並みに変更されてきている。ゆうちょ銀行が全国銀行データ通信システム（全銀システム）に平成21（2009）年1月に接続したことで、ほとんどの民間金融機関との間で相互振込が可能となった。

　明治以来の日本の金融の流れの中で、郵便貯金は当初こそ伸びなやんだこともあったが、時代ごとに目覚ましく発達してきた。第二次大戦中に定額貯金を発足させ、戦後の経済復興、経済成長を支えたのち、行財政改革という時代の流れの中で、民営化されることとなった。日本では貯蓄銀行が戦後に消滅したが、ゆうちょ銀行は60年以上の時を経た今日、貯蓄銀行的性格を強く持った銀行法上の銀行として存在している。

　ここで各国との比較を行っておこう。郵便制度、郵便貯金の発祥国のイギリスでは1969（昭和44）年に郵政事業省から郵便貯金が分離され、大蔵（財務）省が所管することになった（国民貯蓄庁、その後郵便貯蓄銀行）。1980年代のサッチャー時代、業務を多様化する努力が行われたのち、1996（平成8）年には独立行政法人ナショナル・セービング＆インベストメントとなっ

たが、引き続き資金規模は小さいままである。

　フランスでは1991（平成３）年に郵便電気通信省から分離したフランス郵政公社（ラ・ポスト）が郵便・郵便貯金業務を引継ぎ、2006（平成18）年１月にはラ・ポストの100％子会社の郵便貯金銀行（ラ・バンク・ポスタール）が設立された。住宅ローンを中心としつつ、今後のサービス拡大を目指しているが、民業圧迫の懸念も大きい。貸付は住宅貯金口座保有者への住宅貸付と郵便小切手の当座貸越に限られているものの、運用資産は1999（平成11）年で約1.2兆フランとなっており、個人の金融資産全体に占めるシェアは5.5％となっている。

　ドイツでは郵便電気通信省が1990（平成２）年に郵便・電気通信・郵便貯金の３事業に分割・公社化され、郵便貯金はポストバンクとなった（第一次郵政改革）。発足当初は赤字を計上し、その赤字をドイツテレコムが補てんしていたことから、1995（平成７）年に発行株式の100％を政府が保有する持株会社のもとで３公社が民営化された（第二次郵政改革）。また1997（平成９）年には郵便電気通信省が廃止された。

　さらに2008（平成20）年９月にはドイツ銀行界最大手のドイチェバンクがポストバンク株を買収する方向となったが、直後に起きたリーマンショックによりドイツ銀行は資金難に陥り、2009年２月に実際に譲渡された株式は21.99％にとどまった（同年12月には29.88％まで買い増している）。

　ドイツでは貯蓄銀行の大半は州政府及び地方自治体によって運営されており、これらは原則公営である。ポストバンクの資金量は貯蓄銀行全体の５％前後と小さい。

　アメリカでは1911（明治44）年に郵便局が貯金を受け入れるようになったが、あまり発達せず、1966（昭和41）年に廃止されている。

　日本のゆうちょ銀行がどう発展していくか、民間金融機関と適切な協調、競争関係をどう築いていくのかは世界中から関心を持たれているといえよう。

第 23 章

リーマンショック

現地時間12日夕方からニューヨークで持たれたリーマン・ブラザーズ救済に向けた米財務省や連邦準備制度理事会（FRB）、大手金融首脳らの協議は週末3日間を費やした揚げ句、不調に終わった。週明け15日、全米証券4位のリーマンは連邦破産法11条を申請して破綻。同社の救済候補だった商業銀行大手、バンク・オブ・アメリカは一転して経営不振下にある証券3位のメリルリンチの統合に傾いた。

　疑心暗鬼に陥った市場が次に狙いを定めた保険大手、アメリカン・インターナショナル・グループ（AIG）は16日、FRBから850億ドルの信用供与枠を取り付け、破綻の淵から救われた。世界に名をとどろかせたビックネームが次々と淘汰の波にさらわれた2008年9月の1週間は、歴史に深く刻まれるだろう。

　サブプライム危機は1年で悪夢のような金融恐慌に突入した。米当局は7日、ファニーメイとフレディマックの住宅金融公社2社を2000億ドルの優先株引受枠設定により救済表明、国家管理下に置いた。金融市場は落ち着くものとみられたが、ドミノ倒しは始まってしまった。貯蓄金融機関ながら住宅ローンをテコに銀行6位の資産規模にまで成長したワシントン・ミューチュアルも市場の荒波に飲み込まれそうだ。

　こうした状況は1990年代後半に起きた日本の金融危機を想起させる。（略）

　米国の投資銀行は最近まで栄耀栄華を誇った。だが、所得格差拡大で"強欲（グリード）"に対する批判は高まっていた。（略）中でも証券化ビジネスに傾斜したリーマンの悪名は高く、多くの訴訟を抱えていた。ビッグネームの一角を占め、相対的に財務基盤の弱い存在は「金融機関だけが政府に救済されるのか」「モラルハザードだ」との世論に応じた"いけにえ"になりやすい運命にあった。

　3月のベアー・スターンズ危機では、破綻すれば「クレジット・デフォルト・スワップ（CDS）」と呼ばれる信用デリバティブの市場を通じて、取引相手である世界中の金融機関に損失の輪が広がるおそれがあった。だが、この点、信用不安にさらされ続けたリーマンを相手とするCDS取引は縮小され、破綻の影響をある程度封じ込めることができた。

　一方、AIGは「大きすぎて潰せない」の典型だ。同社は一般に保険会社として知られるが、世界を股にかける巨大な運用会社というのが実態に近い。「モノライン」と呼ばれる金融保証会社と同様の業務を行う子会社がCDO（債務担保証券）の保証ビジネスなどを中心に展開。6月末では実に想定元本4410億ドルものCDS取引を抱えてもいた。自身が格下げに遭ったことで、取引維持のために追加担保を迫られ、資金繰りが悪化したのである。

　（略）

　AIGが破綻すれば、世界中の保険子会社が信用不安に見舞われる可能性があったのも事実だ。邦銀の窓口はすでにAIGグループの商品販売を自粛し始めた。

　今後の焦点は残された投資銀行、ゴールドマン・サックスとモルガン・スタンレーの行方だ。（略）「ゴールドマンやモル・スタでも商業銀行の傘下に入るしかないだろう」ともささやかれ始めている。証券化のビジネスモデル自体が壊れ、修復不能というわけだ。

　（略）危機の根っこにあるのは、住宅価格の大幅な下落基調だ。原資産である住宅の価格が下げ止まらなければ、金融危機は解決しない。（略）損失が世界で2兆ドルにも上るとの見通しが有力だ。（略）

　米欧の金融危機は総力戦の様相を呈し始めた。世界中にバラまかれたリスクとドル危機の恐怖が終息する日はいまだ見えない。

『米国金融危機─金融システム不安と実体経済悪化の懸念高まる』週刊東洋経済　平成20年9月22日号

　サブプライム・ローン問題に端を発した米国の住宅バブル崩壊は広範囲の資産価格の暴落を引き起こし、抱えていた証券化商品で巨額の損失を計上し

た全米４位の投資銀行、リーマン・ブラザーズが2008（平成20）年９月15日に経営破綻した。市場が全く予想していなかったリーマン・ブラザーズの破綻は、株式をはじめとするマーケットを大混乱に陥れ、金融危機、世界同時不況の引き金を引いた。人々は「100年に１度の危機」と叫んだ。

■■日本では金融改革が進展

まず、リーマン危機に至る頃までの日本での金融改革の道のりを振り返っておこう。平成５、６年（1990年代中頃）からの平成金融危機克服にたいへんな努力がはらわれたのち、金融システムは次第に安定化し、平成17年には政府の預金全額保護も終わり、平時モードに復した。郵貯、かんぽも民営化が進展した。また、平成12（2000）年には金融商品販売法が施行され、平成18年には証券取引法等を廃止して、金融商品取引法が制定された。

金融商品販売法は金融商品を販売する側に一定の販売責任を課すものである。投資家保護の一環として販売者に説明責任をみとめ、賠償責任があること、勧誘方針を策定・公表することなどを規定した画期的な内容であった。

金融商品取引法は金融のイノベーションにより多様な商品・サービスが開発される中、それらを業態別、商品別に規制するのではなく、横断的かつ包括的に規制したほうがよいのではないかとの意見集約を得て、いわゆる投資サービス法の構想を具現化したものである。具体的には①幅広い金融商品・サービスに関する規制の横断化（規制対象の拡大）と柔軟化（投資者の特性、プロかアマか、に応じた規制の差別化）、②財務開示規制の整備、③取引所の自主規制業務などを規定したものである。

既存の利用者保護の隙間を埋める横断的な法制を目ざしたが、銀行法、保険法などが成文法として定着しているため、預金・保険・信託等のうち投資性の強いもの（外貨預金や変額保険など）、商品先物取引、不動産特定共同事業などは新法の対象とはせず、それぞれ業法に金融商品取引法の規定が準用されるような仕組みとした（イギリスでは成文法の銀行法や保険法がなかったので、投資サービス法はビッグバンのプロセスで統一的な利用者保護立法として

設けられた）。

　②の財務開示関係では、四半期開示、公開買い付け・大量保有報告の見直しに加えて、開示会社の内部統制の強化が図られた。アメリカのエンロン社の粉飾事件などから内部統制を強化することとなり（SOX法など）、わが国では商法改正と金融商品取引法で内部統制を経営者が評価、報告することとなった。

　このように日本では利用者保護と金融イノベーション促進の両立を図る努力が続けられてきた。

■■ サブプライム・ローン問題の顕在化

　ところが、海の向こう側で金融危機のマグマがたまっていた。サブプライム・ローンは信用力の低い個人向けの住宅ローンで、借り入れ当初は５〜６％の利子率が数年後には高利になる仕組みだった。価格が上昇した住宅を担保に低金利のローンを組んだり、大きい高価な住宅に住み替える際に利用しやすいスキームであったので、特に低所得者層で人気があった。住宅ローン会社や投資銀行はそうしたサブプライム・ローンを原資産として証券化商品を組成し格付会社から高格付を取得し販売したところ、世界中の金融機関がこぞって購入した。

　アメリカでも住宅価格は上がり続けるという不動産神話を前提に、所得水準が低い、高リスクの借り手に対しても金融機関は過剰に貸し込んでいたので、2006年後半以降の住宅バブル崩壊でそうした貸出が軒並み不良債権化し始めた。サブプライム・ローンは、金利更改時期の到来とともに返済不能に陥る債務者が急増し、担保価値上昇による低利借り換えももちろんできなくなった。

　サブプライム・ローン問題が危機として認識され始めたのは2007（平成19）年の前半であった。４月にサブプライム・ローン大手ニューセンチュリー銀行が破綻、６月には大手証券ベアー・スターンズ傘下のヘッジファンドが証券化商品などで巨額の損失を出し破綻した。

問題が不良債権だけなら、バブル崩壊後の日本と同様、アメリカ国内の問題として片付けることもできただろう。しかし、かつてないほど金融市場、金融機関がグローバル化し、拡大し、複雑化していたことに加え、サブプライム・ローンを大量に購入していたウォール街の巨大銀行や証券会社がそれらを束にして証券化し、欧米はじめ世界の金融機関や機関投資家へ売りまくっていたため、アメリカの住宅バブル崩壊の影響は全世界に燎原の火のごとく広がることになった。

2007年8月、まず欧州で危機の火の手が上がった。フランスで最大手のBNPパリバがサブプライム証券化商品に投資した傘下のファンドの資産を凍結、解約請求に応じないという事態が発生した。いわゆるパリバ・ショックである。金融不安拡大を恐れた欧州中央銀行（ECB）は大量の資金供給を行い、市場安定化を図った。サブプライム・ローン問題は国際的な金融システム不安へと拡大し始めた。

■■世界金融恐慌の淵に

2007年10月に入り、欧米の金融機関が7～9月期決算で巨額のサブプライム・ローン関連の損失を発表、その額が1兆円近くに上ったシティグループやメリルリンチの経営トップは引責辞任した。2008（平成20）年年初には金融保証の専業会社（モノライン）の経営不安が台頭し、3月にはベアー・スターンズが資金繰りに行き詰まり、連邦準備銀行（FRB）が緊急の特別融資を実施した。翌日、JPモルガン・チェースによるベアー買収が決まった。7月にはファニーメイ・フレッディ・マックなど住宅金融公社2社（GSE：Government Sponsored Entity　政府支援機関）の危機が浮上し、金融不安はアメリカの住宅金融の本丸を直撃する形となった。

そして最大のヤマ場となる9月危機を迎える。上掲文にみられるように投資銀行のリーマン・ブラザーズが破綻（65兆円の負債総額）し、保険会社のAIGは公的管理となった。リーマン破綻の衝撃は強烈で、欧米の金融機関同士の疑心暗鬼は一気に高まった。ドル資金の銀行間取引はマヒし、各国中央

銀行は異例の大量資金供給を余儀なくされた。

　アメリカ国内で金融機関の破綻・救済の基準がはっきりしないとの批判が巻き起こり、金融機関へ資本注入などを行う金融安定化法は議会でいったん否決されてしまった。するとニューヨーク株価が大暴落し、議会は同法案をあわてて週明けに成立させるなど、議会の危機感の欠如も明らかになってしまった。その光景は「なぜ金融機関だけを救うのか」と批判の声がわき上がった平成危機の頃の日本と同じだった。

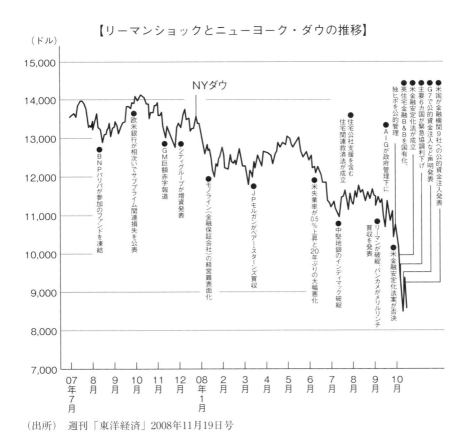

【リーマンショックとニューヨーク・ダウの推移】

（出所）　週刊「東洋経済」2008年11月19日号

同年秋のIMF総会などではアメリカ、欧州、日本の財務大臣らの鳩首協議が繰り返し行われた。日本は、全金融機関の厳しい検査を行い、その結果をもとに資本注入した自らの経験を説明したという。日本の経験を踏まえ欧米各国では銀行がさまざまな条件下でも耐えうるかというストレステストが行われた。そして欧州で金融機関に対する公的資金の注入や国有化が始まると、アメリカも最大7000億ドルに及ぶ公的資本注入を行うと発表し、事態はやや沈静化しだした。

　しかし金融システムが安定化に向かったからといっても危機が去ったわけではなかった。実体経済が悪化し始めたのである。その結果、かつて日本がたどったのと同じように、追加的に不良債権を処理する必要に迫られた。

■■日本経済を直撃

　ニューヨーク・ダウ平均株価は1万ドルから7000ドルへと30％の下落率となり、為替相場は1ドル＝105円から1ドル＝90円へ、さらに1ドル＝76円へと超円高となった。日経平均株価は1万2000円から7000円へと42％の下落となった。

　日本の金融機関はバブル崩壊の経験もありサブプライム・ローン関連の金融商品にはそれほど手を出してはいなかったため、当初はあまり影響はないのではないかとの見通しがあったが、世界同時株安と超円高による影響を受けてしまった。海外へ輸出しているメーカーの業績が落ちると、関連の下請け企業の業績も下がったため、日本経済は不況に陥った（円高と需要減で輸出製造業、特に自動車、鉄鋼、電気通信産業が前年比4割減と大きく業績を悪化させてしまった）。2007（平成19）年に3.8％だった失業率は2009（平成21）年には5.1％まで上昇した。

　リーマンショック後、世界経済は大きく落ち込んだが、特徴的なのは危機の震源地であるアメリカよりも、間接的な影響にとどまった日本経済の方が落ち込みの程度が大きかったということである。

　アメリカではリーマンショック直後の2008（平成20）年10－12月期の実質

GDP成長率は前期比年率でマイナス5.4％、2009年1-3月期は同マイナス6.4％であった。これに対し日本は2008年10-12月期はマイナス10.2％、2009年1-3月期はマイナス11.9％もの大幅な落ち込みとなった。四半期ベースでは戦後最大の落ち込みだったが、これは輸出が減少したうえに、一気に在庫調整、設備投資減少が行われたためといわれている。

　日本、アメリカともに金融緩和基調でマネーがだぶついている状況の中でバブルが発生した。不動産価格、住宅価格が一本調子で高騰し、高いリターンを求めて資産・金融市場に資金が大きく流れ込んだのは全く同じだった。

　ただ、日本の場合、危機の根源は金融危機としては古典的ともいえる銀行の不良債権問題だったのに対し、アメリカの場合は金融技術を駆使して証券化商品を組成し、それに高い格付けを与え、世界中の投資家に売りさばくと手がこんでいた。また日本の金融危機では国内の銀行が不良債権の損失負担をしたが、アメリカの場合は世界中の金融機関、投資家が証券化商品を購入していたため、損失の負担も全世界に広がった。

■■投資銀行はどうなるか

　リーマンショックに端を発したアメリカの金融危機は、①投資銀行はどうあるべきか、②公的住宅金融はどのような組織により支援されるべきかという大きな問題を提起した。危機の過程で、ベアー・スターンズ（アメリカ第5位）、リーマン・ブラザーズ（同第4位）、メリルリンチ（同3位。ブローカーとしては第1位）と名だたる大手投資銀行の挫折が相次いで表面化した。アメリカ型投資銀行のビジネスモデルの限界が露呈したのではないかという議論が行われた。

　かつてのゴールドマン・サックスのような無限責任のパートナーシップ制の経営体であれば、投資銀行のオーナーとプレーヤー（社員）は同じであるので、大きな借入れをして取引することには抑制的となろう。しかし当時、大手投資銀行は株式を上場し、多額の借り入れを行っていたので、他人資本で取引していることになる。

アメリカの投資銀行は、市場から比較的短期の資金を大量に調達していた。リーマン・ブラザーズのように業績が悪化した場合や市場からの信用が低下した場合には、直ぐに資金コストが上昇し、資金調達自体が難しくなる。これが全米3、4、5位の投資銀行が吸収されたり、破綻した理由であろう。

　業界第1位のゴールドマン・サックスと第2位のモルガン・スタンレーは銀行持株会社に移行することとなり、監督権限は証券取引委員会から連邦準備銀行に移った。「銀行」である以上、自己資本規制比率に縛られることになり、それまでのように市場から割安の資金を調達し、レバレッジ（てこの原理）を効かせて自己資本の何倍もの取引をするようなことはできなくなった。こうして両社は「銀行」として生き延び、日々の資金繰りは連邦準備銀行にみてもらい、さらにアメリカ政府から他の銀行と同様に資本注入してもらうことになった。

　一方、フレディ・マックとファニー・メイの破綻の影響も大きい。わが国の公的住宅金融のあり方は両社をモデルとして議論されてきたからである。

　平成13（2001）年に財政投融資改革が行われると、金融改革の焦点は政府系金融機関改革となり、同年12月には戦後長らく公的住宅金融を担ってきた住宅金融公庫の廃止の方針が決定され、平成19（2007）年には民間住宅ローンの証券化の支援に特化した住宅金融支援機構に改革された。買取型の証券化支援額は平成19年度約8600億円から28年度で約3兆2000億円（残高は10兆9000億円）となり、順調に推移している。

　最近ではアメリカでも公的住宅金融の重要性が再認識され、破綻したファニー・メイとフレディ・マックのような買取型でなく、保証型に力を入れるべきとの議論がなされているため、日本でも保証型に力を注ぐべきとの議論が出ている。アメリカでの失敗は、買い取った民間住宅ローンの質が劣っていたことに原因があるので、日本でも民間住宅ローンの質を引き続き維持していくことが肝要である。

■■繰り返されるバブル

アラン・グリーンスパンFRB元議長は2002年の講演で、「バブルは崩壊することによって初めてその存在を確認することができる」と述べたが、バブルが発生している最中に、バブルを認識することはたいへん難しい。専門家であれ、普通の人々であれ、ユーフォリアに長く浸っていたいという気持ちは共通しており、「今度こそは違う」と異常さから目を背け、正当化する理屈をみつけては急騰する株価や地価を追いかけてしまう。

日本の平成のバブルは、すでに述べたように昭和60年のプラザ合意以降の順調な経済循環の中から株価と地価が一本調子で上昇したことから始まった。アメリカのサブプライム・ローンを発端とするバブルでは証券化商品の組成、高い格付けの確保、高利回りを求める投資家への世界規模での販売とスケールが大きかったが、関係者のみならず金融のプロ達をも巻き込んで、ユーフォリアがあったといわざるをえない。次に述べるインターネットバブルも通信技術の描く未来図に陶酔したことから引き起こされた。

おそらく将来もまた、バブルが生成され、そして崩壊するだろう。金融危機も形を変えてやってくるだろう。慢心することなく、新たなリスクに備えなければならない。

鉄道バブル、自動車バブルの教訓

1840年代に鉄道会社が相次いでロンドン市場に上場すると、鉄道株が儲かりそうだということで投資家が殺到した。鉄道会社に資金が集まり、各社が全国に線路を敷設するようになるが、6000マイル（1万キロ弱）もの線路を敷設した1850年にバブルが弾けた。しかしイギリスの鉄道が黄金期を迎えたのは、それから30〜40年後の1880年代から90年代になってからだった。

1929年の世界大恐慌は、ニューヨーク証券取引所で自動車株と電力株

のバブルが崩壊したことがきっかけとされる。自動車会社は一時アメリカだけで300社もあったという。しかし道路が舗装され、高速道路が整備されて、自動車が社会のインフラとなったのは、1950年代から60年代だった。ということはやはりバブルが弾けてから30年ほどたってからということになる。

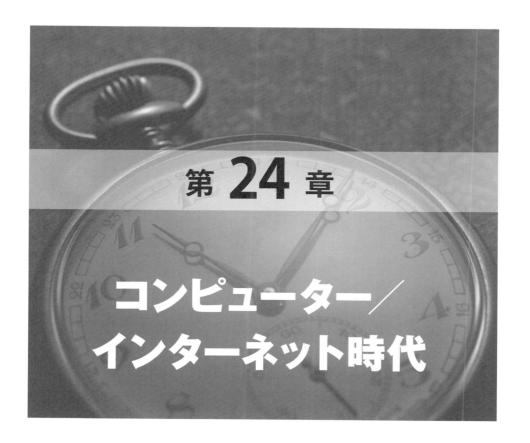

第 **24** 章

コンピューター／
インターネット時代

1995年は日本のインターネット普及に大きなマイルストーンとなる出来事があった。

　同年1月17日に阪神淡路大震災が起こった。この時にはすでにパソコン通信とインターネットの相互乗り入れができていた。ボランティアの方々が、国内ではパソコン通信を駆使し、インターネットを通じて海外からの支援者たちとも連携して、大活躍をした。（略）

　そして、一般の人たちがインターネットを強く意識をし始めた同年11月に、Windows95が発売され（米国での販売は同年8月）、インターネットは誰でも使える状況になり、利用者は急増した。（略）

　ちなみに、今のSNSやスマホ、携帯電話上のインターネットの利用が社会の礎だということを後に理解することになるのは、2011年3月11日の東日本大震災だった。従って日本はこういった実体験をベースに、インターネットの社会利用の認識を大きく高めた。（略）

　あの当時〔引用注・1992年当時〕NTT以外の電気通信事業者は、例えば、トヨタをはじめ25社が連合の第二電電などの大企業しか想定していなかった。当時郵政省は我々のようなベンチャーを全く相手にしていなかった。こうしてスムーズにいかない時期を乗り越え、1992年IIJ（Internet Initiative Japan）という会社を設立、商用インターネットサービスプロバイダーが誕生した。結果的には、日本と米国のインターネット商用化はほとんど同時だった。

　1990年代後半には（略）、基礎研究など、少し先を行く研究は、むしろ日本が中心となっていた。例えば、ブラウザーや電子メールの「国際化」（英語だけでなく各国言語を扱える）に関する技術革新や（略）IPv6での通信は日本の開発が先導した。（略）

　インターネットの商用化の時期では、日本は米国とほぼ並んでいたにもかかわらず、活用面ではパソコン通信時代からすでにパソコンを利用して行政サービスやビジネス展開を提供していたアメリカに大きく遅れを取っていたわけだ。日

本では、大学の研究者とコンピューター関連の企業以外、インターネットの活用の可能性に全く関心を持っていなかった。（略）

インターネットの今後の課題を考えるには、インターネットがつくりだした国境のない「グローバル社会」と、国境で隔てられた「国際社会」の共存を考える必要がある。国際社会はインターネットというグローバル社会をどのように維持、発展させていくのか。

英語で必ず"the Internet"と定冠詞を付けて表記されるように、インターネットというのは地球でたった一つ、つまり、全てのものが地球上でつながっている状態のネットワークを指す。全人類がここにアクセスするのが理想であり、いまや全てのモノがここにつながるIoT（Internet of Things）が注目を集めている。（略）

やがてグローバル社会のすべてのサービスは何らかの形でインターネット上での展開を利用することになる。品質管理と信頼性の高いサービスがより重視される時代に向かうはずだ。そのようなサービスの質を牽引するのは日本の大きな責任だと思っている。

『日本のインターネットの幕開けと進化』村井純　nippon.com　2015. 8 .26

■■商業利用が牽引したインターネット拡大

1969年（昭和44）年頃、アメリカ国防総省の研究開発部門ARPAが主導して開発を進めたARPANETは、よくいわれるような国防目的ではなく、計算資源と研究成果を共有することが目的だった。80年代の終わりから90年代初めに、すべてのアカデミック・ネットワークを結合しようとしていた。

1989（平成元）年になるとアメリカではインターネットとパソコン通信の

間でメールのやり取りが可能となり、1990年には商用アクセスプロバイダーが始まり、インターネットの民間利用が進んでいった。

　一方、日本では昭和55（1980）年に学術ネットワークが一部大学や研究所等で使われていたが、平成5（1993）年に郵政省から商用利用が許可され、運用されるようになった。そして上掲文にあるように、平成7（1995）年の阪神淡路大震災、平成23（2011）年の東日本大震災を経て、個人のインターネット活用が急速に増えていった。

　上掲文の村井は「日本のインターネットの父」、外国では「Internet Samurai」と呼ばれている。

　ここで、村井が触れていないITバブル（ドット・コム・バブル）について振り返っておこう。通信関連銘柄の多いアメリカのナスダック（NASDAQ）指数は1996（平成8）年には1000前後で推移していたが、1998年9月に1500、99年1月には2000を突破、同年3月10日には5048.62（日中最高値は5132.52）を記録し、ITバブルは最高潮に達した。このような現象は「ニューエコノミー」として持て囃されたが、2001年にかけてバブルは一気に崩壊した。例えば2000年の高値時に70ドル以上だったアマゾン株は、2001年以降は5ドル前後にまで90％以上下落した。

　多くのIT関連ベンチャー企業は倒産に追い込まれ、2002（平成14）年のアメリカのIT関連失業者数は56万人に達した。シリコンバレーを中心とした起業支援ファンドは一時的ではあれ縮小や廃止を余儀なくされ、多くの新興企業が調達した資金を費消して消えていった。

　アメリカ経済の減速を受けて連邦準備銀行は2000（平成12）年12月に金融緩和に転じたものの、ナスダック指数は急激に下落した。さらに2001年9月11日のアメリカ同時多発テロを受け、02年には1000台まで下落した（この時期の利下げは通算11回、4.75％に及んだ）。

　生き残った一部のIT関連企業がその後のインターネットを広めていった。重要なことは、インターネットは商業利用に牽引されて成長を続けたということである。当然のことながらアマゾンなどのインターネット関連企業

の株価は完全にＶ字回復した。

　参考ながら、欧州諸国の中でも英語圏で賃金コストの低かった小国アイルランドにもIT関連企業の直接投資が相次ぎ、アイルランドは「ケルトの奇跡」と呼ばれる経済成長を達成した。英語人口の多いインドにもソフトウエア関連の投資が増加し、インド経済に好影響を与えた。

　アメリカのITバブル崩壊の日本企業への直接的な影響はきわめて限定的だったが、日経平均は大きく変動した。平成11（1999）年初め頃に13000円台だった株価はITバブルに乗り、平成12年4月には21000円近くまで急騰した。しかし、アメリカのIT企業株の下落とともに暴落し、日本の株式指数はピーク時から同年末までに約40％下落した。その頃の失業率は平成バブルの崩壊時より高かった。

■■早い時期にコンピューター導入した日本の金融機関

　コンピューター、インターネットの進展に対し、日本の銀行、証券、保険はどう対応したのだろう。

　銀行では昭和34（1959）年には真空管によるコンピューターを利用するバッチ処理が始まった。その後コンピューターによる処理が迅速で正確であるという理由で、各銀行（そして信用金庫、信用組合、農協など）に広まりはじめた。昭和40年代（1965年以降）にはCD（キャシュ・ディスペンサー、現金自動払出機）による預金の預入・払出、公共料金の自動引落、振込など勘定系ごとのオンライン化（第一期）が実現した。40年代後半（1970年代）になると勘定ごとのオンラインを統合し、他の銀行ともオンラインでやり取りしたり、CDよりも機能が向上したATM（オートマチック・テラー・マシン、現金自動受払機）が導入されたりした（第二期）。さらに50年代（1975年以降）に入り情報系と呼ばれる、営業管理、収益管理などの経営情報のオンライン化がすすめられた。

　証券会社も同じようにコンピューターを利用するようになった。一時、証券会社は店舗の一部に当時では高額のコンピューターを設置して、顧客が売

り買いをコンピューターでできるようなサービスも提供していた。

　東京証券取引所では昭和58年から第二部銘柄をコンピューター処理し、順次その範囲を広げていった。平成11年にはすべてコンピューター処理となり、場立ちする証券会社員はいなくなった。現在では高速の売買に対して処理スピードを上げることが各国取引所の課題となっている。

　保険会社も銀行、証券同様に各社ごとにコンピューターを導入していったが、保険業界では数社で団体の保険を引受けることもあるため共同の処理機関を置き、さらには保険事故を相互に連絡したり、保険外務員の登録をコンピューターで行うといった利用が進んだ。

■■ インターネット活用の金融が全盛に

　日本におけるインターネット利用者は平成10年末までに1694万人に達していた。そしていよいよコンピューターをインターネット回線でつなげて、銀行、証券、保険の業務が展開されていくようになった。

　証券会社の店頭でのコンピューター売買が始まり、次いで大手証券会社もインターネット取引に進み始めていた頃、中堅証券であった松井証券が平成10（1998）年に営業外務員をなくし、ネット取引専業となった。その後、平成11年にDJLダイレクト証券、日本オンライン証券、マネックス証券、ソフトバンク・フロンティア証券等々が設立された。翌年以降も続々とネット証券が産声を上げた。これは平成10年の金融ビッグバンと平成11年の株式手数料の自由化を受け、ネット取引の魅力が増したからである。そして今日では大手6社とも大手10社ともいわれるほどネット証券が盛んとなり、大手の証券会社並みの顧客数、取引量を誇るところもある。

　インターネット銀行も平成12（2000）年10月にジャパンネット銀行が開業、平成13年にはソニーバンク、IYバンク、イーバンク銀行が営業を開始した。電子ネットワークでの決済を業務の中核とした銀行であり、当初は融資業務を行わないなど、従来の銀行のコンセプトとは大きく異なっていた。さらにイオン銀行などが登場し、一般の銀行もインターネットを活用した営

業展開を積極的に行うようになった。

保険はインターネットで資料請求は可能であっても、保険の申し込み、健康状態の告知、契約手続きはインターネットでは難しかった。しかし、平成20（2008）年になるとインターネットでの保険販売専業のネット生保が相次いで設立されるようになった。同年4月にSBIアクサ生命（現在のアクサダイレクト生命）、同年5月にライフネット生命が設立された。

両社はネットのみで販売していく予定だったが、アクサダイレクト生命は平成20年6月から、ライフネット生命は平成24（2012）年から代理店チャネルでの販売も開始し、ネット生保も販売チャネルを多様化している。現在ではネット生保は10社程度を数える。このような動きを受け、対面販売を主軸としていた保険会社もネット販売に参入してきている。例えば、平成23年5月よりオリックス生命がネット専用商品を開発している。

一方、損保の中では自動車保険分野にインターネット保険（ダイレクト保険ともいう）が多数進出している。平成9（1997）年の保険業自由化ののち、同年9月アメリカンホームが初めは通信販売（のちにインターネット）でリスク細分型商品（例えば若者向けとか壮年者向けなど）を販売、その後チューリッヒ、アクサ、ソニー、三井ダイレクト、ダイレクトライン、SBI損保などがダイレクト保険分野に進出した。ダイレクト保険のシェアは最近では10％程度である。競争が激しく業界の再編も進み始めている。

■■決済手段が多様化

支払い、決済の分野でも電子化、インターネット化が急速に進展している。最近はキャッシュレス決済が話題になっている。キャッシュレスによる決済にはクレジットカード、デビットカードや電子マネー（プリペイドカード）などによる支払い方法がある。

これらのうちクレジットカードの歴史は古い。アメリカでは1920年代にはカード会社がクレジットカードの普及に努めはじめ、1950年代になるとダイナーズクラブやアメリカンエキスプレスがカードビジネスを手がけた。1959

（昭和34）年にはバンク・オブ・アメリカを中心にカルフォルニアの銀行が集まってVISAカードを、他のカルフォルニアの銀行が集まってマスターカードを発行し、他の州にも進出した。これらは日本やヨーロッパにもすぐ進出した。

　一方、1978（昭和53）年、アメリカワシントン州シアトルのファースト・ナショナル・バンクが小切手代わりに、預金の範囲内で支払いができるようデビットカードを発行し、全米にその利用が広まった。アメリカではスーパーマーケットの支払いも小切手で行われていたため、小切手を代替するものとして急速に普及した。

　アメリカの地下鉄で使われていたトークン（コインの代用品：切符）が1976（昭和51）年カードに発展したものがプリペイドカードである。デパート、スーパーマーケットによる自社の顧客用（クローズド・エンド型）カードが1980年代に広まり、1990年代になるとVISAやマスターカードが進出してどの店でも使えるカード（オープン・エンド型）が発展した。

　日本ではクレジットカードはすぐ普及したが、デビットカードは最近になってようやく使われるようになった。アメリカでは日常生活の支払い手段として一般的だった個人用小切手が日本では普及していなかったためであろう。

　もともと日本ではいつでもきれいなお札が使える（偽札がきわめて少ない）、ATMネットワークが充実しておりどこでもすぐに現金が下せる、ほとんどのコンビニエンス・ストアにATMが設置されているといった事情で、キャッシュ・フレンドリーな環境にある。公共料金の支払いは自動振替サービスを銀行が無料で提供しており、銀行口座間での振り込みを担っている全銀システムも世界に冠たるレベルにある。

■■キャッシュレス決済は戦国時代の様相

　プリペイドカード、電子マネーによる決済は現在、戦国時代ともいえる状況になっている。携帯電話の普及とともに使用が激減したテレホンカードに

変わり、鉄道会社の発行するスイカ、パスモなどの交通系の電子カード、小売店チェーンの発行する楽天Edy、Waonなどの商業系のカード（スマートフォンでも利用できるようになっている）が普及してきている。また、直近では情報系の会社がスマートフォンのアプリでQRコード決済をするLine-pay、Paypayなどの利用が拡大している。

　支払いデータ（ビッグ・データ）の分析を行う情報系会社が決済分野に次々に進出しているのも特徴である。オープン型でこの分野に進出した銀行やクレジットカード会社とともに激しいシェア争いを繰り広げており、政府も2025年までにキャッシュレス決済比率を4割にまで引上げようという方針を打ち出し、キャッシュレス化を積極推進している。日本以外の国々でもGAFA（Google、Apple、Facebook、Amazon）やBAT（Baidu、Alibaba、Tencent）など情報系企業がQRコードによるキャッシュレス決済を展開している。

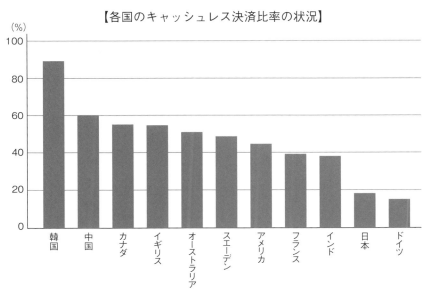

【各国のキャッシュレス決済比率の状況】

（出所）　経済産業省　平成30年4月

日本同様キャッシュレス決済が進んでいないとされるドイツも（ドイツ14.9％、日本18.4％、2013年調べ）キャッシュレス化を徐々に進めている。韓国では97（平成9）年のアジア通貨危機の後、クレジットカードの普及に努め、キャッシュレス決済が進んだ（税務上のメリットも与えられている）。中国ではBATの躍進もあり、スマホ決済が一気に拡大している。インドでは銀行口座を持っていない国民がきわめて多いため、モディ政権は国民皆銀行口座政策を進め、政府の生活保護費を口座に送金するなどの政策を実行しつつ、併せてキャッシュレス化も推進している。アフリカの多くの国々では電化製品が十分に普及しない中でもスマホだけは広く国民が利用しており、銀行口座を保有していない層にキャッシュレス決済が進んできている。

　決済情報の収集については慎重に検討すべきことが少なくない。これまで日本ではスーパーマーケットやコンビニエンス・ストアがPOSシステム（POS：Point of Sales、バー・コードやQRコードを読み込む）で商品の販売情報を収集・分析したり、クレジットカード発行会社がカードの利用履歴から消費者の購買データを分析をするなどしていた。そこにGAFAやBATが登場し、インターネット上のあらゆるデータを収集し、ビッグ・データとしてそれを分析、さまざまなビジネスに活用することで、社会的に重要なポジションを占めるようになってきている。

　ビッグ・データとは、従来のデータベース管理システムなどでは記録や保管、解析が難しいような巨大データ群を指すが、明確な定義があるわけでない。多くの場合、ビッグ・データとは単に量が多いだけでなく、さまざまな種類・形式が含まれる非構造データ、非提携データであり、さらに日々膨大に生成、記録される時系列性・リアルタイム性があるものを指すことが多い。今まで収束しきれずに見過ごされてきたデータ群を記録、保管、分析することで、ビジネスや社会に有用な知見を得たり、新しい仕組みやシステムを産み出す可能性が高まると考えられている。

　情報系企業は金融サービスを提供していくことも当然、視野に入れているが、金融業務を手掛けるにあたっては本人確認、マネーロンダリング対策、

テロ資金対策をはじめ諸々の規制、社会的要請にこたえていく必要がある。

■■ 仮想通貨とは何か

　ここまで国家の発行する通貨をベースとした支払い、決済がインターネットの発展に合わせてどう進化してきたかを振り返ってきたが、現在ではインターネット上で電子データのみで取引される仮想通貨（暗号資産、デジタル通貨）も登場している。平成21（2009）年にビットコインが登場し、その派生の仮想通貨（アルトコインと呼ばれる）も次々と生まれた。仮想通貨取引所も運営され、仮想通貨の売買、法定通貨と仮想通貨を交換する仮想通貨交換業者が登場し、仮想通貨の保有が急速に広がった。

　仮想通貨の特徴は、ブロックチェーンと呼ばれる技術によりコンピューターが分散型ネットワークで構成できるため、取引データを収集管理する大規模コンピューターが不要で低コストでのネットワークの運用が可能ということである。中央管理型の高度なセキュリティーの維持など従来かかっていたコストを抑えられるため、国内・海外への送金や決済などの手数料を割安にすることが期待されている。

　仮想通貨の種類には、ビットコイン、イーサリアム、リップル、ビットコインキャッシュ、ライトコイン、ネム（NEM）、イーサリアムクラシック、リスクなどがあり、現在も増え続けている。価格をグラフ化した仮想通貨のチャートもウェブサイトでみられる。

　仮想通貨の仕組みは、通常の法定通貨とは異なり、管理するために国家や中央銀行のような組織は存在しない（したがって資産には似ているが、誰の負債かわからない）。仮想通貨を扱う者同士によるピア・ツー・ピア（P2P）と呼ばれる方式が採用されており、ユーザー同士で取引の情報が管理される。

　仮想通貨を始める（得る）には、専用のプログラムで高度の計算を行って（つまりかなりの投資を行って）新規発行分の報酬を得る（これを採掘、マイニングと呼ぶ）方法と、仮想通貨取引所で仮想通貨交換業者を利用して既発行の仮想通貨を法定通貨と交換して得るなどの方法がある。取引所としては

GMOコイン、ビットポイント、DMMビットコイン、フィスコ、コインチェック、リキッド、ビットバンクなどがあげられ、これまた次々に新たな取引所ができてきている（仮想通貨業者も仮想通貨取引所も金融庁に登録する必要がある）。

　通貨（貨幣）は一般的には①支払い手段、②価値の尺度、③価値貯蔵の手段の機能を持つとされている。仮想通貨のこのような機能についてまだ十分に論じられていないが、現在のところ支払いについては一部で実現している（仮想通貨で物・サービスを買うことはできる）。価値の尺度については円などの法定通貨に比べ日々激しく変動する。したがって貯蔵手段については疑問の余地がある。つまり通貨（貨幣）の一般的受容性がないので、「通貨」とはいわれているものの、コンピューター、インターネット上の資産（暗号資産）と呼ぶほうが適切だろう（仮想通貨は貨幣のもとといわれる海で拾ってきた貝殻のようなものとみる向きもある）。

　金融機関はもともと情報処理産業である。銀行界、証券界、保険業界が情報戦略に後れを取ってはいけないという時代的要請もあるので、金融、通貨と情報処理、インターネット、ビッグ・データが秩序あるものとして成長していくことが肝心である。

マネーフローの変化

　最近のマネーフローは次のように高度成長期やバブル期と比べ大きく変化している。

1)　貯蓄投資バランスをみると、平成の金融危機以降企業部門は大幅な貯蓄超過に転じ、自己資本比率も有利子負債の圧縮、不良資産の処理により急激に上昇している。家計部門は相変わらず貯蓄超過であるが、その幅は縮小してきている。海外所得（利子や配当の受取など）は平成25（2013）年以降増加し、30（2018）年には33.3兆円となっている。

2）　全国銀行の貸出は平成 6 （1994）年末で1018兆円、30（2018）年
末で1050兆円と大きな変化はないが、貸出／総資産の比率は60.0％
から36.6％へと大きく低下した。一方、家計が保有する金融資産、
現預金は平成 6 年末の1231億円、607兆円（シェア49.3％）から30年
末には1865兆円、985兆円（52.8％）と増加している。

3）　全国銀行預金・貸出金を都道府県別にみると、預金では東京の占
める割合は平成10（1998）年末で26％、30年末32％、貸出では10年
末も30年末も約 4 割となっている。全国銀行の預貸率は平成16
（2004）年の78.9％から大幅に低下して30年末には65.7％（大手行は
58.2％）となっている。

4）　人口の高齢化、社会の複雑化（リスクの変化）により、保険商品
の選択が多様化している。財政部門の赤字幅は年々拡大し、国債の
発行額が巨額に上っている。

5）　東京証券取引所と大阪証券取引所は平成25（2013）年に経営統合
し、上場企業数、売買高は圧倒的な規模となり、ニューヨーク、ロ
ンドン、上海、香港取引所との競争状態にある。東京には株式の現
物取引等を集中させ、大阪は先物、デリバティブ取引などに特化し
ている。現在地方取引所には名古屋、札幌、福岡がある。

終わりに

　今回の試みはかなり、チャレンジングなものであった。もちろん多くの出来事、イベントは多くの方々のよく知るところだと思うが、自伝などでその出来事の本人たちの発言ぶりをたどることはあまりないからである。

　これらの出来事にふさわしいもっと良い史料もあることであろうし、本書で取り上げた出来事以外にもぜひ取り上げたほうがよいこともあると思う。読者諸氏のご意見などを聞きつつ、いっそうよいものにしてゆきたい。

　本書では明治以降の日本の金融の歴史をたどったが、それでは江戸期の最後はどうだったかに強い関心を持つ方もおられるであろう。これについては『大君の通貨　幕末「円ドル」戦争』（佐藤雅美　講談社　昭和59年（のちに講談社と文春で文庫化））を参照されるのがいいと思う。江戸期の通貨制度、日本と海外の金銀比価、水野筑後守忠徳の苦労、ハリスやオールコックらの蓄財などが描かれている良書である。

　本書では第1章「円の誕生」と第20章「平成バブル」の史料は小説を借りた。小説家がリアルな世界を実によく理解していることを思い知らされた。戦後の高度成長期についても小説から題材を得ることも考えた。「華麗なる一族」（山崎豊子　新潮社　昭和48年）が高度成長期の企業に融資する銀行を描いている。山崎豊子は大蔵省銀行局の片隅に椅子を用意してもらい、役人や銀行マンたちの出入りを短い間ながら観察した。もちろん質問などは許されなかったとして当時話題になったものである。しかし、複雑な家族の状況の描写が濃いため本書では取り上げなかった。

　日本では銀行、保険、証券が並行しつつ発展してきたところに力を入れたつもりであるが、もとよりそれぞれの業の性格のため出来事の影響は一様ではないのは当然のことである。株式市場、株価の推移も他の書に比べても多くのページを割いているが、いろいろな出来事に人々はどう反応したかというバロメーターと思っていただきたい。

　割愛したものに、無尽、信託や貸金業などがある。これらはわが国だけでなく海外でも金融の発展の初期から行われているもので、重要である。沖縄返還の頃、沖縄では無尽が盛んであるといわれたし、イスラム金融も無尽の仕組みに近いところがある。質屋もわが国では室町時代から盛んとなり、最近まで重要な社会的機能を持っていたが、取り上げることができなかった。わが国の信託は独特であるが、やはり紙幅を割くことができなかった。

　本書の始めにも記したが、歴史への関心が最近薄れてきているように感じる。しかし、歴史は重要である。それは過去のことを理解するためにはもちろんのこと、未来を考えるためにも重要である。車の運転に例えれば、自宅の車庫から車を出す際は、前・左右をよくみる、公道でスピードを少し出すにつけ、前・後・左右をよくみる、そして高速道路に乗りスピードを出すと、サイドミラーやバックミラーでいっそう後をみていないといけなくなる。われわれが将来の金融についてかなり先まで考えるとなると、それだけ過去についてよく理解しておく必要がある。

　今回の試みについて読者諸氏のご意見、異論などをよく聞き、今後もこの分野の議論が深まることを望んでいることを記しておきたい。

　最後になったが、小田徹氏はじめ株式会社きんざいの諸氏に格別にお世話になったことを御礼申し上げる。

　いつも私を支えてくれる妻の美知子への感謝を記して、筆を擱くこととする。

　令和2年秋

浜中　秀一郎

［著者略歴］

浜中　秀一郎（はまなか　ひでいちろう）
1944年生まれ。東京大学卒業後、68年大蔵省（現財務省）入省。主計局主計官、大阪税関長、国際金融局次長、財政金融研究所長などを経て、98年6月金融監督庁発足と同時に次長、2000年6月金融庁次長に就任。国際協力銀行理事ののち、02年11月より05年11月まで在ポルトガル大使。
現在は京都外国語大学理事。

史料で読む日本の金融

2021年2月25日　第1刷発行

著　者　浜　中　秀一郎
発行者　加　藤　一　浩

〒160-8520　東京都新宿区南元町19
発　行　所　株式会社きんざい
編　　集　TEL 03（3355）1770　FAX 03（3357）7416
販売受付　TEL 03（3358）2891　FAX 03（3358）0037
URL https://www.kinzai.jp/

DTP・校正：株式会社アイシーエム／印刷：株式会社日本制作センター

ISBN978-4-322-13581-7